王金战
隋永双

著

怎样让普通孩子成为英才

果麦文化 出品

目录

001　　**引言：只要有良好的理念和方法，每个孩子都能成为英才**

005　　**做法 1：**
　　　　心态才是你的主人——我的"心态调整法"
007　　心态调整法（一）：认识自己
019　　心态调整法（二）：保持信心
026　　心态调整法（三）：学会享受学习

037　　**做法 2：**
　　　　成长原动力——发掘天赋优势的四个要素
039　　发掘天赋要素（一）：每个孩子都有自己的天赋
048　　发掘天赋要素（二）：发掘天赋优势是一个过程
055　　发掘天赋要素（三）：让强项更强并带动弱项
061　　发掘天赋要素（四）：以天赋优势走上专业之路

069	做法 3：	
	学习能力——突破学业障碍的三点攻略	
071	突破学业障碍攻略（一）：有目标，有计划	
082	突破学业障碍攻略（二）：有方法，会思考	
092	突破学业障碍攻略（三）：学会自我管理	
107	做法 4：	
	面对青春叛逆期——我的"心理疏导法"	
109	心理疏导法（一）：倾听、理解与引导	
118	心理疏导法（二）：尊重与宽容	
126	心理疏导法（三）：勇敢做自己，警惕"空心病"	
134	心理疏导法（四）：学会释放压力，培养心理韧性	
143	做法 5：	
	性格即命运——培养性格坚韧性的三个要点	
145	培养坚韧性要点（一）：挫折是常态，态度是关键	
156	培养坚韧性要点（二）：孩子个性不同，方法也不同	
165	培养坚韧性要点（三）：挫折历练性格，性格就是命运	

173	**做法 6：**
	亲子互动——有效沟通的三个要领
175	沟通要领（一）：尊重与引导
188	沟通要领（二）：多些爱和陪伴，少些情绪化
201	沟通要领（三）：行重于言，给孩子一些有价值的实际建议
209	**做法 7：**
	如何面对"早恋"——我的"三点应对法"
211	"早恋"应对法（一）：尊重与宽容——"早恋"是成长中的课题
218	"早恋"应对法（二）：选择与引导
227	"早恋"应对法（三）：让孩子有一个宽容而温馨的家
235	**做法 8：**
	面对"电游"诱惑——我的"组合应对法"
237	组合应对法（一）：找根源——重在治本
245	组合应对法（二）：有原则——自律＋约束
250	组合应对法（三）：有方法——契约化管理和"21 天法则"

255	**做法 9：**
	成人比成才重要——健全人格的四个支点
257	人格支点（一）：尊重个性，接纳个性
264	人格支点（二）：培养自主性
271	人格支点（三）：爱与良知，是做人之本
282	人格支点（四）：学会合作，思维开放
291	**做法 10：**
	怎样应对新高考和报考——选好专业，做个有使命感的人
293	（一）应对新高考：关注政策走向，把握培养方向
298	（二）面对高考：家长和学生应该做什么，怎么做？
306	（三）应对报考：选好专业，做个有使命感的人
317	**后记及鸣谢**

引言

只要有良好的理念和方法，
每个孩子都能成为英才

伟大的孟子，我们杰出的山东老乡说过，得天下英才而教育之，这是莫大的快乐！

何谓英才？在我看来，所谓英才，就是做好自己，成就自己，并能够立己达人，造福于社会。

英才来自哪里？怎样让普通孩子成为英才？这就是本书要回答的问题。

写这本书时，有一对母子的悲剧一直令我难以释怀。几年前，湖北江夏某中学发生一起悲剧：一个年仅14岁的男孩，因为在教室玩扑克，被老师告知母亲，母亲到校后当着同学的面扇了儿子两个耳光……母亲被老师劝开后，男孩却纵身跳下5层高的教学楼……而悲剧没有停止，男孩的母亲因为强烈的内疚感，半年后也自杀身亡，而那位老师也受到极大的心理创伤……

每每看到类似的消息，我的心总会被深深刺痛。既然悲剧已经发生，事后苛责任何人都意义不大。实际上，无论作为父母、学生，还是老师，都有弱点，都会犯下各种错误。而我们能做的，就是尽量吸取经验教训，通过学习掌握良好的教育理念和方法，以避免大大小小悲剧性事件的发生，让孩子学有所成又健康地度过青春期，并拥有一个优良而健康的人生起点——这就是我所说的英才教育的意义。

44年前的1980年，18岁的我从师范院校毕业后开始站讲台，从乡镇中学教师做起，到山东沂水一中，到青岛二中，到北京人大附中，到现在我的教育集团旗下拥有十几所中小学校。我把众多的普通学生、后进生以及"问题学生"送进高校，送进名牌高校和国际名校，甚至还有一段值得"嘚瑟"一把的教育经历：20年前，我在人大附中曾带过一个高中班，49名同学参加高考，考上清华大学、北京大学的有37名，考上美国耶鲁大学、英国剑桥大学、英国牛津大学等国际名校的有10名。今天他们大都成为行业精英，有的甚至成为上市公司的CEO，或是行业领军人物。

在我的班级、我的学校，优秀生会变得更优秀，而多数后进生也会转变为优秀生。在这本书里，你看到的绝大部分内容，是那些后进生变成优秀生的案例和故事。

所以，我说英才来自普通孩子。

也许有人问：王老师，为什么你那么在意普通学生，甚至是"差生"和"问题学生"？从心结上说，因为我也曾经是"差生"，有过痛苦的蜕变过程，我了解他们，理解他们，和他们感同身受。我深信教育祖师爷，也是我们杰出的山东老乡孔子的教育理念：因材施教，有教无类。

更重要的是，我喜欢学生、爱学生。我做了30多年高中班主任、数学科任老师。虽说后来我创办了教育集团，旗下有十几所学校，但我也一直坚持给高中班学生上数学课，直到今天。

开车需要驾照，当医生需要行医执照，而有个身份似乎可以"无照无证经营",那就是当家长。孩子一生下来,父母自动"上岗",如一位作家所说,世上很恐怖的一件事,就是父母们不经培训就自动成为父母。而教育,包括家庭教育,有理念内涵,也有方式技巧。尤其是在"内卷""躺平"等社会焦虑情绪蔓延的背景下,家长们时常被一些教育问题困扰。

我从一个普通教师到创建教育集团,从乡村到城市,从普通城市到大都市,几乎天天和各种各样的学生及其父母打交道,了解他们的各种疑虑、困惑和焦虑:孩子的心态出了问题怎么办?怎样发掘孩子的天赋优势?孩子学业上遇到障碍怎么办?青春期的亲子关系紧张怎么办?"早恋"怎么办?沉溺于电子游戏怎么办?孩子心理或人格上出了问题怎么办?还有如何应对中考、高考及专业报考,怎么与孩子一道筹划个人发展方向,做个有使命感的人,等等。

带着以上诸多问题,我经过认真思考总结后,把40多年教育的经验和教训、理念和方法,浓缩成10个做法,内容涵盖了中小学生成长过程中可能遇到的各种困惑,而我也把本书视为与大家的一场心灵对话。

我们是普通人,过着普通人的日子,但也不能放弃为美好梦想而奋斗。毕竟,通过不懈努力让孩子成为学业优良和人格健全的英才,进而获得体面而有尊严的生活并造福于社会,是我们每个父母的追求、权利和责任。

本书着眼于实用的教育方法,但背后的支撑点是教育理念。只要用良好的教育理念和方法,把普通学生身上潜藏的优良品质引导出来,就能帮他们实现从学业到人格的健康成长,从而踏上英才之路。

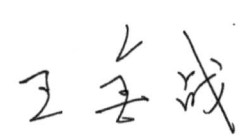

王金战

做法 1

心态才是你的主人

——我的"心态调整法"

心态，心态，心态！

我经常引用英国作家狄更斯的一句话：一个健全的心态，比一百种智慧都更有力量。因为人与人之间其实并没有太大的区别，成功与否，快乐与否，很大程度上取决于你的心态，心态才是你的主人。

近些年，我教学带班做出了些成绩，总被邀请去作讲座，也总有人问这样的问题：王老师，你带那么多学生进入高校，进入清华、北大之类的名校，甚至是美国耶鲁大学、英国剑桥大学等国际名校，自己女儿也考入北大，而且学有所成，这些学生如今大都成为各行各业的骨干和精英。那么，你有什么诀窍吗？

我总是这样回答：教育是一个系统工程，但第一条，也是最重要的一条，就是要让学生拥有良好的心态。

孩子总归是孩子，他们总会在某段时间里，或学业上的某些方面，遇到一些挫折和困扰，或情绪低落，或陷入自卑，或盲目自大。那么，怎样让孩子拥有良好的心态呢？

我个人总结的"心态调整法"，主要有三个方面：

1. 认识自己；
2. 保持信心；
3. 学会享受学习。

心态调整法（一）：认识自己

1. 认识自己，接纳自己

- 案例：这个第 30 名是不是你自己考的？

当孩子提不起精神学习，甚至厌学，而父母也深感失望时怎么办？首先要让孩子搞清楚自己所处的位置，也就是说，首先要认识自己，接纳自己。

认识自己？难道自己还不认识自己吗？还真不好说。中国有句老话叫"人贵有自知之明"；古希腊德尔菲神殿的石碑上，刻着一句话，叫"认识你自己"。这是一个人类与生俱来、常说常新的话题，对于孩子来说更是如此。

根据我和许多学生及其父母打交道的经历，学生在心态上不能正确地认识自己，是经常发生的情况，也就是说这是在自我认知上出了问题。什么叫自我认知？就是对自己的观察和评价。如果在自我观察和自我评价方面出了问题，就会影响个体的反应方式，限制自我调节的能力，这不是一个简单的问题。举个例子：

有个女生读初一时，在班里考第一名。这本来是件好事，可她的家长四处去说，跟亲戚们说，跟朋友们说，回到家还不忘提醒一句：下回你还得考第一名哟！孩子由此背上了一个沉重的包袱：想赢怕输！

第二次考试，女生在班里考了第 5 名，顿受打击，觉得自己落后了，辜负了家长的期待。而家长也没有正确对待这件事，没给本就非常难过的女孩所需要的鼓励，反而责怪孩子，孩子的心理防线顿告失守。

从此，这个女生内心就蒙上了一层阴影，每次考试都想考第一名，可背上这么个沉重包袱，又怎能考得好呢？每次都想考好，结果每次都没考好，越是没考好，心理包袱就越重。最后，女生觉得老师、同学和家长都瞧不上自己了，她不堪重负，甚至心理失调，内分泌紊乱，一开学就起一脸青春痘，一放假青春痘就消退了。

转眼又快到期末考试，家长找到我，说女儿已经在班里排第30名了，让我一定要帮帮她。

我见到了那个女生，美丽的脸上长满青春痘，还有一层淡淡的哀愁。我问她：最近这次考了多少名？

女生低着头，细若蚊声：第30名。

我又问：知道自己的问题出在哪儿吗？

她想了想，说：老师，你不知道，我初一时考了第一名，可是之后我每考一次试就后退一次。看到父母越来越失望，我内心特别愧疚，觉得对不起他们。到现在，我已经掉到了第30名，都不知道该怎么学了。

我问：你觉得你在班里应该是个什么水平？

她说：老师，我觉得我在班里至少是前5名的水平吧。

我问：有没有想过你就是第30名的水平？

她说：我从来不相信自己那么差。

我又问：那这次第30名是谁考的？难道是别人替你考的？

她说：是我自己考的。

我说：既然是你自己考的，你为什么不承认这就是你的水平呢？

她坚持说：因为我觉得自己不会差到那个程度。

我说：首先，你必须面对这个事实，这个第 30 名是你自己考的，即使这是一个比较差的成绩，它也是你考的。你明明考了第 30 名，却不承认自己是排在第 30 名的学生，这就是问题所在。

我又问：你们班第 28 名是谁？你分析一下那个同学哪一门功课比你好。

她就在那儿念叨：他的数学不如我，他的英语也不如我，他的语文更不如我了……最后的结论是：那个考第 28 名的学生哪一门都不如她。

我就笑了：你想想，一个哪一门都不如你的学生，竟然考得比你好。今天你把自己的问题找出来，学习问题就解决了。

她又想了想说：我的问题可能就是，每次考试都想考好，结果每次都因为高度紧张而考不好。

我说：就是这样。你曾经考第一名，这充分说明你的聪明和你的潜能。现在之所以考到第 30 名，不是因为你智力不高，也不是因为能力不够，而是因为你的心态出了问题。你要把自己的心态调整好，在哪儿摔倒就在哪儿爬起来，好不好？

我接着说：还有一个月就要期末考试了，我给你个目标，你超过那个第 28 名的同学，行不行？

她信心满满地说：老师，我超过他太容易了！

我说：好，你下一次考试的目标就是超过他，行吧？

她点点头。一个月后，她高兴地给我打电话说期末考试超过了那个同学。

她又问我：王老师，你说我下一次的目标是什么呢？

我说：你下一次的目标就是再前进两个名次。

她问：老师，我想提升五个名次，行不行？

我说：你能提升五个名次那更好了，但不要那么急，我觉得你能提升两个名次就够了。

事后，我跟家长说：女孩内心情感细腻复杂，以后不管你们有多么希望她考第一名，都要把这个念头埋在心里，遇到成绩起伏，你们要多宽慰多鼓励，采用以退为进的策略，把目标放低，让她一步一步来。积跬步而行千里，取得小胜，尝到胜利甜头，便能激发她取得更大胜利的信心。

没多久，女生高兴地告诉我，她已经考进前20名了。再后来，是前15名、前10名，最后回到前5名的位置。

认识自己，接纳自己，培养自我认知能力，是孩子成长的重要一环。如果一个孩子不能正确地认识自我，看不到自己的优点，觉得处处不如别人，就会自卑，丧失信心，做事畏缩不前；反之，一个人过高地估计自己，就会骄傲自大，盲目乐观，面对压力的反应方式就会不切实际，招致挫折。

自己是自己最好的朋友，也可能是最大的对手。我们作为父母和老师，就是要培养孩子正确地看待自己，对待自己。

2. 你不会总是第一名

- **案例："当学生十多年来的第一个不及格"**

多年以后，我还清楚地记得接手人大附中高中（03）12班做班主任的情形。这个12班是数学实验班，我教数学，又是当班主任出身，就顺理成章地接了这个班。有人说：你那个12班是人大附中最好的班级，人大附中是北京最好的高中，有最好的师资、最好的生源，学生心态上和自我认知上能有多大问题？其实，成绩差的学生有心态问题，成绩好的学生也一样。

12班学生高中毕业时，每个同学都写过一篇回忆文章，记录自己高中三年的生活，后来结集成册。下面是几个12班同学回忆刚上高一时自己心态产生落差的摘录：

林旭同学：开学后第一章集合函数的测验，提前做完而兴冲冲的我，却得到当学生十多年来的第一个不及格，是我至今也无法接受的。

肖盾同学：我在北京七一小学上学，学习成绩优秀，担任大队长。后来升入中国人民大学附属中学，此时学习成绩沦为较好……

李博同学：自从升到高中之后，我便感到了一种压力，在班级里，我的长处难以显露，我的短处却暴露无遗……

那时，许多学生父母找我，怨声不绝于耳。有家长说：王老师，我孩子小学、初中都是班里的尖子生，一上高中就退步了！还有家长说：以前我孩子在年级里都是数一数二啊，现在也就算个中等生吧。成绩下降，孩子本来就有挫折感，现在家长们又是这样不淡定，这样焦虑，在孩子跟前一脸愁容，一肚子牢骚，甚至责骂孩子，负面情绪就像滚雪球一样越滚越大……

我跟这些父母说：你们能这样想吗？北京能进人大附中的学生已经是凤毛麟角，可谓各路身怀绝技的高手。你不能老是看小学排名、初中排名，然后衡量下来，就认为他现在落后了。这是什么尺度？这个尺度就不对。你们老是给孩子弄一个高高在上的目标，用这样一个达不到的目标去要求他，他往目标奋斗的过程，就成了遭遇挫折的过程。你们用一个错误尺度，得出一个错误结论，再用这个错误结论来证明孩子不行，最后孩子连一点儿信心都没有了，这怎么行？

我说：不要停留在孩子最高光的时候。过去的第一名和现在的第一名没有可比性。如果认为自己的孩子就应该是第一，只能是第一，那我们班55名同学，岂不是要产生55个并列第一？这可能吗？冠军只有一个。山外有山，天外有天，你不会总是第一，这就是生活的本来面目。人生不是简单的竞技场，其实也不用事事争第一。

我说：从现在起，咱们父母要把过去忘掉，孩子的起点，就从第10名、第20名，甚至是第30名、第40名开始。

我一方面跟学生父母坦诚沟通，采取现实的教育态度，另一方面在教学上也想出一套办法。高中数学第一课内容是集合函数，一般教师也是从集合函数讲起，而我不打算这样按部就班地上课。面对学生们当下信心不足的问题，我调整了上课的方式，第一课叫作"大话数学"。为避免"老王卖瓜，自卖自夸"之嫌，我还是援引同学们的回忆文章吧。张子龙同学是这样写的：

老王（学生私下叫我老王）有句名言：学数学是一个快乐的过程。秋季高一开学，我们上第一节数学课。我们知道，王金战也是我们人大附中数学竞赛的辅导老师。课前我们猜想，王老师功力如此深厚，讲课一定是博大精深。

可是他一上来，先在黑板上写下了四个大字：大话数学。就在这一堂课里，他不仅把高一的数学内容涉及了，甚至连高三的内容都涉及了。他讲的内容概括起来一句话：学高中数学很简单，也很快乐。他说，立体几何很简单，高考必考，所以是你的必拿分。他说，三角函数比较难，可是只要你入门就比较简单了，把公式理解记会了，多做点儿题肯定没问题。他还说，函数最难学，高考中会有一个10分题，你用我的方法，至少也能拿个6分，大不了都扔了，少10分，你高考也能拿140分（高考数学150分），一点儿不影响你去清华、北大。

说实在的，我们人大附中学生，从初中到高中，都是选拔上来的，个个学业优秀，身经百战，但我们还从未领教过老王这种上课方式……

写到这里，我还是忍不住要自卖自夸一下。我们中学有许多优秀数学教师，但像这样上高中第一堂数学课的，可以说寥寥无几。我这么讲课，校长没有要求，教研室没有要求，教学大纲更没有要求。那我为什么这么讲？我并不是刻意追求别出心裁、高深莫测，当我发现一些学生有挫折感，有畏难情绪时，我就针对这些问题，调整自己的上课方式，目的是调整学生的学习心态，让学生建立信心，好从自己的位置向前进发。

讲这段经历，我也是想给学生父母们教育孩子一些启发。一是要把孩子当作独立的个体对待，要让孩子学会自我认知，站在自己适当的位置上不断进步；二是在教育孩子时要有新思路、新语言，别张口就来，别老生常谈，让孩子听而生厌。成功的家长总是肯动脑筋、肯花心思，讲些让孩子听进去的话，跟孩子一起成长。

3. 认识自己，逼到绝境而后绝地反击

- **案例：倒数第一是无所畏惧的**

认识自己，接纳自己，是孩子自我认识过程中的一个重要思考。中国的老子也有一句名言：自知者明。意思是说认识自己，接纳自己，才会做出明智的选择。

孩子的成长之路总会遇到各种挫折。或早或晚会遇上一段心理的黯淡时光，这段黯淡时光也许很短，也许挺长，也许反反复复，不免令人灰心丧气。我们做教师、做家长的，首先要做的就是保持耐心，帮助孩子强化自我认知能力，建立自我评价体系，然后坚定心态走自己的路，不必太在意有多少人怎么看怎么说，如古人所言：虽千万人，吾往矣。

我们 12 班里有一个男生，学习不好，一度陷入严重的心理危机。他违反校规，差点儿被学校开除，而最后从挫折中找到了自我，找到了自信，最终考进北京大学。

有一天夜里 11 点，我突然接到刘彭芝校长从办公室打来的电话。原来，有一个男生想转到我班。接不接这个男生呢？我了解到，这个男生高二时从外地转到我校，由于没能及时调整心态，上课不认真听讲，乱说话，让老师没法正常讲课。班主任及科任老师也做过耐心说服，但收效不大。期中考试，他居然伙同其他同学作弊，被监考老师发现。此事发生后，班主任和年级组长，还有家长共同对该生进行批评教育。孩子听不进去，痛不欲生，深夜 12 点离家出走，家长及亲朋好友找了一夜也没找到。

这件事惊动了校领导。考虑到他只是个借读生，毛病太多，校方决定劝其退学。为慎重处理好这件事，刘校长把学生及其家长叫到办公室

谈话。从下午5点，一直谈到晚上11点。家长一再恳求给孩子一次机会，但他在原班已没法再待下去，便考虑转到我的班里。校长发话，我只好硬着头皮接下来。

进班之前，我与男生进行了第一次谈话。谈话过程中，我发现这个学生还有些长处，他喜欢数学，参加过数学竞赛，作为数学老师，我对数学好的学生本能地有好感。另外他还有点儿艺术特长，受过唱歌训练。我这个做教师的，最注重孩子身上的长项，只要有长项，我就觉得有教育的余地。我也谈到了他的纪律问题，他表示一定严于律己。

可是，事情没有这么简单。这个学生后来写过一篇回忆文章，叫"人生苦短重梦醒"，记述了这段经历：

我进12班以后，被同学们的成绩吓傻了。这哪儿是人啊？他们不光竞赛厉害，而且其他各科在年级也名列前茅。真是自惭形秽啊！虽然同学们从开始就对我挺友好，但由于上半学期我没好好学，有些课程根本就接不上，再加上考试测验中，我除数学外几乎全不及格，从那时起，便在学习上失去了刚刚有的一点儿自信，天天郁闷得喘不过气来。不久后，又陷入了自暴自弃的状态，家长领着我看过许多心理医生及教育专家，都不见效。

此时，这个学生的心态是又自卑，又痛苦，又脆弱。

根据我自己的"差生"体验和多年观察，成绩落后的学生，心理负担其实是最重的。比如每次考试都考倒数的，同学会瞧不起他，甚至有的老师也瞧不起他，回家家长再批评训斥，再唉声叹气，你说这学生所受的心理折磨，是不是远多于那些成绩好的同学？

所以说，学习落后的学生是同龄人中最痛苦的。别看他们不学习、不在状态，其实他们内心很煎熬。一个高中孩子，谁不想学好呢？他闲着舒服啊？在班里他老是排名落后，内心有一种深深的自卑和自责，所以心理负担最重。

这个同学在回忆文章中写道：

此时我就提出回老家济南补课。父母考虑到我的基础太差，以及几近丧失的自信心，认为换个环境可能会好一些，所以也同意了我的要求。

可没想到，回老家离开父母后就失去了监督，我变得更加颓废，天天沉溺于上网，抽烟喝酒，还常常打架斗殴。高二过去了，我除了数学以外什么都没学着。自己孤零零一个人待在家里抽着闷烟。天色阴沉沉的，屋里一片昏暗，整个世界仿佛就剩下我一个人，独自承受着失败的苦楚和无助的伤感……

后来，在我的建议下，这个男生又回到北京，回到我的班里。

高三第一次考试前，这个男生来到我跟前说自己生病了。你看，他都不敢参加一次普通的考试了。

我说：这次考试你觉得能考多少名？肯定是倒数第一，是吧？

他点点头。

我说：你这个情况不倒数第一，其他同学能心理平衡吗？既然如此，你还顾虑什么？你还怕考倒数第二吗？

他想想，觉得是这么回事。这样，他就硬着头皮参加了高三的第一次考试，并以绝对劣势名列班级倒数第一。

可这个男生没有放弃，经过一个月发奋努力后，在 10 月的月考中，他和倒数第二名的差距，一下子缩小了 30 分。在月考的总结中，我就开始表扬他了，我说：你们看人家这个同学，一下子差距能缩小 30 分，高三一共要经过 8 次大型考试，如果你每次都能缩小 30 分，那就不是能不能考上大学的问题，而是能不能考上清华、北大的问题了！就看你敢不敢挑战自己了。你站起来谈一谈，下一次你的目标是什么？

这个学生被我表扬得晕头转向的，站起来说：老师，我下一次肯定不考倒数第一啦！

我说：男子汉大丈夫一言既出，驷马难追。你要为你自己的郑重承诺负责。

得到鼓励后，这个男生就以拼搏的心态投入学习。我细心关注着他的每一点进步，寻找他的优点，并及时给予表扬和肯定；在课外活动中，也鼓励他发挥特长，增强他的自信心。

对于这样的"差生"，我认为当班主任的，有时候就要拿放大镜去寻找他的优点。当然，他的优点也必须是真实的，而他也并不认为你是为了表扬而表扬。实际情况是他确实有优点有进步，没被别人发现而被你发现了。在学生心里，班主任老师说话总是有分量的，你的一句表扬鼓励，就会让这个学生在一段时间内热血沸腾，于是对你更尊重。尊其师则信其道，他尊重你了，就更能听进你的话，心态就越来越好，学习效率也就上来了，奋起直追，绝地反击就有了可能性。

进入高三的第一次月考，他便将自己的年级排名提高了 161 个名次，这次提高让他看到了自身的潜能，以后的学习变得更加废寝忘食。后来，他已达到非北京大学不考的地步。这个男生对我说：王老师，有了在咱们 12 班一年的经历，我觉得我可以应付今后生活中的任何挫折困难。我原来没有想过能考进北大，但我打算好了，如果今年考不上北大，就哪儿也不去，明年我会再拼！

但以他的基础和所剩无几的时间，这几乎是不可能的。考虑到他的艺术特长，我便鼓励他参加艺术特长的测试。专家测试后，说有希望。他便突击进行了准备，最后在北大艺术测试中，取得第三名的成绩，并与北大签订了协议。那时候还有特长生政策，特长生政策中有一条，可加50分。这个男生高考发挥良好，又有加分，最终考入北京大学法学院。

怎么教育孩子？教育的真谛在于因材施教，让孩子面对自己，面对困境，面对竞争。当我们引导和激发出他们的潜能后，你就会发现孩子的成长有无限的可能性，甚至能置之死地而后生。

心态调整法（二）：保持信心

1. 保持信心，换个角度看问题

- 案例："你甚至有考上北大、清华的'危险'"

想要保持信心，先要让孩子学会换个角度看问题。换个角度，许多问题就会迎刃而解。好比开车来到十字路口，恰好变为红灯，你会觉得不够幸运，但如果这样想：等变为绿灯后我第一个走，心态是不是就平和了？

有个男生在北京人大附中读高二，不是我班的。寒假考试一结束，一家人就来到我的办公室。这个男生学习成绩常年在班里倒数，这次期末考试又考得很差，想让我帮帮他。

那个男生一直低着头。我问他：你这回期末考试考得怎么样？

男生胆怯地看着我，好一会儿才说：不怎么样。

我说：不怎么样也得有个排名呀，跟上回比是退步还是进步了？

男生说：这回期末考和之前的期中考相比，在班里提高了两个名次。

我说：不错嘛，前进两名是很可贵的，挺厉害的啊。

男生说：您不会是讽刺我吧？我只是前进了两个名次而已，可我还是倒数呀，倒数第一名和倒数第三名有区别吗？我肯定没救了。

我说：我们人大附中现有 600 多个学生，每年考上清华、北大的有 200 多个，每一个学生的实力都是很强的，你在不到两个月时间里，竟然在班里提高了两个名次,很不简单了!从现在算起,你还有一年半的时间,如果咬紧牙关,每一次都按这样的幅度提高的话,到高考时,就不是能否考上大学的问题,你甚至有考上北大、清华的"危险"啊!现在就看你敢不敢挑战自己啦。

这个学生被我说得精神振奋,抬头挺胸离开了我的办公室。

此后,在整个寒假里,这个男生用功学习。开学后第一次考试,他在班里提高了3个名次,学习热情被激发起来,越学越自信,最终考上北京大学。

人生活在社会现实中,跟别人比较也是自然的事,可如果把重点放在跟别人的比较上,就会迷失自己,永远处于自卑的痛苦中。

所以,要让孩子学会换个角度看问题,调整好心态。首先跟自己比,重点跟自己比,今天跟昨天比,自己每天都有提高有进步,自信心越来越强,心态就会越来越好。

我们宽高教育集团下属高中联盟校有个学生叫何立,后来考上清华大学,他谈到调整自己的心态时,说到怎样换个角度看问题:

12年来,我们在无数次的考试中摸爬滚打,有欣喜,有失意,更有面对成绩单时的麻木。在高三第一次考试中,我超常发挥,第一次闯入了年级前10名。欣喜过后,却迎来了深深的忧虑。因为一次飞跃,让我害怕失败,畏惧考试。这样的心态让我在下次的考试中滑落到50多名,到了期末考试,我的名次已经跌到130多名。2月参加的南开大学自主招生考试,我也未能通过。

接连受挫使我开始怀疑自己的努力,是一个学姐的话启迪了我,她说:有时候,不是你做的每一件事,都要和你的最终目的有多么紧密的联系，它可能只是一段经历、一段体验。当然，事实上很多你现在看来违背了你意愿的事情，其实是在向着你希望的方向前进的。有一句话，叫作"命运总会把你送到最适合你的地方"，所以不要太过于纠结一时的得失，而要换一个角度去对待，用一颗平常心去对待。

学姐的这段话被我抄到了笔记本上，每次成绩滑落时，我都会用它来鼓励自己，调整心态。考试失利不可怕，可怕的是被暂时的失利重重打倒，再也站不起来，并且害怕再次被打倒。其实，你的每一分努力都会去到它该去的地方，只不过你不一定立刻看见而已。

2. 阳光心态，与自卑战斗

- 案例：发现不会的问题就兴奋

保持信心，就是要培养孩子的积极思维。作为学生，千万不要老觉得自己不行，如果觉得自己离好学生差得太远的话，那就永远不可能追上他们。实际上只要肯追，总能追上。即使做不到大踏步地追赶，每次一小步，也终有赶上的那一天。

一个高中女生，高考前参加了一次模拟考试。这一考把她的心态考乱了。那时候北京是考前报志愿，每年5月，所有志愿都定下来录入电脑了。这个女生因为平常学习成绩很好，所以她报的第一个志愿是北京大学。

高考前，学校开始安排几次大的模考。女生平常数学都在130分左右（150分满分）。可这次模考，她的分数还不到110分。女生就慌了，陷入自卑中。她说还有不到一个月就高考了，可数学出现这么多问题，觉得考不上北大了，志愿报错了。于是就跟家长提出来说：不行，我不能考北大了，与其考北大落榜，还不如降低目标，给自己选一个低一档的学校。

孩子提出这个想法，家长也很着急，就开始四处找人，半夜三更给我打电话，说想改志愿。我说志愿已经录进电脑，我没有那么大本事去给你改志愿。不过，明天你可以叫孩子来找我，我跟她谈谈。第二天，女生来了，非常沮丧地说了自己的苦恼。

我说：马上就要高考了，你不会的问题是客观存在的，这一点承认吧？

她回答：对。

我继续说：还有一个月就高考了，你不会的问题相对是个常数是吧？

她又点点头。

我说：既然是常数，那你是希望在考前让问题暴露得越多越好呢，还是让你不会的问题都隐藏起来好呢？考前问题暴露得越多，是不是意味着，你高考中遇到的问题相对越少？在考前那么宝贵的时间里，好不容易做一套题，居然一个问题都发现不了，那么你的时间浪费得也太可惜了。而如果通过做题发现了一些漏洞，那么这套题对你就太有价值了，因为你还来得及把这些漏洞补上，等到高考时，不就多了一分把握吗？你应该高兴才对啊。

那女生点头说：老师，我明白了。然后高高兴兴地走了。

那次，我跟她也就谈了20来分钟，说得也很简单，但那女生好像变了一个人，以前发现不会的问题就丧气，现在发现不会的问题就兴奋。为什么？关键是少了自卑心态，多了积极心态。

我读师范时，学过一些心理学知识。心理学家阿德勒说：自卑感是人类与生俱来的心理状态。作为个体，总会感到自己的某些不足，自卑感由此而生。绝大多数人都有或深或浅的自卑感，这种自卑感会随着个体的成长加深或减弱。

而一个孩子的心态是怎么改变的？有时候只需要一次经历就够了。就像那个女生，她学习是有实力的。有实力，再有积极心态，就能克服自卑感，拿到一个好分数。那个女生后来以超出录取线 30 分的成绩，如愿考入北京大学。

3. 主人翁姿态：我的学业我做主

- **案例：驾驭课业**

我常跟同学们说，你们对学业要有驾驭感、征服感，要有一览众山小的气魄。

我们宽高教育集团下属高中联盟校有一个学生叫郭宁，后来以 676 分的高分考进北京大学光华管理学院。他写过一篇文章，叫作"我的学业我做主"。他写道：

各个学科课业没有那么难，具备了逻辑思维能力，掌握了得分技巧，善于进行方法总结，你的课业就可以自己做主。

我的做法是：

首先，预习环节不可少。预习时，课本上的习题也要做一做，重视其中的典型例题、典型方法，如有不会的题目及时勾画、做标记，上课时针对自己不会的内容重点听。

其次，上课效率要提高。老师讲的方法要掌握，有不理解的，要记下关键步骤，课下抽时间搞清楚。

最后，课下整理最关键。整理过程也就是理解、消化、吸收的过程。尤其是错题整理。要准备不同颜色的笔，做到清楚明了。比如，我自己的习惯是黑色笔写题干，红色笔写过程，紫色笔标注本题的关键方法，而蓝色笔写自己错的地方，搞清楚错在哪里，以后避免再错……

你看郭宁这个学生，就是能在学习中总结出一套自己的方法去驾驭课业。

老话说得好：师父领进门，修行靠个人。说到底，老师也好，父母也好，只能起一个引路人的作用。对学生来说，还是得靠自己，因为只有学生最清楚自己的条件、自己的能力和自己的方向，最可能形成一套自己的学习思路和方法。

我班的汲静同学，后就读于北京大学医学部临床医学专业，曾任班级学习委员。汲静父母谈到培养女儿自主性学习时说：

从培养学习能力上说，我们鼓励她自学。记得在小学四年级时，由于受当时形势的影响，华校停课半年，未能学习加法原理等有关知识，而到华校五年级时，讲授的许多知识要用到加法原理。在这种情况下，我们鼓励她自己看书学习，补习这部分知识，她果然做到了，而且掌握得还比较好。

中学生已经具有一定的自主学习能力，可以养成自主性的学习习惯。对于中学生来说，手把手式的教育，效果并不理想。我们主张对中学生的教育，最好是方法式的、讨论式的、推荐式的。推荐一本好书、一本好教材，让学生自己去学去做，往往比父母讲解更有效果。

每个孩子都有自己的好恶。在日常教学带班中，我观察到，当孩子进入中学阶段时，就不像小学生时对老师只是简单的崇拜，而开始有自己的想法，开始对老师评头论足。有的学生有时候好像不是为自己学习，也不是为父母学习，而是为老师学习。遇到好老师、喜欢的老师，上课做作业就有积极性；遇到不喜欢的老师、对自己多有批评的老师，学习就松松垮垮，随波逐流。

其实，作为学生，无法选择老师和学校，无法选择父母和家庭，更无法改变千军万马过独木桥的教育现实，但可以选择一种积极的主人翁心态。哀莫大于心死，如果学生没有了心气，没有了驾驭学习的信心，老师再好，父母再好，也拯救不了他，只有自己才能拯救自己。

学生要有自主学习的心态，也就是主人翁的心态。

心态调整法（三）：学会享受学习

1. 为什么不可以享受学习？

- **案例：我的故事——学习可以上瘾**

享受学习？可能有人会说，拉倒吧，十年寒窗苦，学生课业繁重，压力山大，说什么享受学习，太轻巧了吧；不把学业当苦役，能坚持下来就不错了，还享受学习？这里先不讲道理，我就讲讲本人当学生时享受学习的一段经历。

我曾经是一个"差生"。我生长在军人之家。本来父亲有机会把家安在城镇，但因为在三年困难时期有过忍饥挨饿的记忆，父亲执意把有7个子女的家，安在了乡村。我一直在乡村中长大，小学、中学是在"文革"时期念的。那时候，学习环境差是事实，自己不知道学习用功，也是事实。班里50多个学生，我的学习成绩在40名开外，整天调皮捣蛋，你看我是不是一个标准的"差生"？

1977年高考恢复，我看见乡里有个地地道道的农村孩子考上了大学，心被隐隐地触动了。一过寒假，我们班主任老师就动员班里前5名的学生参加高考。我跟老师说我也想参加高考，结果受到老师和一些同学的嘲笑和讥讽，这下激发了我的自尊心，我决心冲刺高考。以前我不知道学习，厌烦学习。现在呢，一旦想学习了，就发现学习原来可以是一件快乐的事情。

当时我学到什么程度了呢？可以说到了痴迷的程度。我们在学校住宿，学校晚上7点到9点发电（那时学校照明靠发电），过了9点想要看书，只能点煤油灯。但是在宿舍我们都是睡通铺，通铺上全是莎草，很容易着火，所以学校严令禁止点煤油灯。我就等晚上宿舍点完名后，偷偷回到教室，找来一个煤油灯继续看书做作业。那时，我每天都学到很晚，也学得挺好，不学的话就浑身难受，好像学上瘾了一样。

我们那个校长很负责任，天天晚上在学校里转一圈。他看教室里亮着灯，一看是我，就把我赶走了。

可我的学习胃口已经被吊起来了，第二天晚上我照样在煤油灯下学，结果又被校长发现了，他就把我的煤油灯给没收了。没收了我再买，第三天晚上我照学不误。看我这么不像话，而且一而再，再而三，校长生气了，把我的煤油灯摔了，并责令我在全校大会上做检讨。

可回宿舍以后，如果不学习，我确实感觉是一种折磨。到哪儿学呢？那时候还没有路灯，我就到处找地方，终于发现了一个好去处：地窖。农村学校有菜窖，白菜吃完了以后，菜窖还保留着。发现了这个地方，我内心充满了狂喜，终于又有地方读书了！

每天晚上，当同学回到宿舍后，我就提着煤油灯到菜窖里面看书做作业，直到半夜。那种感觉太好了。记得有一天晚上，我在煤油灯下学到深夜，突然狂风大作，几次把灯吹灭，之后便是雷电交加。而我感受到的却是一种奋斗的快乐，一种全情投入的充实，禁不住写下一首小诗，记录了当时心境：

闻鸡起舞夜枕戈，
寒灯苦读人伴魔。

青春飘动如逝水，

岁月流金不蹉跎。

就这样，经过两个学期的学习，我最终考上大学，并且是我们班唯一考上的。所以，我们作为父母，请不要抱怨自己孩子的学习基础差，学习环境差。再差还会比我的基础差吗？还会比我的环境差吗？关键问题不在基础，不在环境，而在于是不是拥有热爱学习的心态。

学习面前，人人平等。学生和学生之间的智商差异，可以说微乎其微，学习方法更是可以后天习得的。可为什么学习成绩却总是有高有低呢？观察一下成绩好的学生就不难发现，他们无一例外地对学习持有一个积极乐观的心态。热爱是最大的动力。如果说把爱学习比作一台提高成绩的机器，那么兴趣、快乐和热情就是它最大的动能。

我在大学学的是数学专业，我在中学教了一辈子数学，还担任过北京人大附中数学竞赛指导教师。我深知，数学能够体现出一种逻辑之美，一种对称和谐之美，这种美跌宕起伏，峰回路转，令人叹为观止。所以，不管是学数学还是教数学，对我来说都是一个发现美感、寻找乐趣的过程。

打住自卖自夸，我还是引用12班吴浩同学所写的一段文字来证明吧：

果然，每天的数学课就成了我们最期盼的课。王老师讲数学，轻松自如，洋洋洒洒。上课时，他会引用古诗，会联系到足球比赛，甚至会联系到国际事件。他把高中复杂的数学讲得深入浅出，让我们真正体悟到：学数学真的是一个快乐的过程……

我从来都把讲课当作享受，同学们也把听我的数学课当作享受。我上课从来不带课本。我要求自己备课充分，对所教内容烂熟于胸。

我走上讲台，手执一支粉笔，却能把课讲得条理分明、妙趣横生，不时来点儿小幽默，讲点儿诗情画意的东西。比如说"山重水复疑无路，柳暗花明又一村"这句诗，很美吧？你怎么理解这种美？这在数学上太常见了，在你解题解得无路可走的时候，忽然茅塞顿开，体验到一种顿悟的感觉，这就是这句诗的意境啊！

还有句话叫作"淘尽黄沙始得金，苦到尽头方知甜"。这是诗的境界，也是数学的境界，还有一种哲学之美在里面。我跟同学们说，这句诗也是中学生活的写照。

几乎所有学有所成的人都有这样的体会：学习的过程就是一个先苦后甜、苦尽甘来的过程。如果你更多地感受到的是学业的艰苦，正说明你的苦吃得还不够，还没有到甘来的境界。所以，同学们在学数学的时候，除了长知识，还能够享受美感，能够明白许多道理。

也许有人问，你的这种兴趣教学会不会是金玉其外，败絮其中？实际情况是，我的12班学生中，获全国高中数学联赛一等奖的有12个，其中一个同学还获得北京市高考数学状元。

一个学生如果不想吃苦，就不可能享受到学习的快乐。

2. 忘我投入，苦中求乐

- **案例："你孩子那两只眼睛，就像两朵莲花一样盛开在教室里"**

学生以学业为主，当学生首先要学会喜欢学习，享受学习。

我看过一则报道：杨振宁有一次回到母校，看到门口的横幅上写着"书山有路勤为径，学海无涯苦作舟"，杨先生就坚持要把横幅拿下来，然后改成"书山有路勤为径，学海无涯乐作舟"。"头悬梁，锥刺股"……我们读书好像总被归纳为一个"苦"字。杨振宁先生是大科学家、诺贝尔物理学奖获得者，他把"苦"改成"乐"，这就是他对于学习的看法。因为他很清楚，真正驱动他在学术上成功的原动力，是学习研究给他带来的快乐体验和成就感。

按照现代教育的理念，每个学生都可以学会享受学习。

有一个男生，以前学习不好，纪律很差，差点儿被学校开除。后来转到了我们班，变化比较大，学习劲头上来了。他母亲呢，天天在家陪着他。以前是儿子不学习，让她发愁，可是现在儿子突然像变了个人，每天都学到很晚，她又担起心来了。有时候到晚上12点了，母亲起床，看着儿子还在学习，就说：孩子，睡觉吧，明天还要听课。

儿子头也不抬地说：我再学一会儿。

到了凌晨1点，孩子还在学习。母亲又说：儿子，该睡觉了。

儿子就不耐烦了：不要再烦我了，高考前的时间已经不多了，过去耽误了那么多时间，如果不把过去损失的时间抢回来，怎么应对高考？

他母亲就不安地给我打电话，问：我儿子今天听课认真吗？是不是上课睡觉了？

我回答说听课很认真啊，并开玩笑说：你孩子那两只眼睛，就像两朵莲花一样盛开在教室里。

他母亲问：学生每天需要休息多少时间？如果每天只睡六七小时，能坚持多久？会不会影响身体？

我说：学习时间多少为宜，并没有一个统一的标准，而要看学生的状态。

母亲很奇怪：孩子哪儿来的精力？

我告诉这位母亲：孩子一旦学习状态上来了，就像饥饿的人扑在面包上，会达到一种忘我的境界，从而进入一种良性循环。当他体验到求知过程的激情，把学习当成一种享受的时候，是能够创造奇迹的。

（顺便插一句，这里主要在说学生那种不以为苦的全身心投入状态。一般来说，我不主张作息时间超过晚间 11 点，这个我会在"做法 3：学习能力——突破学业障碍的三点攻略"的"学会时间管理"中详细去谈。）

看到孩子忘我地投入学习，有的家长总想着孩子会不会太累。你觉得学习一定很累，学生们个个疲惫不堪，是不是？其实那是因为没累到一定程度。搞数学竞赛的学生累不累？他们最累，做过的题目一本又一本，每一个问题都难乎其难，但是这些学生狂热地热爱数学竞赛，什么原因？因为那是一种自主学习、一种喜悦和享受，这种享受是局外人体会不到的。此时，他们的心理负担最轻，精神状态也最轻松愉快。

我们总爱这样说：现在学习不吃苦，将来就要吃社会的苦；现在刻苦学习，将来才能过上好日子；在所有的苦当中，读书的苦是最轻最容易吃的。其实，将来的生活怎么样，是吃苦还是过好日子，这对于孩子来说太过遥远了，他们无法切身体验到，所以家长说这些话并不能让孩子真正爱上读书，反而会引发厌学情绪。

厌学或好学的本质是什么？从科学道理上说，我们的机体总是把自己认定为不利的事情设定为痛苦，使得我们想要避开这种痛苦。而如果我们把学习认定为有利的事情，设定为快乐，那我们就会去追逐这种快乐。

青年比尔·盖茨可以连续奋战两天两夜，去编写一个软件程序。在别人甚至在姊妹眼里，他就是一个标准的怪物般的存在。在别人看来如苦役般的工作，他却甘之如饴。如果不是痴迷编程又享受那种征服感和成就感，他怎么会是那个伟大的比尔·盖茨？

"1+1为什么等于2？"一个小男孩在课堂上不断提出稀奇古怪的问题，同学和老师，甚至校长都不理解，小男孩被迫退学回家，好在母亲接纳了他。除了出自深深的母爱，或许也因为身为教师的母亲看到了男孩的潜力。这个男孩从小就酷爱做各种物理化学实验，时常把家里搞得硝烟弥漫，"事故"频发，母亲出于对儿子人身安全的担心而愤怒、崩溃、抓狂不已，但她在对儿子有所约束的同时，还是基本包容了这个时而"大闹天宫的孙猴子"。

长大后，他每天基本在实验室里工作18小时，在那里吃饭睡觉，但不以为苦。他说：我每天都其乐无穷。这个从未进过学校的人，视工作为快乐，发明了灯泡、电话等1000多个专利产品，改变了时代，改变了我们的生活，大家知道，他就是大发明家托马斯·爱迪生。

不成魔不成活。痴迷的心态，享受的心态，苦中求乐的心态，成就了多少科技界及其他各个行业的传奇人物。

也许有人说，世界这么大，有几个比尔·盖茨和爱迪生？其实他们最初只是些普通孩子。比尔·盖茨的父亲是律师，母亲是搞公司经营的，跟软件设计没什么关系，而比尔·盖茨很早就通过疯狂地编写软件程序，拿到了人生的第一桶金，那时他才是一个高中生。而爱迪生，只不过是美国俄亥俄州一个叫作米兰的普通小镇里的普通男孩而已。

至少，我一点儿不觉得，咱们中国孩子不如他们有天赋，不如他们努力，或比他们更普通。这个问题，我会在"做法2：成长原动力——

发掘天赋优势的四个要素"中展开去谈。

学习要不要有刻苦精神？当然要有。总之，每个学生在学习中都会遇到困难和挫折，都有困顿、烦恼和倍感压力的时候，都会碰上弯路，所以需要坚持，也需要刻苦精神。但就基本方面、主体方面而言，我一直跟我的学生及其父母们说：只要孩子能进入学习状态，学习就可以是快乐的过程。

3. 享受学习是一种境界

- **案例："我待数学如初恋"**

现在的学生确实辛苦，书包沉重，课业沉重，家庭作业常常做到晚上 11 点以后，周末还得参加辅导班。作为家长，我当然也不赞成让学生背负如此沉重的课业负担。但现实无法回避，怎么办？我的观点是，我们可以选择一种态度，鼓励孩子：奋斗且苦中求乐。

你让他吃苦，他肯定不干，孩子的天性就是去寻找快乐的体验。所以，那些读书好、动力十足的孩子，向来都不会把读书当成一件苦差事。他们总能从读书当中体验到快乐，所以才愿意去学，去享受学习的乐趣。

我带的（03）12班的张亦楠同学后来考入清华大学就读电子专业。他在班刊上写过一段文字：

现在一提到学习，很多学生马上变得愁眉苦脸，好像学习是孙悟空头上的紧箍咒。可学习真的这么可憎吗？在我看来，学习是获得知识的过程，也是获得快乐的过程。既然如此，为什么我们不能享受学习呢？

我们宽高教育集团下属高中联盟校有一个学生名叫张东晖，后来以680分的成绩考入清华大学精密仪器系，他写过一篇心得，题目叫作"我待数学如初恋"。你看看，"初恋"都用上了，享受学习到了这个程度，那是一种什么体验啊！他写道：

根据我的体验，数学颇具魅力，不以初恋待之，岂不可惜？

数学不像物理一样机械，也不像化学、生物一样要用繁杂的生活储备来垫起知识的高塔。她似破空而来，却又理性直白，让人敢于直视。说她美，是因为每一个数学符号都似音符一般，不善言谈却轻盈空灵，实在是初恋的不二选择。

所以学数学要有一颗洞察之心，她不需要你敷衍那些零碎而臃肿的细节，而是要像剑指眉心一样直抵对方想要的真正的定理与缘由。庆幸她是多么好的初恋，不撒娇，不孩子气，脉络清晰，就像她的灵眸……偶尔她会淘气，让你一时忘记某两种知识是如何相互关联的。只要你用心去待她、爱她，当年她指引你的一招一式便又清晰可见了……

无论在什么情况下回首往事，我都必须承认，在与数学相伴的时光里，时间总是飞逝如电。只要能长期地陪伴她学习，深入地研究她，等待不会是漫长的，暗恋终会修成正果……谁言数学虐我千百遍？只要待她如初恋，你就会知道，所谓的"虐"不过是深刻而纯粹的爱恋。读懂她的心，她的美将是世间最纯粹的风景……

你看，这个同学自我总结"我待数学如初恋"。不仅是数学，每个学科都蕴含着美感和乐趣。如果你还没有感觉到自己在享受学习，说明你还没有达到那种境界。

再说一遍，学习过程有苦的一面，有烦恼的一面，有枯燥烦琐的东西，学习是要付出代价的，从来都不是请客吃饭那么轻松。从根本上来说，教育也是抑制人性弱点的一面，比如懒惰，比如好逸恶劳。

教育存在的价值，就是与人的惰性对抗。学习过程很费脑，时常有挫败感，同时也要付出时间与精力。但我的教学带班经历说明，遇到困难，要让孩子整理好心情，积极面对，尽可能把学习过程变为先苦后甜的快乐过程，同时促使人去思考、认识和理解这个世界。

我说上面这些干什么呢？其实就是希望给学生父母们一些启发，思考一下要给孩子什么样的导向。我是高中班主任，没有人比我更清楚分数的重要性。但我从不刻意追求分数，我总是想方设法让我的学生们先热爱学习，享受学习。

我们人大附中（03）12班的肖盾同学，高二时获全额奖学金赴英国读书，在讲到英国剑桥的学习生活时，他也使用了"享受学习"这个概念。肖盾同学写信给12班同学说：

有人也许会说，享受生活还能说得过去，但享受学习就显得有点儿恶心了。可能我们过于深恶痛绝中国教育体制的某些弊端，而很少有人谈及喜爱或享受学业。而在英国，我肯定不是唯一能把 enjoy study（享受学习）这个短语说出口的疯子……

所以，我们要考虑一下自己的教育导向。关心孩子的分数有错吗？适当的关心没有错。但请不要总是把分数挂在嘴边，孩子考好了就喜笑颜开，考得不好就火冒三丈。你可以多问问孩子上课学了什么内容，课堂上有没有提出问题，他是怎么思考的；让孩子喜欢钻研，感受学习的乐趣。实际上，如果孩子勤思考、爱钻研、爱学习，他的学业会差到哪里去？

总结起来，以上我的"心态调整法"所说的认识自己、保持信心和学会享受学习，主要针对孩子的学业问题，因为学生以学业为主。其实，孩子无论学习、生活，还是将来工作，都有个心态问题，都需要摆正自己的位置，保持信心，以积极而乐观的心态，去面对生活上的种种困境和工作上不可避免的挑战。既然如此，那就让我们做好自己，带着自信，享受这个应对挑战的过程吧。

做法 2

成长原动力

——发掘天赋优势的四个要素

天赋是孩子成长的原动力。

根据数十年的教育经历，我一向认为，教师的最大责任，就是引导出孩子身上最优秀的东西。也许有人问，我们父母的目标，就是把孩子送进大学，现在谈什么发掘天赋，有多大意义？

我做高中班主任 25 年，自认为比别人更在意高考。但我的做法与别人不同，简单说，我是通过发掘、鼓励学生的天赋优势，让强项带动弱项，从而带动学业。实践的效果是既能发挥出学生的天赋优势，让他们找到自己未来的发展方向，又能让他们以优秀成绩考入大学。

当然，天赋涉及的问题更深入、更广泛。那么，怎样发掘天赋，形成个人发展优势？我总结为四个要素：

1. 每个孩子都有自己的天赋；
2. 发掘天赋优势是一个过程；
3. 让强项更强并带动弱项；
4. 以天赋优势走上专业之路。

发掘天赋要素（一）：每个孩子都有自己的天赋

1. 每个孩子都有天赋，不用总羡慕"别人家的孩子"

- **案例**：模拟售票员卖票的小男孩和计算菜价的小女孩

有人问我：王老师，你说的都是人大附中的学生，他们个个天赋满满，哪里是我们普通人家的普通孩子能效仿的？在一些父母眼里，那些孩子就是别人家的孩子。要我说，你不用总羡慕别人家的孩子。

什么是天赋？天赋其实就是一个人与生俱来的生理特点，这种生理特点也是个人大脑的生理结构的某些差别。这种生理特点表现出来，就是一种天生的能力或悟性，或者说是一个人特有的可持续的兴趣和热情。

天赋是天生的感受和一种自然的反应方式。你有没有这样的经历：遇到某件事，你的好奇心和求知欲特别强，潜意识告诉你，你在这方面很擅长，肯定会比他人做得更好？这就是你的天赋被唤醒了。

所以，我说别人家的孩子，其实就是你家的孩子。

首先，人大附中的学生也是从各个初中考上来的，在成为他人眼中别人家的孩子之前，大多数也是普通的孩子，如果说有什么不同，那就是这些普通孩子的天赋优势得到了发现和发掘。

其次，一个孩子或喜欢电脑，或喜欢英语，或喜欢数理化、政史地的某一科，是不是你能在自家孩子或邻家孩子身上常常见到的情形？

我带的人大附中（03）12班，有一个男生叫付滨（付滨后就读于清华大学信息学院计算机专业，现在是一家科技公司的业务骨干）。付滨父母说：

付滨从小就对数字有独特的兴趣和天分。小时候，坐过公共汽车以后，他自己就经常模拟售票员卖票，他能把所有公共汽车线路的起点站和终点站背下来，其实他在算卖票能卖多少钱。他还喜欢观看各种体育比赛，掌握各种体育比赛规则，这些规则连我们都搞不清楚。我们开始觉得不可思议，后来才发现，他看比赛是在计算比分，也是对数字的一种爱好和对计算的练习。

从那时开始，我们就鼓励他发展这种对数学的爱好。上小学以后，我们积极为他联系北京数学奥林匹克学校、人大附中的华罗庚数学学校，他在小学、中学阶段就展示出了数学天赋，多次在北京市和全国的各种数学竞赛中获奖。

你看，付滨的天赋发现是不是一个普通的故事？这种故事是不是多了去了？不用总去羡慕别人家的孩子，那些具有天赋的孩子就在我们身边，就是你的孩子。

根据儿童发展各年龄段的追踪研究，3—4岁的孩子已经有了形象思维，看到一个画面，他们就可以展开想象力。而到了6—7岁，孩子已经有一定的思维能力了。做父母的，如果仔细观察，就会发现有的孩子对某些事物或某些领域，具有与生俱来的好奇、兴趣和潜力，如果被反复利用，就会形成天赋优势，产生非凡的个人业绩并造福社会。

（03）12班还有一个女生叫赵学征，数学很有天赋。小学五年级就拿到北京市小学生数学奥林匹克竞赛一等奖。她父亲说，发现女儿的数学天赋，是从日常生活中的买菜开始的。

赵学征7岁时，父亲带她到农贸市场买菜，看到一个小女孩在路边摆摊。一问才知道，她和女儿同年，还没上学。爸妈出门，她就帮忙看着摊位。父亲感到好奇，这么小又没读过书，怎么卖菜？于是，父亲试着问：帮我称三根茄子行吗？

只见小女孩熟练地把挑好的茄子放进秤盘，迅速地拨弄着秤砣，然后告诉赵学征父亲：叔叔，三根茄子一斤二两，一斤茄子8毛，一共是9毛6分钱。

赵学征父亲掏出1元钱递给她，她翻出几枚硬币，交给赵学征父亲说：收您1元，找您4分。

父亲不禁感叹：这女孩要是读了书，一定了不得！

赵学征在一旁看得入神，睁大眼睛对父亲说：爸爸，你教我，我也能算！

从那以后，父亲每次买菜回家，就会把女儿叫进厨房说：帮爸爸算一算，这些菜一共花了多少钱？

女儿马上过来一个劲儿地问：爸爸，猪肉多少钱一斤？你买了几斤？鱼呢？

很多时候，父亲并不按照菜价告诉女儿，而是悄悄地增加计算难度。

每到餐馆吃饭，父亲也把账单交给女儿说：来来，算一算，这账有没有问题？女儿就扔下碗筷，一笔一笔地累加。

慢慢地，日常的心算对女儿已经没有任何挑战性了。父母又买来了《趣味数学》和一块小黑板。父亲在水池前洗菜，女儿在黑板旁念题，父女俩开心地讨论书上的趣题，女儿时不时地在黑板上演算一下。

等到五年级，赵学征就拿到了北京市小学生数学奥林匹克竞赛一等奖。家长们都向她父亲取经，而父亲笑着说：我们对女儿的早期数学教育，是从买菜、从厨房开始的。

你看这位父亲的做法，不用受过高等教育，不必是职业教师，即使高中甚至初中毕业的普通父母，是不是也能做得到？发掘孩子的天赋，只需要用心去发现、去鼓励就好了。

如果说不知道自家孩子有什么天赋条件，而孩子也不知道自己有什么天赋优势，而最终一事无成，那我也坚定地认为：那是因为孩子的天赋才能，没有被父母发现，没有被教师发现，也没有被孩子自己发现和发掘而已。

很偶然的机会，丁俊晖接触到斯诺克台球。他第一次打台球就比父亲打得好，可以说一学就会。父亲一看，好吧，让孩子学打台球吧，结果就打出了一个世界冠军。

2. 孩子从来不缺少天赋，缺少的是发掘和鼓励

- **案例 A：一个音乐生的故事**

我敢说只要父母用心观察，就可以发现，每个孩子都有自己的天赋。有人在数学上有天赋，有人对电脑技术的悟性很好，有人坐不住却有着运动的天赋，有人天生在语言方面有优势，能掌握几门外语。

天赋各有不同，有如万花筒，有如人脸或指纹的不同，而这也是上天对人的公平之处，所以要早发现，早发掘，早鼓励，否则也许在不经意间，孩子的天分就被忽略或错过了。而父母和老师的基本培养责任，

不就是引导出孩子身上最优秀的东西吗？

我有时会接受一些教育讲座邀请。一次讲座后，有个初三女生和妈妈一起过来咨询我。

女生说：老师，我就喜欢音乐，你看我将来学音乐专业行不行？

我问：你喜欢音乐多久了？

女生说：从学前上音乐班就开始喜欢了。

我说：那你到初三还这么喜欢音乐，这是很难得的。

女生说：可我妈不同意。

她妈就说了：王老师，这个孩子就想搞音乐，我就觉得这个东西不当吃不当喝的，能行吗？

我说：孩子的志趣应该受到尊重。音乐行业有其自身的一套专业体系和标准，行不行不能靠感觉。我不是音乐专家，在专业上不能给您什么意见，建议您带着孩子去找专业音乐老师咨询一下，看看孩子的天分条件和发展潜力，然后再做决定是不是朝这个方向走。

这对母女听取了我的建议，去找音乐老师认真地做了咨询和评估。女孩后来还是走上了自己热爱的音乐之路，到现在已经小有成就。

每个人禀赋不同，有人适合做这个，有人适合做那个，有人动手能力强，有人拥有艺术天分，等等。我们每个人作为个体有所不同，感知、接受和适应这个世界的方式也就有所不同——所以，我们生活的世界分工如此细密，又如此丰富多彩。

- **案例 B：一个童年被视为有多动症学习障碍的舞蹈家**

我们有的父母一看到自己孩子好动顽皮，一看到学习成绩不好，气就不打一处来，轻则挖苦谩骂，重则拳脚相加。你有没有想过，多动也可能是一种才华？你的孩子身体好动，是不是动手能力强？是不是有体育天赋或舞蹈天赋？有没有可能发掘出这种天赋，让孩子立足于自身的优势，走向成功和幸福人生呢？

我建议学生父母去读一本书——《让天赋自由》，这是国际知名教育学者肯·罗宾逊和卢·阿罗尼卡合著的。里面讲过一个案例：

有一个8岁的女孩，学习成绩一塌糊涂，还是班级纪律的破坏者。她上课坐不住，一会儿讲话，一会儿张望窗外，一会儿骚扰同桌，而且屡教不改。学校老师实在头痛，认为这个女孩有多动症类型学习障碍，建议父母把女孩送到专为这类孩子设置的特殊学校。

女孩的家长既震惊又无奈，只好带着女孩来到心理医生的办公室，希望得到准确的诊断。

心理医生一边和女孩母亲聊着女孩的在校表现，一边注意观察着女孩。过了一会儿，心理医生站起身对女孩说：我要跟你妈单独谈一会儿，不会走远的。

心理医生随手打开了办公桌上的收音机，收音机里传出了一段美妙的音乐。心理医生带着女孩母亲走出办公室，一起来到一扇窗前观察着女孩。女孩站起身在房间里走着，而她的身体随着音乐节奏自然地摇动着，脸上绽放出愉悦的笑容，那是一种对音乐天然的感受能力……

心理医生对女孩母亲说：看到了吗？你的孩子有舞蹈天赋，送孩子到舞蹈学校吧。

女孩父母听从了这一建议，把女孩送进了舞蹈学校。这个女孩叫吉莉安·琳恩，后来加入英国皇家芭蕾舞团，成为世界级的舞蹈家，在音乐史上留下歌舞剧《猫》等经典作品。她后来说：我8岁走进教室时，其实跟同学们没有什么不一样，唯一不同的是，我不像他们那样静静地坐着思考，而是边动边思考。

每个人，包括每个孩子，都是独立的个体，而天赋的秘密就深藏于个体之中。这就解释了为什么有的孩子擅长舞蹈，有的擅长科学，而有的擅长体育……

3. 耽误天赋是一种失职，而教育孩子是有期限的

- **案例：错过天赋的小女孩**

孩子的成长需要自由的天空。许多孩子很有天赋，比如跳舞、计算、画画、运动、动手能力，等等。可为什么大多数孩子最终归于平庸了呢？因为他们的天赋都或多或少地被扼杀了。实际上，扼杀孩子天赋的事是经常发生的。

一个6岁的小女孩，在家中做什么功课都心不在焉、无精打采的，只有在画画的时候才会聚精会神起来。这天，小女孩正专心地画着画，父母走到她身边问：你在画什么呢？

小女孩头也不抬地回答：我在画上帝。

父亲很疑惑地说：可是，世上没有人知道上帝长什么样子啊？

小女孩说：我知道上帝长什么样。

母亲说：大人都不知道上帝是什么样子，小孩怎么会知道？

小女孩的神情马上黯淡下来，放下了手中的画笔。其实，6岁女孩也有自己心目中的上帝形象，为什么不可以画呢？可大人的说法遏制了女孩的想象力，她一辈子也许再也没有画过上帝。小女孩充满好奇和想

象力的目光，就这样黯淡下去。这是不是一个我们身边经常遇到的事例？实际上，我们做父母的不知错过了多少孩子的天分。

天赋的发现、发掘是人生的一个过程，遗憾的是许多人也许终身错过了。相关教育机构曾做过一次调查：一个天赋常常得不到肯定和鼓励的人，他的天赋潜能仅能被开发到20%—30%；一旦得到肯定，他的天赋潜能将会被开发到50%；如果能够得到持续肯定和鼓励，那么他的天赋潜能将会被开发到70%—80%。

发掘孩子的天赋，需要早发现，早鼓励，早培养，也需要决心、定力和耐心。家长对孩子承担教育责任，不是三年五年，不是八年十年，而是至少十八年。耐心，从长计议，是所有成功的必要条件之一，教育孩子也不例外。

一位知名女作家讲述的一个故事，让我印象深刻：

最近去拜访朋友，坐在朋友家后院吃东西聊天。这时，他们的大女儿和她的同居男友一起走了进来，两个人穿着很新潮，露着身上的刺青，手上各拿着一支香烟。两个人窃窃私语，有说有笑，但对外人都露出很不屑的眼神。

这让我蛮感慨的。十年前，我第一次见到这个女孩时，她才8岁，那时她能在短短时间内，把我送的一瓶清酒上的字和图，一模一样地画出来。一个中国小女孩，居然可以把日本清酒酒牌及上面的樱花，三两下就轻松地描绘出来。

我好惊讶，自从那次以后，我经常催促她的父母带她去拜师学艺，但他们总是找出一大堆不是理由的理由来搪塞我。现在，这个女孩已经变成了这样，而她的父母已经基本改变不了女儿的任何方面。

我突然领悟到一件事，那就是其实父母跟食物一样，都是有有效期限的。

　　心理学家李玫瑾在研究中发现，成人的行为，很大程度取决于童年的教育。所以，不管施加正面影响还是负面影响，都作用于孩子18岁前的成长期。18岁前成长期的教育，往往会奠定孩子一生的思维方式和行为方式。反之，过了这个阶段，孩子的价值观、思维方式和行为方式已经成形，再改变就很困难了。

发掘天赋要素（二）：发掘天赋优势是一个过程

1. 天赋：早发现早发掘，并且要持续鼓励

- **案例：一个上市公司 CEO 的中学故事**

天赋一定是异于常人的禀赋。天赋不是一时的好奇心，一时的兴之所至，那不算专业意义上的天分和真正兴趣。天赋是可持续可验证的天分，是一个被发现发掘的持久过程。

作为班主任，我每接一个班，做的第一件事就是研究学生档案，看看每个学生有什么个性、有什么擅长的。我带学生最基本的一条，就是鼓励支持他们根据自身的天赋优势，去发展，去进步，去成长。

在人大附中，我本人就是学校数学竞赛的辅导教师。我总是鼓励有天赋的学生参加各种学科竞赛。为什么要鼓励他们呢？因为只有参加各类竞赛活动，学生们才会对自己的天分和潜力，有充分的自我认知和评估。我常跟同学们说：不骑马怎么知道自己是不是好骑手？不上船怎么知道自己是不是好水手？

侯晓迪，是我带的人大附中（03）12 班的一个男生。2021 年 4 月 16 日，一家叫作图森未来的科技公司登陆美国纳斯达克，成为全球"自动驾驶第一股"，这个科技公司的联合创始人之一，就是侯晓迪，他后来成为该公司 CEO。

小学六年级，侯晓迪跟父亲说，希望家里有一台电脑。父亲在工作

中经常接触和使用电脑，深知电脑对于人的技能以及思维方式的影响。可家中要不要买一台电脑，他却有所踌躇。因为他知道，电脑和其他科技产品一样，是把双刃剑。对于一个小学生来说，电脑使用得当，是一个可以让自己身处科技前沿的有效工具；而沉溺于电脑游戏，对于学业和生活就可能贻害无穷。

不过，父亲最后还是决定买一台电脑，但不是买一台现成的电脑。父亲带着儿子去了一家电子市场，买下电脑主要零部件，并仔细咨询各部件的型号、性能，以及组装方式。然后，带着儿子一起在家自行组装，并安装上了应用软件。在小男孩眼中，一台电脑就这样神奇地运转起来。

侯晓迪琢磨起了电脑。父亲不在家时，他就仿照父亲的做法，把电脑拆开，然后自己组装并安装软件，当电脑在这个小男孩手中运转起来的时候，他体验到了一种前所未有的乐趣和成就感。他迷上了电脑，进步神速，很快就把水平不低的父亲甩在了身后。

进入中学，痴迷电脑软件技术的侯晓迪，购买了多本电脑知识及应用技术的书籍，放在床头，有空就边看边琢磨并动手实践，他能够24小时在电脑旁鼓捣一个软件，弄完了以后昏睡两天两夜。

高二学业压力山大，侯晓迪在繁重的课业之余，参与撰写了一本电脑科普书《e矛e盾》，还参加了在北京西单图书大厦举办的新书发布会。

也是在高中阶段，以侯晓迪和李宇恒等同学为骨干，几个同学组建了网络俱乐部，创建了全国第一个面向中学生的网上虚拟社区，他还和同伴们建立了校园邮件安全系统。教育部原部长陈至立曾来人大附中考察，给予他们充分肯定和评价。

我在教学带班中，总能遇到像侯晓迪这样颇具天赋的孩子。我的态度是一以贯之的，就是欣赏、鼓励、保护和引导。

侯晓迪知道软件设计以数学为基础，所以他对数学非常肯钻研。有一天，侯晓迪拿出这个问题，来跟我辩论：0＜椭圆的离心率＜1，那么，圆的离心率是否为0？

我说：圆是没有离心率的。

侯晓迪说：当椭圆的长轴和短轴越来越趋向相等，也就是接近圆吧，这时两焦点距离为0，再除以长轴，这个离心率不是等于0吗？

我没有被他说服，可他软磨硬泡，找我谈了好几次。后来，我抽出时间，仔细研究了一番，然后告诉他：侯晓迪，我很尊重你的探求精神。这个问题，你可以用变化的观点来研究圆和椭圆的关系，也完全可以写一篇论文，我帮你修改，再找个杂志去发表。后来，这篇数学论文还真就登在了专业杂志上。

有了基于自身天赋的才能和梦想，侯晓迪在编写软件的水平突飞猛进的同时，也肯在其他科目上下功夫，因为单科突进需要一定的知识结构的支撑。那年，各科成绩都很出色的他，高考进入上海交通大学电子信息专业就读，后留学美国麻省理工学院，攻读计算与神经系统专业博士学位。侯晓迪是现今国际无人驾驶卡车技术领域里最具影响力的领军人物之一，而他才40岁左右。

时常有家长跟我说：我孩子将来想当医生，想做音乐，或想当软件工程师，等等。我也会接着问：你觉得孩子在这方面有天分及能力吗？得到的回答常常是这样的：孩子有这方面的兴趣。问题在于，有时候父母很容易把一时的好奇，当作专业意义上的天分和兴趣。

如果仅仅因为一时的好奇而对孩子说，你长大后要当科学家、电脑工程师，或者当法官、律师，我估计三天后孩子就忘到脑后了。这种激励作用最多不会超过一周。

天赋需要发掘，而且是一个过程，是一个强化天赋能力的过程。为什么这么说呢？

我们再从更深入细致的科学角度，看看什么是天赋。从科学原理上讲，大脑是由脑细胞组成的，而脑细胞的重要组成部分，就是神经元。每个神经元都向外伸展，力图建立一个连接。每当一个连接成功建立，就形成了一个突触。一个人出生后，他的神经元建立起大量的突触连接，从而人脑被编织成一个独特而精细的神经网络，再通过交感神经产生心流体验，就产生了异于他人的热情、兴奋感及充实感——这就是天赋。

而天赋发掘的过程，就是让神经元编织成的独特网络更精细，也就是让你的天赋能力更强。

纵然孩子有天分，可如果没有发现发掘，没有鼓励培养，没有长期的坚守坚持，也不会形成天赋优势。

球星马拉多纳2岁就爱玩足球，会抱着足球睡觉，真的是天生踢球的料。但没有后天的系统训练，他也许就是个很普通的球员。所以，这位公认的足球天才说：天才也是训练出来的。

天赋是种子，优势是结果。那些没有形成优势的人，只有两种可能：要么就是没有发现自己的天赋；要么就是发现了，却没有得到鼓励而全身心投入。

你想过没有，如果想当医生，那些生理实验、人体解剖以及与病人的密切接触，是你能够长期坚持并不断探索的专业领域吗？

如果想做音乐，你能忍受日复一日地坐在钢琴或其他乐器前，枯燥地重复练习同一支乐曲并乐此不疲吗？

如果想做软件工程师，想当比尔·盖茨或史蒂夫·乔布斯那样的人，你应该把大学的计算机课程仔细研读一番，看看自己到底会不会痴迷于那些看起来枯燥无味的程序设计。

总之，发掘天赋是一个长期过程，需要早发现早发掘，持续鼓励，持久坚持。

2. 发掘天赋不分早晚，永远不晚

- **案例：表妹的故事**

有人可能会问：王老师，你在前面说父母教育孩子是有期限的，怎么现在又说永远不会晚？

我前面说的，主要是指父母对孩子的影响力。父母对孩子的影响力是与孩子的年龄成反比的，孩子越大，大人的影响力就越小。发掘天赋当然越早越好，但不分早晚，而且发掘天赋更取决于孩子自己的态度。

我在山东沂水一中当老师时，有一次去居住在乡村的舅舅家。舅舅家有个表妹，个子已经长到 1.70 米，那时她 15 岁。她平时干啥呢？天天在家里帮着种地，推着小车子送粪。一个女孩个子高，学习成绩又不好，整天深陷自卑之中，连走路都弓腰驼背，缩着个身子。舅舅舅母生长在乡村，见识少，也不大去琢磨怎么教育孩子。

我在舅舅家看到表妹时说：表妹个子挺高啊。

舅舅说：光长这么一个高个子，在农村吃得多喝得多，穿衣服还多费料，你就别笑话她了！

我认真地说：舅舅，我有个想法，我带表妹到医院去测一下骨龄吧，看看她到底能长多高。

舅舅不以为然，可觉得我毕竟是一个当老师的，就随口答应了。这样，我带表妹去医院测骨龄，测试显示她能长到1.92米。我拿着这个骨龄的报告，送到县体校篮球队，教练看过骨龄报告，再看我表妹，才15岁就长得那么高，还挺苗条的，就说可以收下她。

表妹说很愿意，也很兴奋。这样，她从15岁开始了篮球人生。3年后，我又一次见到表妹，那时她已长到1.9米，身板挺直，意气风发，已经是当地篮球队主力，在体育路子上走得挺好。

发掘天赋是一个过程，天赋需要经过持续的实践和长时间的投入才会被发掘，才会形成优势，所以，最好早发现早鼓励；但天赋总是存在的，即使发掘得晚些，人生也有翻盘的机会。

这里讲一个加拿大少年马汶的故事。16岁的琼尼·马汶家境普通。读高二时，校方一位专家对马汶的学业进行了评估，然后告诉他：你学习很努力，但效果不好，学业不是你所擅长的，但也许你会发现自己其他方面的特长。

马汶从此离开学校，开始给人家打理花园、修剪花草。而凡经他打理的花园，无不令人赏心悦目。后来，经有关部门同意，他无偿地把市政府附近的一处垃圾场，修建成了一座美丽的公园，就这样有了名气，被全城人所关注和谈论，说他是一个天生的园艺家。20多年过去，马汶已成为全国知名的风景园艺家。

有一种情况，就是特定情形下，由于家庭原因或经济压力，有时候会抑制一些人的天赋热情，从而失去行动的机会。但只要你一直倾听内心的声音，一直记得你的激情所在，不论多久，不论是未成年人还是成年人，开发天赋永远不晚。

摩西奶奶大器晚成的故事广为流传。这位老人养育大 10 个儿女，儿女长大后又帮着带孙辈。养大儿孙，她终于有了更多的闲暇，也想起了自己儿时的画家梦想，于是从 76 岁开始拿起了画笔，天赋热情助推画技日益精进，成为原始画派的代表人物，在纽约举办过数十次个人画展并多次获奖。你看，只要坚持倾听内心的声音并付诸行动，最糟糕的结果也不过是大器晚成而已。

发掘天赋要素（三）：让强项更强并带动弱项

1. 强项带动弱项

- **案例：一个校园篮球明星的故事**

优秀是从你的强项开始的。《中国教育报》刊登过一篇整版报道，中间一个标题是"王金战：中国第一个反木桶理论的老师"。所谓木桶理论，是说木桶盛水的多少取决于最短的那块木板，即所谓缺点决定成败。一些成人把这个木桶理论移植到了教育上，整天盯着学生的缺点，弄得学生仿佛一无是处似的。

我的观点是，缺点很难避免，修正也不容易。但如果我们淡化学生的缺点，转而关注他身上的优点、闪光点，并鼓励他的天赋优势，就可以让学生的自信心大增，以强项带动弱项，实现全面成长。

带过人大附中（03）12班后，我接手了另一个高中班。班里有一个男生叫孟博。小伙子长得帅，个子接近1.9米，篮球打得好，就是学习成绩不好，经常不交作业，上课迟到，再不就是趴在课桌上打瞌睡，一副无所事事很随意的样子。

这个男生是我们班篮球队队长，年级举行篮球比赛，他率队得到冠军，成为校园明星，也就多了些自信。

趁这个机会，我就开始跟这个男生谈，我说：你既然能把篮球打好，篮下动作做得这么灵巧，神出鬼没的，这就说明你智商高啊。不然，找个傻子上球场上试试，肯定到处乱撞。

男生听我这样说，眼睛一亮，说道：我智商本来就不低。

我说：既然智商高，学习能不好吗？这样，你该打球继续打球，该训练还是训练。同时，你能不能学习时也像打篮球一样用心？只要你用心，学习成绩肯定能上来。

他很认真地跟我说：老师，我以后一定做出个样子来。

后来，孟博同学真跟变了个人一样，学习用心了，作息时间遵守了，也能按时交作业。学习态度变了，自律精神有了，各科成绩也就上来了。后来这个男生考上了美国一所大学。

一个学生也许看着平平常常，但你一旦挖掘出他的潜能，这个学生就会更自信，更富于进取心，学业问题也就迎刃而解了。

用强项带动弱项，这就是我所运用的长板理论。在带班教学中，我总是努力去发现我的学生身上有什么学科长项，有什么专业特长，然后不断加以发掘、鼓励和支持，以长板带动短板。最后，这些孩子总会由于天赋才华得以激发而信心大增，学习热情大涨，终能以长项带动短项，脱颖而出，既能考进好大学，也能在事业上得心应手，大展才长。

2. 发掘天赋：改变的是心态，激发的是潜力

- **案例："你跳一段我看看"**

我经常跟父母们说，孩子的学习热情，从来不是父母或老师教出来的，而是焕发出来的。这就需要用心去观察、发现和发掘孩子的天赋，

并提供更多的发展机会和条件。孩子拥有了天赋优势，就拥有了自信，就拥有了积极向上的学习动力，而他的学业成绩提高、职业理想确立就是自然而然、水到渠成的事了。这个道理一点儿都不复杂，也不高深。

一位母亲带着儿子来找我咨询。母亲说孩子压根儿不想学习，整天就知道跳舞。我一看这个男生还真帅，体形也挺好。

我说：孩子有这个爱好不是挺好的吗？

母亲说：就是不学习呀！成绩在班里倒数的。

我问男生：你喜欢跳舞？

他点点头：嗯，喜欢，特别喜欢跟着那种节奏感强的音乐跳舞。

我问：你练过舞蹈吗？

男生说：小学三年级时，进过一个舞蹈培训班。

我问：你会跳什么舞？

男生说：桑巴。

我说：那你跳一段我看看。

他跳了一段，我一看挺有意思，别有韵味。

我说：舞蹈就是在音乐中散步，在旋律中翩翩起舞，那种感觉比运动更美。但要想练好舞蹈，需要有坚强的毅力，一段桑巴跳下来，心脏的跳动比跑百米冲刺还要剧烈，你能长期吃得了这个苦吗？

男孩非常坚定地回答：我能。

我又对母亲说：我建议给孩子报个舞蹈培训班，也听听舞蹈老师的评价，看看孩子舞蹈天分怎么样，能不能走这条路。

母亲一听，当场就不高兴，发毛了：王老师，我们来就是让您劝劝这孩子别天天跳舞，不肯学习，怎么您还让我给他报舞蹈班呢？

我说：你先别急，我看这孩子是真心喜欢舞蹈，管是管不住的，越管他越喜欢跳舞。与其让他自己胡乱练，不如让他接受专业的训练。再说，你也不是舞蹈专业的，怎么就敢断定儿子不行？

母亲一想觉得有点儿道理，就表示先让他练练看吧！

回去后，男孩就进了舞蹈培训班，一路下来练习舞蹈，技艺大有提高。中考时，他作为舞蹈特长生进入了重点高中。高中期间，他又来到北京舞蹈学院训练了一个假期，水平再上台阶。

我就跟他说：作为艺考生，你高考成绩如果达到当地的一本线，就有可能进名牌大学；如果达到当地的二本线，你也可以上一所好大学；要是连二本线都达不到，你就没戏了。所以，高中这三年，你既要保证练好舞蹈，学业上还得抓紧才行。你知道自己该怎么做了吧？

男生郑重地点点头。

假期结束，男生回校后精神面貌愈加振奋。他意识到学习的重要性，在强化舞蹈训练的同时，开始重视学习。练舞蹈让他有了吃苦精神，学习障碍也就难不倒他了，学业取得长足进步。那年，作为艺考生，他高考过一本线，被一所知名的专业学院录取。

有的父母总是担心：这种鼓励孩子天赋的做法，会不会导致孩子偏科啊？我总是告诉他们：从道理上讲，有天赋优势的学科，也需要相应知识结构的支撑。比如，你的孩子有编程的天赋，要往人工智能专业发展，你作为父母就可以跟他讲：起码你数学得好吧，物理得好吧。你的孩子有思辨的天赋，想往律师专业发展，文史地就不用说了，他的数理化也要有相当的基础，否则他以后怎么打知识产权官司呢？

只要孩子想要发挥天赋才长，他就会明白，过于偏科是不足取的，不把其他学科带动起来，没有合理的知识结构支撑，就很难圆自己的专业梦想。这样一想，其他学科也带动起来了，父母最关心的学业总体成绩，是不是也就同时上来了？

有父母问：王老师，我的孩子当务之急是高考，是考进大学，是考进一所好点儿的大学，你说的天赋优势之类的，到大学阶段或大学毕业以后再说不好吗？

我说过，我常年担任高中班主任，怎么可能不重视学生高考？问题是怎么面对、怎么处理。这里，我想谈谈父母的格局问题。我总结，有三种父母：

①差点儿的父母，是对孩子放任自流或过度干预；

②一般的父母，是把眼睛盯在高考上；

③优秀的父母，是既重视高考，也重视孩子天赋优势的发现和发掘。

我带的人大附中（03）12班的许多学生，都参加过五大学科竞赛（数学、物理、化学、生物、信息技术），有十几个人在市级以上的学科竞赛中获奖。

刘翀同学曾获得过全国青少年科技大赛一等奖，后保送至清华大学数学系。他父母说：

进入人大附中高中数学实验班后，我们就告诉儿子，在各门功课学好学活的前提下，适当参加一些科技活动，多接触科学家。高一时，他就参加了科技俱乐部组织的活动，成为北京青少年科技俱乐部的一名成员。

怎么处理好课内学习与参加课外科技活动的关系？我能理解一些家长会有这方面的担心，他们担心参加科技创新活动会影响课内学习，会影响高考成绩。对于这一点，我是这样看的：搞科技创新活动，往往要接触比课本上深很多的知识，当掌握了这些知识后，在相关的一门或几门学科中就会站得高，看得远，解决课内的问题就会更加得心应手。所以，我的结论是：如果处理得当，两者是可以相互促进的。

发掘天赋要素（四）：以天赋优势走上专业之路

1. 天赋优势之路：每种天赋都有自身的价值

• **案例：体育生的故事**

每个孩子都是独立又复杂的个体。我常说：马的长项是奔跑快，牛的长项是力气大。作为父母应该懂得：教育是一个生物过程，而不是一个冶炼过程。你不能让一棵西红柿苗子结出一颗苹果来，西红柿就让它结西红柿，苹果就让它结苹果，而每个成果都富含营养价值。天赋人人有，各有不同，而每种天赋也都有自己无上的价值。

我曾在山东沂水一中担任政教主任。政教主任的工作之一，就是管理好学校的体育生。

体育特长生每班都有，在学校也是一个有影响力的学生群体。大家知道，有的体育生也往往是最让班主任老师头痛甚至讨厌的。他们身强体壮又时常调皮捣蛋，好讲义气又时常打架斗殴；有的纪律性差，学习成绩差，在一些师生眼里，干脆就跟"差生"画上等号了。他们常常会让父母失望，也遭一些师生反感甚至歧视，甚至是自己厌恶自己。

我就不这样想。不管什么学生，一旦发现他有什么特长，我心里就高兴，眼睛就一亮。我在中学是校篮球队队员，在大学是校排球队队员，我喜欢体育生，看重他们的天赋特长。

经过一段时间的观察和分析，我找到了一些教育办法。我把他们召集在一起，说：特长生特长生，你们是有特长的一群人，你们应该得到尊重，更应该尊重自己。我现在代表学校宣布：

第一，鼓励体育生达到国家二级运动员标准；第二，在文化课上，在学习成绩上，班主任老师不能再让你们跟一般学生去比排名；第三，体育生也有资格获得三好学生奖。

颁布这些规定后，我就严格执行，不打折扣。而且，每年高校招特长生的时候，我就忙着联系各高校招办的人，请他们吃饭，联络感情。这让体育生们很感动，说：王主任，你对我们这么好啊！

在做上面这些工作的同时，我也跟各班班主任老师打招呼：哪个班的体育生，要是上课捣乱，你就来找我。你想呀，我为他们做了这么多事，他们还好意思来见我吗？

那会儿在学校周边，总有一些不三不四的社会闲散人员，他们骚扰学生，打架斗殴，甚至抢劫学生钱物，等等，让老师和家长们很是头痛。我把这些体育特长生组织起来，定时执勤、站岗、巡逻。体育特长生个个虎背熊腰，他们一出动，那些社会二流子就望风而逃。而这些体育生，就觉得自己有价值、有威风、有自豪感，也就愿意往好的方向发展了。

学校开运动会，在各种比赛中，这些体育生都是为班级争光、为学校争光的功臣。后来，这些体育生也渐渐地就成了一个自觉自信、积极向上的群体，文化课程的学习也带动起来了，大都考入一些体育大学或体育相关专业，毕业后大都活跃于体育竞赛、体育教育以及各种健身场馆中。

姚明说：我最大的特长是长了一副打篮球的身材，幸运的是篮球成为我一生的职业，并给我带来了财富和荣耀。

世人没有万事通。人活一生，时光有限，尤其是在社会分工趋于精细的今天，一生能做好一两件事便属不易，绝不可能十八般武艺样样精通,这也是老天对人公平的地方。人人都在经营自己的人生。聪明的办法,是用你的主要精力去打磨你的刀刃,而不是打磨刀背,如此,人人最终都能以自己擅长的方式闪光。

讲一个我的同行,孟加拉裔数学教师可汗的故事。

据媒体报道,萨尔曼·可汗来自孟加拉国的贫困家庭,后移民美国。他有数学天赋,加之个人努力,先后考上了美国麻省理工学院和哈佛大学,拿到了学士和硕士学位。

萨尔曼·可汗有个小侄女,数学成绩一直不好,就要求叔叔给她辅导一下。可汗和侄女纳迪亚不在同一个城市,他就通过互联网教侄女,讲得条理清晰、生动有趣,侄女的数学成绩提高神速。不久,其他一些亲友也让可汗给孩子辅导数学。

可汗想,这样一对一辅导效率太低,不如做成视频,放到互联网上,让大家都可以免费观看。这样,每天下班回到家,他就躲进衣帽间里,拿摄像头开始录制视频。开始是小学数学,后来发展到中学、大学数学,共录制了 4800 多个视频,在互联网上引起巨大轰动,观看者无数,点击量超过 5 亿人次。

他一个人凭借一根网线颠覆了美国传统教育,掀起了一场革命,那年他才 28 岁。可汗的视频获得成功后,很多风险投资机构找到他,希望注资成立公司,将视频收费,可汗也可以立马成为坐拥 10 亿美元的富豪!但这个来自贫困家庭的年轻人拒绝了,他说:我接受捐助,但我就是要做免费教育,让贫困人家的孩子也能共享。我想象不到有任何一种方式,能比我现在活得更有意义。

他后来接受了比尔·盖茨基金会和科技巨头谷歌公司的赞助,建立了可汗学院,将视频教学推广到物理、化学、生物、天文、计算机编程、历史、财经、健康护理、医学等十几个科目，月访问量达到了 500 万人次。

每种天赋都有自身的价值。国际知名调查机构盖洛普公司，用 40 年时间对 200 万人进行了开放性研究。这 200 万人包括世界顶级的医生、销售经理、律师、教师、运动员、会计师、酒店清洁工人、军人、护士、职业经理人等。盖洛普公司调查这些优秀人才创造业绩的原因，得出的结论是：那些天赋得以发现发掘的人，取得成功的概率更大，人生的自我价值感和幸福感也更强。

每种天赋都值得珍视，我很喜欢《橡树的故事》：

有一座美丽的花园，里面长着苹果树、橘子树、梨树，还有橡树。到了春天，苹果树、橘子树和梨树都盛开着各种娇艳的花朵，只有橡树没有花开，所以很不快乐。

一天，一只天鸟落在了橡树上，看到橡树很不开心，就问为什么。橡树说虽然自己很努力，可就是不开花。天鸟说：你永远也不会开花，因为你不是苹果树、橘子树或梨树，你要倾听的是自己内心的声音。

橡树接受了天鸟的建言，它闭上眼睛，打开心扉，听到了内心的呼唤：你就是橡树，橡树的使命就是给鸟儿以栖息，给游人以阴凉，给环境以美丽。

2. 人生荣幸：以天赋优势走上专业之路

- **案例：肖盾的故事**

我坚信每个孩子都有自己的天赋特长。前些年有过金融热、法律热，后来是计算机热，现在是人工智能热。不管什么热，如果学生真喜欢真有天赋,就应该受到鼓励和支持。当然,如果并不擅长,盲目跟风就不好了。

优秀的人懂得把主要精力放在自己擅长的事情上。我们当父母、当老师的责任,就是要把孩子们的天赋能力发掘发挥出来,让他们学有所成,才尽其用,最好是能走上专业之路、职业之路。

前面提到过的人大附中(03)12班的学生肖盾,从小就展示出了天赋才长,他从人大附中到英国留学,后来考入英国剑桥大学,取得电子信息工程学硕士学位。

肖盾还没出生,父母就商量好了。如果是个女孩,就早点儿强化数学教育,因为女孩一般抽象能力较弱。如果是个男孩呢,就早点儿强化英语学习,因为男孩语言功能要弱些。肖盾父母英语水平并不高,但都能说一点儿。这样,在肖盾还牙牙学语的时候,家里就推行起双语制,早上看到太阳,一开口就是"sun",晚上看见星星,又喊着"star",而太阳和星星的汉语发音,反而学得慢一些。

肖盾说刚上小学时,很多词他是先会说英语,再会说汉语的。而后来父母发现,男孩语言功能弱些,只是一般情况,儿子肖盾在语言上相当有天分,以至于老师都问他:你在国外待过吗?

小学和中学阶段,肖盾常年担任英语科代表。有一次,英语老师安排肖盾在班级领读英语。老师外出回来后,发现班级里的同学乱作一团,于是忍不住批评了肖盾。可是,后来她才发现误解了自己的科代表。

原来,肖盾不是像常规那样,简单地领读英语。他在领读后,又在黑板上画了一个图形,让同学们纷纷上台在图形上填写单词,最后形成了一棵英语树。同学们在这种形象化的英语活动中,更有效地学习和掌握了英语课文。

高一时，因为英语出色而且富于创新思维，肖盾作为北京人大附中代表队主力队员之一，参加在美国田纳西州举办的头脑奥林匹克竞赛，这是一项国际性的培养青少年创造力的活动。

简单来说，就是让学生将各科知识运用到一个项目上，以培养学生的知识运用能力与创新能力。肖盾和团队其他成员一起，以环保为主题，以物理知识为原理，自己设计动手制作了以人力作为驱动的特殊车辆——弹力车，这种弹力车可以陆路水路两栖使用。

决赛中，人大附中代表队获得单项第一名。整场活动下来，肖盾全程翻译。比赛结束后，肖盾还拿着当地的旅游手册，领着大家在田纳西到处观光。

肖盾同学身上的天赋特质，造就了自己的人生轨迹和命运。他后来考入国际名校英国剑桥大学，攻读电子信息工程学。

走出校园后，2009年3月，肖盾与好友联合创办英国敦煌教育科技有限责任公司，开始做移动互联网教育内容的相关应用，后来把业务拓展到国内，与新东方名师刘畅联手创办网络在线学习平台——"一起作业网"，探索大数据智能教学——这正是他的专业领域，做起来自然得心应手。

"一起作业网"于2011年正式上线，2015年获得1亿美元D轮融资，不到3年，平台用户达到2000多万。后来，公司以良好业绩登陆美国纳斯达克，30多岁的肖盾，已经成长为业内领军人物。

每个人基因和血缘不同，天赋条件也就有所不同，专业和职业之路也应该不同。有些人在选择高考的目标高校或目标专业时，常常不是根据自己的天赋优势和潜在能力做选择，眼里盯着和追逐的，往往是那些热门高校或热门专业，及其带来的就业前景或诱人收入。

我并不是说，高校或专业选择不需要考虑就业前景或工资收入。我想说的是，你打算把什么放在第一位？我的观点是，培养教育孩子，要把发掘天赋优势放在第一位，把天赋优势变为自己的专业方向和职业选择。

人生具有多样性，丰富多彩，且有无限的可能性。有些人虽然拥有的爱好没有成为最初的专业选择，但后来机缘巧合，也变成了自己的专业和职业。女作家毕淑敏从小爱好写作，可是后来却阴错阳差做了20多年的医生。她是一个好医生，与别人有所不同，她会耐心倾听患者吐苦水，从心理上帮助他们。后来，她感到自己的创作冲动难以遏制，于是脱掉白大褂，转行写作，并把她听到的故事写进了作品，最终成为知名作家。

今天，我们进入了人工智能时代。人工智能时代呼唤创新能力。因为那些简单的手工体力劳动，部分或大部分将会被智能机器人所替代。而富于创新能力，才能成为这个时代的宠儿。

创新能力从哪里来？我认为创新能力属于那些富于天赋优势的人，因为任何创新都需要好奇心，需要想象力，需要持续的热情——所以，天赋优势是成为创造性人才的基础条件，也是一个孩子成才并且走向幸福快乐的人生起点。

巴菲特从小就对数字比较感兴趣，喜欢玩一些开智的数字游戏、算术题等。当别的孩子还在看童话故事时，巴菲特正捧着一本《赚到1000美元的1000种方法》，看得津津有味。巴菲特是幸运的，他很早就找到了自己感兴趣的东西，在自己擅长的领域发光发热，并做到极致，成为世界上第一个通过炒股当上世界首富的人。

巴菲特有三个孩子。他总是鼓励他们做自己喜欢的事情。儿女长大后，巴菲特没有要求他们像自己那样成为金融家，继承他的金融帝国，而是让他们选择自己喜欢的事情。他的大女儿苏茜是奥马哈一家针织品商店的老板，大儿子霍华德是伊利诺伊州的一名普通农场主，小儿子彼得则是纽约的一名音乐家。巴菲特说：最珍贵的财富，就是坚持做自己，做最好的自己并造福于社会。

  我们是不是往往忽视自己内心的真实呼声，太看重外在的东西？我们应该问问自己，问问孩子：专业或职业的选择是不是自己的天赋特长所在，并能为此心甘情愿、乐此不疲地付出一生的时间和精力？如果答案是否定的，则人生难有幸福快乐可言。因为任何专业、任何工作，都有枯燥琐碎、艰难困苦的一面，如果不是真心喜欢并具有天分才能，那可能会是一种煎熬，甚至是苦役。所以，只有那些以自己的天赋特长走上专业、职业之路的人，才能做得更长久，更有成就感，也更幸福。

做法 3

学习能力

——突破学业障碍的三点攻略

学业陷入低谷怎么办？遇到学习障碍怎么办？

每个学生，不管是好学生还是后进生，都会在学业上遇到一些障碍。这些障碍，可能是某段时间里陷入低谷，也可能是在某些学科遇到困难。每个学生情况不同，造成这些问题的原因也不同。那么，怎样强化学习能力，突破学业障碍呢？我总结出三点攻略：

1. 有目标，有计划；

2. 有方法，会思考；

3. 学会自我管理。

突破学业障碍攻略（一）：有目标，有计划

1. 可行目标：跳一跳，够得着

- 案例："别人考90分、100分跟你没关系"

对于学生，尤其是高中生来说，时间紧，科目多，作业多，学业压力大，所以需要给自己定下学习目标。不过这个目标要可行，跳一跳，够得着。我常对同学们说，目标确定以后，你就埋头努力。能够完成一个一个小目标，每次考试都能享受成就感，每次考试都有自信，就有可能冲击更大的目标。没有目标不可取，而目标太高，又极有可能摔得鼻青脸肿。

我讲一个女生的故事。这个女生，在小学三年级以前，数学成绩挺好，还是数学科代表，又是班长。有一次，她们班选了5个同学参加区里的奥数选拔赛，其中就有她。她的数学本来不错，结果那次没发挥好，5个同学中，选拔赛唯一没有入围的就是她。因为没考上，她遭到冷嘲热讽，就受到了心理伤害。女生后来曾就这件事写过一篇短文。她写道：

小学三年级，班里选人去考区里的奥校，班里5个人，只有我一个人没有考上。数学老师告诉我时，强调只有我一个没考上，丝毫没有一点儿委婉，我看到了数学老师对她8岁的数学科代表的一种嘲笑。从小

见我没两眼的人，都说我聪明，好像我就该做对似的。即使退了奥校班，爸爸仍天天让我自学奥数，经常检查。我心里恨透了那伤害我的奥数，却连一句"不要"也不说……

从那以后，这个女孩老觉得老师看不起她，同学在耻笑她，就有了心理障碍，学数学就怎么也找不到感觉了，见了数学就打怵，数学成绩在班上经常倒数。好在这个女生没有去干别的，还是专心学习。除数学外，别的学科都很强势，所以仍然考进了人大附中。

我教这个班的数学。有一次家长会后，她父亲就找到我，诚恳地希望能从我这里得到帮助。不久后的一天，这女生就来到了我的办公室。

这个女生写道：

王老师笑着问："你学数学为什么就这么打怵？"我说我数学成绩一直很差，我觉得自己很努力，从来没有在数学上花过这么多时间，可还是不及格，是不是方法不对？我边说边吸气来控制自己，此时我的情绪已到达一个临界点……

我说我从来没有像现在这样学数学，可开学到现在也从来没有及格过。我把卷子递给他看，红红的一个42分。递给他那张卷子时，我好像心安理得，一点儿也没有觉得对不起他，也没想过他作为老师的心情，反而觉得我再也不想背着它了……

这个女生边说边哭。我没有立即说什么，只是找出纸巾递给她。我知道她心理负担确实重。我在想，她的数学问题不是出在智力上，而是出在心理和学习思路上。我问她：这次在班里，你总分考了多少名？

她说：第 17 名。

我一听就笑了：哎呀，你真厉害啊！你看你，这个班里潜力最大的就是你了！你数学都考了倒数，总分还排在班里第 17 名！你这个潜力太大了。要是数学成绩再上来，这不成了一个优点吗！

我又问她：明天的数学测试有没有信心？

她摇摇头：没有信心。

我问：没有信心是个什么概念？

她说：还会考不好。

我追问：考不好是个什么概念？

她说不上来，她对数学分数都没有概念了。我说：这次数学，你考个及格，行不行？

她想想，点点头说：行，及格能考。

我说：你只要能够考及格就好，不要管别人，别人考 90 分、100 分（卷面满分 100 分）跟你没关系，你就考及格。及格怎么考呢？就是不去做倒数三个大题了，光做前面填空、选择和简答题，考 60 分难吗？

她说：不难。

我和这个女生谈过话后，第二天下午考数学，我晚上批卷，她的数学卷面成绩是 58 分。特殊情况特殊对待，我给她加到 60 分，并在她的卷子上写了一句话："我很高兴看到你克服障碍，走出自己。"

第二天发卷子时，我就注意观察这个女生，她看着卷子，看着自己的分数，看着我写的那句话，趴在课桌上悄悄地流泪了。

从此，这个孩子的心态就好多了，逐渐走出低谷，数学成绩也慢慢进入了班级中游水平。第一学期期末考试，她的数学成绩考了 80 多分，总成绩进入班里前 10 名。

每个孩子的情况不同，不同的孩子可以有不同的目标。但无论是什么目标，都是需要循序渐进的。我常跟学生说，面对激烈的竞争，你要搞清楚自己的目标是什么。不要管别人怎么样，别人第一第二跟你没关系，别人倒数第一第二也跟你没关系。判断一个人的成功，最重要的不是和别人比做得怎样，而是和自己的潜能比做得怎样。

你就根据自己现在的位置，给自己确定一个实际的目标。不要太高，如果高不可攀，一旦摔下来，会把你的自信摔掉；可也不要太低，太低会让你失去拼搏的斗志。也就是说，这个目标对你来说应该是：跳起来，够得着。从一楼到二楼，没有楼梯谁也上不去；有了楼梯，人人都能上得去。

2. 长远目标：是梦想，也是动力

- **案例："现在的每一滴汗水、每一分坚持，都是为了今后能够选择我们自己想要的生活"**

人是要有点儿梦想的，有没有目标，人生是不一样的。

我有一个王姓朋友，学生时代课业很好，可因为赶上"文革"，没能读上心仪的大学，成为一个心结。所以，他就希望孩子能上一所好大学，有时会跟儿子说：你长大要上清华大学。儿子小，哪里知道什么是清华大学？每当别人问：你长大要干什么呀？儿子会一本正经地说：我长大要上"青蛙"大学。这成了家里一个笑谈。

这个小孩上学后，成绩很好，并且显示出理工科方面的天赋，进入高中时就把"清华"两个字刻在课桌一角上，以此激励自己，结果高考他真的考进了清华大学。在校期间，他担任过清华大学学生会主席，现在已经成为一个分管一摊业务的市局级领导。

人无远虑，必有近忧。我这里想说的是，除近期目标以外，还要让孩子树立长远目标。

前面谈的是可行目标，或者说是小目标，小目标累积起来就是大目标。对于孩子们来说，从小目标到大目标，再到长远目标，都是需要的。

什么是长远目标？长远目标是梦想，也是动力。

我们在"做法2：成长原动力——发掘天赋优势的四个要素"里说过，从小学、初中到高中，父母的格局要大一点儿，要努力发现和培养孩子的天赋优势、学科长项和专业特长，把孩子的天赋优势发扬光大，使孩子走上未来的专业、职业之路。总之，可以把它作为孩子的长远目标。

我们教育集团下属高中联盟校有个学生叫张琦楠，高考以688分考入北京大学城市与环境学院。分享高考经验时，他谈到了自己的信念和长远目标：

有人觉得考上清华、北大的都是学霸，他们都拥有超越常人的智商、对刷题的迷恋和执着。但作为一个来自普通班的普通学生，我觉得我能战胜高考最重要的原因，就是信念，就是有长远目标。

我不是要讲什么心灵鸡汤，我讲的都是自己最真实的心路历程。我想多数同学也和当年的我一样，没有什么明确的目标。即使在初中时努力学习考上当地最好的高中，一路追寻着分数不断攀升，其实内心根本不清楚自己想要什么。在那段迷茫的日子里，我一度不想学习。不是厌倦，而是不知道为什么要不断地向前，终点又在哪里。有一个学期的时间，这个问题始终无解。

直到在一次演讲中，语文老师给了我一个答案：现在的每一滴汗水、每一分坚持，都是为了今后能够选择我们自己想要的生活。就在那一刻，我懂得了坚持的意义，我们如此努力，只是为了在竞争中获得选择的权利。尽管当时不知道想要的是什么，但我们都必须首先获得排队的权利，之后才有资格选择购买哪种人生的入场券。

我们有时对于自己孩子的期末考、中考和高考的成绩，太过在意，太过功利。期末考、中考和高考，当然很重要，尤其是高考，毕竟是孩子成长最重要的基石之一。

我跟学生们说，高考当然是重要的目标，但对于人生而言，充其量只算中期目标。虽然我只是个高中班主任，但我带班教学，培养学生的目标，从来不限于高考。

我带班一般都会有一个班训。我们人大附中（03）12班的班训叫作"犯其至难，图其至远"。它的意思是向至高至难的地方冲击，才能够达到至真至美的境界；向至高至难的地方发起挑战，才能够达到最远的目标。也就是说，每个同学都要挖掘潜力，超越自我。

为什么会有班训呢？因为我们班有自己的班歌、班日志、班刊，还有班级网站，都是学生们自己管理的。而这些班级文化，需要一个灵魂，我们就想要有一个班训。可是，用什么言简意赅的话做班训呢？同学们费了不少脑筋。

在讨论班训时，大家七嘴八舌争论不休，于是决定：把每个人认为可以作为班训的话，写到字条上，大家投票决定。最后投票的结果，"犯其至难，图其至远"这句话票数最高。而这张字条是我写的。

看看我带的（03）12班学生们的成绩吧，他们不仅创造了一个考入清华、北大和国际名校的高考纪录，现在这些学生也大都是行业骨干，甚至是领军人物，事业有成。

人是要有一点儿梦想的。历经生活的种种磨炼，我们成人都会懂得：脚下的路是自己选自己走的。有梦想，有远大目标的人生，与没有梦想的人生完全不同。没有远大目标的人生往往意味着更多的被动、更多的消极以及更多的挫折，甚至是混乱。

哈佛大学曾做过一项长达25年的调查研究，这项研究共调查了上万个智力、学历、生活环境相似的人，结果发现其中13%左右有清晰目标的人，几乎都凭借着努力成为行业里的领军人物或专业人士；60%目标倾斜或模糊的人，生活也算安稳，但没有什么成就；最后那27%左右没有目标的人，无论是生活还是工作都不如意。

我们教育集团下属的高中联盟校，有个学生叫纪越，高考以666分考入清华大学计算机科学与技术系，他写道：

梦想的意义是什么？梦想之所以存在，大概就是因为它遥远。近在咫尺的目标不能给人动力，只有那种遥远的、拼尽全力才能实现的梦想，才能给人一个足够充分的理由去努力，去做不一样的事，做不一样的自己。

有些人，考入大学后就刀枪入库、马放南山了，晚上打游戏打到脖子硬，早晨一觉睡到自然醒。而有些人能坚持6点钟起床，在空无一人的小路上背单词、听英语；有些人能在假期抱着书本泡在图书馆里，一待就是一天。这就是梦想的力量！然而，生活中仍然有这么些人，因为没有足够的信心，总是把目标设在一个触手可及的高度。这样固然没有失败的风险，却也禁锢了自己的灵魂。

当我们的孩子没有长远目标，没有不懈努力，高中毕业即失业，进了大学就躺平时，做父母的以后操心的事就多了：孩子没有工作，养不活自己，要不要操心？看看今天社会上有多少孩子成为啃老一族，父母就会体会到根据孩子的天赋优势，树立学业上的长远目标有多重要。

有一个故事是这样讲的：工地上有三个工人在砌墙，路人问他们在干什么。第一个人说：我在砌墙。第二个人说：我在盖一座大楼。第三个人说：我在建设这个城市。十年后，第一个人依然在砌墙，第二个人做了工程师，第三个人成为这个城市很多工地的建筑商。格局决定结局，一个人的信念，一个人的使命感和目标高度，很大程度上决定了这个人的未来。

我认为，有格局的父母，都会让孩子拥有长远的人生目标，而孩子在18周岁成人后，会按照自己树立的目标，凭使命感继续努力。他们往往会通过自身的不懈努力，到达父母难以想象的人生高度，并取得相应成就，那时候你会感谢自己，因为做了一回成功的父母。

3. 达成目标：合理计划，有序进行

- **案例：一个"会动脑筋的考试机器"的计划安排**

不管是实现小目标还是大目标，都需要有步骤，有合理的计划安排。

我有一个学生叫黄爽，高中三年，期中、期末考试乃至模拟考，得过7次年级第一，仅有一次未进前10名，并且他还连续两年获全国高

中数学联赛一等奖，被同学誉为"会动脑筋的考试机器"（没有贬义啊）。

黄爽同学做过班里的学习委员，而且还担任过多个学科的科代表。在我的班里有个班规：本学期的科代表，必须是上学期期末考试的单科第一名。在6个学期里，黄爽同学先后担任了化学、语文、物理、数学、生物科代表。你想，他能把自己有限的精力用在班级学习建设中，还能取得累累战果，确实不愧为"会动脑筋的考试机器"。那么，他靠的是什么呢？

黄爽同学总结说：制订一个适合自己的时间计划。

第一阶段：高二下半学期，虽说自己刚刚将理综三科学得半吊子，可我还是着手做高考模拟题，即"38套卷"。比别人先行一步，笨鸟先飞，笨猪先爬，是我的做人哲学，就好像《倚天屠龙记》的主角张无忌，幼时就被义父谢逊强迫背诵武功招式。但是切记，不能太过执着，以至于舍本逐末而忽视基础，如果内力不足而去练高深武功，会走火入魔的。

第二阶段：高三之初，8月、9月、10月，这段时间是竞赛旺季，作为参加了十几年竞赛的学生，为了争取保送，至少获得加分，我在数理化三线同时作战。事后证明，这样做不太明智。因为我的数学得了北京市第6名，而前4名才能进入数学冬令营并保送清华、北大。倒是在物理、化学上拿了两个二等奖。于是，此时的我有了20分加分和保送资格。10月底，我歇了歇，然后抖去身上的征尘再上路。

第三阶段：高三寒假，我开始了最枯燥的复习——精读课本，仔细研究每一句可能成为考试目标的话，认真揣摩，不懂就问。如果仍用修习武功做形容，这段时间，我就是勤练内功，夯实基础。

黄爽同学说，准备高考如同一次长跑，不能狂冲乱闯，应该对自己有一个充分的估计，一步一个脚印地稳扎稳打，形成一个合理的计划安排。他接着说第四、五、六阶段：

第四阶段：从高三下半学期开始，是我深入复习各科的时间。这时，厚厚的复习资料便派上了用场。为各科选一本或两本针对性强、有深度的参考书，十分关键。深入复习，反复研读理解各知识点，力争做到熟极而流的地步。丢三落四是常见现象，我的应对措施是，每次看新东西前，先读读上次的。最终，我做到了只要看见章节名称，就能默诵出主线知识。如此往复，大大提高了复习效率。有了深厚内功，任何看似平平的招式，都能显出巨大威力。学习也是如此。

第五阶段：高三下半学期，4月、5月时，京城疫情肆虐，我们被迫在家复习。我也相应地调整了复习计划。我又一次找出高考模拟题汇编，做一些综合性强的题目以暴露缺陷。大量做题，并在做题过程中保持清醒。任何完美的事物都靠小处的精雕细琢，任何精雕细琢都需要胸中的大气。有一句话很经典：光捡西瓜饿死，光捡芝麻渴死。

第六阶段：5月底，在离高考还剩不到半个月时，学校复课，我也开始了最后一步复习，那就是总结和归纳。我重拾课本，返璞归真，但不再拘泥于此，而是加深印象。考完三模，拿下我高中阶段最后一个年级第一后，我静下心来，等候10天后的高考决战。

以上，你可以看到黄爽同学是怎样根据自己的情况量身定制现实而合理的学习计划，又是如何逐步实施的。结果不出意料，黄爽同学如愿考入清华大学基础科学班。

我常跟学生说：实现目标好比跑马拉松。马拉松怎么跑？这里是有智慧的。有一年，在东京国际马拉松邀请赛上，夺得世界冠军的是一名日本选手，名叫山田本一。此前他名不见经传。于是有人问他：你凭什么取胜？山田本一属于那种性格木讷的人，他只说了一句话：凭智慧战胜对手。

两年后，在意大利国际马拉松赛上，山田本一再次夺冠。又有记者问：你凭什么夺冠？山田本一还是那句简单的回答：凭智慧战胜对手。到底是什么智慧？十年后，山田本一在自传中说：

每次比赛前，我都要乘车把比赛线路仔细地看一遍，并画下沿途醒目的标志。

比如第一个标志是银行，第二个标志是红房子……这样一直画到赛程终点。比赛开始后，我以百米速度奋力向第一个标志冲去，等到达第一个标志后，我又以同样的速度向第二个标志冲去。

40多公里的赛程，就被我分成这么几个小标志一个一个地完成了。但在此之前，我不懂这个道理，我把目标定在40公里外的终点线上，结果我跑了十几公里就疲惫不堪，我被前面那段遥远的路程给吓倒了。

实现目标与跑马拉松很相似，有的同学之所以半途而废，并不是因为困难大，而是战术上出现了问题。如果你能像山田本一那样，有计划，分步骤，就会轻松许多地实现目标。

突破学业障碍攻略（二）：有方法，会思考

1. 有方法：适合你的就是最好的

（1）学习是有方法的

- **案例：我的故事——我把从初一到高二的8本数学书串在一起**

达尔文说，一切知识中，最有价值的是关于学习方法的知识。如果学生想吃鱼，最好的办法是什么？是给他鱼呢，还是教他怎么去结网？结网就是方法。

我读高中的时候，成绩在班里40名开外。后来，因为一些事情的刺激和影响，下决心痛改前非，开始投入地学习。

可说起来容易，做起来难。我把相关的高考资料拿过来复习时，顿时傻了眼，基本不会！

那时候高中读两年，我当时读高一，还有一年的课程没学，所以我也不着急。有一次，我做数学卷子时，碰到一个因式分解的题目不会做，我印象中见过这个题，可就是不会。难道在高二的课本上？我就把高二的课本借来，翻了个遍，也没有因式分解的内容。

我就拿着这个题目去找数学老师：老师，怎么这个题高一课本上没有，高二课本上也没有？这个题到底在哪儿呢？

数学老师笑了：这个内容在初一的数学课本上。

一个想考大学的学生，连初一的内容都不会？我当时非常尴尬，这才意识到原来考大学不只考高中的内容，也考初中的内容，这些内容我竟然都不会。

周末回到家，我把尘封多年的书全部翻出来，整整两大堆。高考不远了，我连初一的内容还不会，这要是放在今天有的同学身上，是不是就可能有放弃高考的念头了？但我暗暗下决心，我一定能在高考前把欠缺的知识全部补上。

具体怎么学呢？我把从初一到高二的8本数学书，串在一起。语文也是8本书串在一起。从初一的书开始，一摞一摞地串起来阅读、做题。别人是一本一本地看，我是一摞一摞地看。保持着这种决不动摇的奋斗状态，保持着这种适当的方法，我的成绩直线上升。到了期中考试时，我竟然成了班里的第一名。

学习面前，人人平等。学生和学生之间智商的差异可以说是微乎其微的，学习方法更是可以后天习得的。

平时学习有方法，考试做题也有方法。现在我就向大家透露我的一个数学高考"必杀技"。

高考数学满分150分，如果一个学生考不到120分，不是智力不高，也不是做题量不够，很可能是把会做的题做错了。我经常和学生们说：你看有些人傻不傻？他迅速地把会做的题做错，然后腾出大量的时间，去啃那些他不会做的题。

有的学生没有一套好方法，不知道该抓哪里，更不知道怎么抓，脑子里一片混沌，没有一个清晰的思路。

所以，现在要解决的问题就是：该拿分的题确保拿分，决不放弃；该回避的题迅速砍掉，绝不浪费时间和力气。

一张高考卷子，考题的难易程度比例是 30∶50∶20。30% 的是基础题，50% 的是中档题，20% 的是难题。那么，30%+50%=80%，80%×150 分 =120 分，所以，高考里有 120 分是中档偏下的题目。只要大量地做好模拟练习题，熟练地掌握基本知识点，120 分是每一个智力正常的学生都能得到的。

各科学习内容不同，但方法和策略大同小异。如果有清晰的思路和方法，别的学科也可以按照这个方法来做，依此类推，必有斩获。

什么人会落伍，会被淘汰？一定是那些不懂怎样学习的人，或者说想要学习却不知道学习策略的人。

（2）学习方法，合适就好

- **案例：陈子君同学的"三个招数"**

每个人情况不同，学习方法也不尽相同，关键是要找到适合自己的学习方法。如果你留意身边，就会发现，那些学业优秀的学生，都很会学习，有一套自己的方法，所以就很有效率。

我的学生陈子君曾获全国高中化学竞赛一等奖，后考入清华大学基础科学班。陈子君同学怎样提高学习效率呢？他将自己的招数总结为以下三点：

第一，分门别类整理知识

在大量攫取信息的同时，我的思维完成了将各种信息分门别类加以整理并夹上书签的工作。

其实这项工作，按老师的要求，应该在笔记本上完成，正所谓好记性不如烂笔头，高三老师往往还要求学生画出明确的知识网络图。可惜我没有这么勤快，我仗着脑子好使，从来都是将知识在大脑里整理。我靠透彻的理解来掌握知识，将知识的形态由信息过程转化为思维过程。这样，在需要调动某一方面知识时，我就能迅速地找到层层信息下面最细微的分支，从而满足实际需要。

第二，上课认真听讲

也许你觉得，上课认真听讲是老生常谈了，其实我要说的是加上引号的"听"字。这"听"字大有学问。熟悉我的同学，尤其是和我坐同桌的同学都知道，我有个不大不小的嗜好，就是玩文曲星，上课尤甚（这点大家不要仿效）。然而有时老师叫我回答问题，我大概只用一秒钟的时间思考，就把问题答上来了。并不是我哗众取宠，也不是我特立独行非要玩洋的，我玩的时候，两眼没盯着老师也没盯着课本，然而两只耳朵一直竖在那儿呢。

当我的眼睛处于游戏模式时，我的耳朵和大部分大脑，一直在学习模式下工作着。如果你没有上课玩游戏的习惯，完全可以将这充裕的精力，投入更深入的学习中去，高考成绩起码可以再增加20分。

第三，有针对性地集中做题

题海战术一直是被人贬斥，却又不得不采用的战术。被题海煎熬的高三生们，虽有营养液做后盾，体力仍然止不住地下降，各种思维能力均大打折扣，这样的学习效率十分低，远远达不到预期目标。

题海必须精简。在恰当的时候，对着某个特别需要的科目集中实施，速战速决，避免陷入消耗战。我的实践过程是这样的：在高三下学期刚开学时，我定下目标，要把英语分提高一个档次（8—10分），于是我开始狂做英语38套卷！

在做题的同时，我频繁拜访老师，用堆叠如山的错题，不断剥削着老师的脑细胞（向老师致敬！老师辛苦了！），在老师的帮助下不断摸索考试技巧。在将近一个月的集中轰炸后，我的一模英语成绩达到了136分！

说到这个陈同学，我有一次不经意地看到了他的英语38套卷，每一道题都用铅笔工整地写下了答案、做题技巧和错误原因，其中还有老师讲解的痕迹。可见，一分收获来自一分有方法的耕耘。

通过陈子君同学这学业三招，大家也能看出，这个同学的成功并非偶然。不过，他也坦承，他那个学习方法，对自己好用，对别人就未必了。所以，学习方法因人而异，适合你的，就是最好的。世上并没有一种放之四海而皆准的方法，但学习中确实有一些具有共性、规律性和策略性的东西是我们应该去认识和把握的。

（3）兴趣是最好的方法，没兴趣一百个方法也不管用

- **案例**：美和兴趣，就蕴藏在那些死板的分数和练习题背后

用好学习方法的前提是好的学习心态，保持对学习的兴趣，是提高学习能力的法宝。

我带的（03）12班的张亦楠同学后来考入清华大学就读电子工程专业。他在班刊上写过一篇短文：

兴趣是学习的最大动力，也是最好的捷径。学习不缺少乐趣，而缺

少发现。老师教课固然重要，但大量的学习时间是在课下，所以，如果学生自己能够发现并体会到学习兴趣，学习就是一件快乐的事，学习方法的运用也就水到渠成。

我最初的学习兴趣很朴素：为了获得知识。小学和初中时期大体都是这样的。那种求知欲，那种获得知识的快感，足以支撑一个人在启蒙阶段，达到学而不厌的境界。

然而，上了高中就不是这样了。课业的艰深、科目的纷繁远非小学、初中所能比。这足以解释为什么那么多学生，上了高一不但不精益求精，反而倦怠了。

张亦楠同学说，他刚上高一时，也经历过大约一个月的迷惘时期。然而这之后，他忽然发现，在那些死板的分数和练习题背后，蕴藏着前人千百年的积淀，积淀铸就了美。他写道：

我相信物理、化学、生物、英语都有美的存在，而语文、数学更是蕴藏着美。

语文的美即文字的美。阅览名篇，就如欣赏一幅名画；品读佳作，胜于聆听一曲佳音。何乐而不为？"暮春三月，江南草长，杂花生树，群莺乱飞。"读过此句，何人不会为之心动？

数学的美是无穷的。简单来说，一题多解就是美。数学的各个部分都有密不可分的联系，需要站在一定的高度，居高临下方能发现数学的美。于是我们就会做题，就会通过各种方法去发现数学之美……

我教数学。数学是美的，当你领悟到多种多样的数学之美，感受到数学给你的震撼之后，不仅能学好数学，还能陶醉在数学之美中并轻松驾驭它，并触类旁通感受其他学科的魅力，掌握这些学科的学习方法。

让学生喜欢所学的东西，方法问题就迎刃而解。所以，我常跟学生说：学习心态不对，麻木消极，缺乏兴趣，一百个方法也不管用。

2. 会思考：举一反三，鼓励思考

- **案例："建构起属于自己的知识体系"**

我常跟学生说，学习过程就是一个思考的过程。这点非常重要。比如做数学题，我给学生强调一个观点：这一道题，高考不考的可能性是100%，为什么要做？另一道题高考不考的可能性也是100%，为什么还要做呢？

做题，就是提炼一种方法，形成一种技能。你做这道题，那么这道题目的思路和方法，就在你头脑中得到沉淀，将来再遇到类似的题目，一刺激你的大脑，大脑沉淀被激活，就能立即搜索到一些解法和答案。

我学数学专业，教数学课程也有数十年。数学是考能力的。什么叫能力？灵活运用基础知识，就叫能力。基础包括什么？就是基本概念、基本技能和基本方法。就是说，你把基本概念、基本技能和基本方法真正理解了消化了，就有了数学的思维能力，然后就可以举一反三了。而努力、聪明的学生，总是会举一反三，建构自己的知识体系。

我们教育集团下属高中联盟校有个学生叫侯哲，高考以665分的成绩考入清华大学建筑系。他说：

如果只把知识看作一种以考试为目的的活动，把它关在应试的樊笼里，那么，我们也许只会感到压力和无趣。这个时候，不妨从应试的圈子里跳出来，跟着兴趣走，建构起属于自己的知识体系。

对于我最喜欢的科目地理，我从来没有把它当作一门应试科目去一板一眼地学习。我喜欢拿一张地图，观察上面的国家、城市、山脉、河流，如果看到感兴趣的名字，就自己查找相关资料，了解那里的风土人情。学习分区地理时，因为我喜欢地图册上五颜六色的区域气候类型图，每天都要花一两小时手绘一张区域地图，再按照不同的气候类型涂上不同的颜色。

这些积累在后期的模拟考试中，对他帮助非常大，每当他看到试卷上的经纬图时，脑海里马上就会冒出一大堆周围地理事物的名字，还有五颜六色的气候类型图。

知识只有通过自己的整理、思考，才能真正变成自己的。每一门学科，都有一个或几个让你感兴趣的地方。跟着自己的兴趣，慢慢地去探索它，不要多想它对于应试有用或无用。因为学到手的知识总是有用的，也许它会在你冲锋陷阵的关键时刻，化为你手中的利剑，帮你在高考这场战役中大获全胜。

如果你的孩子学习不够出色，并不是不够聪明，可能是思维能力不够。现在有些学生做的作业题一堆一堆的，为的是完成老师下达的任务。我们已经熟悉的情景，是孩子们过早地被拉进残酷的竞争，使得他们疲于应付课山题海，日益失去学习的兴趣和热情。

有时候，他们也会通过种种方式进行一些抵抗，但这种抵抗怎么能扛得住父母的数落、老师的高考指标和学生之间的竞争，以及社会各种有形无形的压力？

所以，作为教师、作为父母，要鼓励孩子积极思考、独立思考，唤起他们学习的兴趣和热情。

我的学生汲静曾任班级学习委员，后来考入北京大学医学部就读临床医学专业。汲静的父母曾经这样写道：

我们不怎么给汲静具体讲题，而主要是交流学习方法和心得，结合例题讨论如何举一反三、扩展思路，以培养她自主学习、独立思考的习惯。

女儿有时会问我们一些课业上的问题。我们就故意说自己也不会做，让她自己找答案。因为我们都当过学生，对做题都有体会，这道题如果是自己做出来、钻研出来的，那么印象就特别深，一般都不会忘；如果这题是通过别人讲出来的，也许当时懂了，但过一段时间，记忆就不深了，很快就忘了。

我总是鼓励我的学生独立思考。

课堂上，讲解题型时，我常常会问：哪个同学会做这道题？如果哪个同学举手，我就会让他走上讲台，在黑板上讲解这个题型。

我鼓励我的学生，以自己的思维方式演算，而不必亦步亦趋地跟着老师的思路走。

我们的教育学者关注犹太家庭和中国家庭在教育孩子方式上的差别有一段时间了。全世界犹太人不足2000万，可犹太人获诺贝尔奖的人数超过200人，是我们华人获奖人数的18倍。我们自然要从教育上追问：这是为什么呢？

我们的小孩回到家里，父母往往会问：你考了多少分？在班级里排到多少名？

而犹太小孩回到家里，父母往往会问：你今天提了什么新问题？他们更鼓励孩子去提问、去思考，这就是差别。

教育的本质是什么？其实就是让人学会一种思维能力。我们的先哲孔子说：学而不思则罔。意思是说，只学习不思考就会陷入迷惘。受教育的目的不是学会一堆知识，而是学会一种思维，一种科学的思维，一种能够分辨是不是胡说八道的思维……

比如，观察一个人，主要看行为，也要看动机和行为的后果；教育人遵守规则，还要懂得这种规则是不是合理的，以及怎样保障规则的合理性；如同数学公式，不仅要知道、要会用，还需要知道是怎么演算而来的。

突破学业障碍攻略（三）：学会自我管理

学会自我管理，是一个学生的基本功。

学习首先是学生自己的事。一个不知道靠自己努力的人，依赖老师父母的教育而成功的人，不会了解教育的真谛。

因为最懂自己的毕竟还是自己，自己想要达到的目标，也只有自己知道。说到底，老师或父母也只能起到引路人的作用。脚下的路还得自己走。所以，学会自我管理，增强自主能力，至关重要。

在我看来，自我管理能力主要包括两个方面：一是培养良好习惯，二是学会时间管理。

1. 培养良好习惯

（1）效率习惯：保持专注，向拖延症宣战

- **案例："一次晚自习做完两套卷子，做不完就不许回家"**

要想克服拖延，提高效率，第一步就是要保持专注。我常说：三心二意一小时，不如全身心地投入半小时。

注意力不集中、做事拖拉的情况，在许多人身上都有，大人有，孩子更不用说。我注意到，有的家长只关注孩子是不是在学习，而很少关

注孩子学进去了多少。只要看到孩子关在房间里，坐在书桌前，心里就觉得踏实。可孩子在干什么呢？他不管。

写作业就全神贯注地写，听课就仔仔细细地听。当然，玩也应该畅快淋漓地玩。不管干什么，都全力以赴去做，其他的事不去想。这样，注意力自然就集中了，效率也自然就提高了。最怕的是，学习的时候想着电视节目，玩的时候又想着今天作业还没写完。有些学生作业写一晚上都写不完，这是为什么呢？就是因为注意力不集中！

我在沂水一中任教的时候，班上有个学生，我刚接他所在的那个班时，觉得他的成绩肯定非常好，因为他实在太刻苦了。我一般会提前半小时到学校，每天我来的时候，他就已经在上早自习了；每天晚上，他也是最后一个走的。

可是第一次月考就把我给弄蒙了，班上40多个同学，他竟然考了30名开外！我想就算他发挥失常，也不至于每一科都失常吧！他家长也挺着急，打电话问我：老师，您说我们家孩子这么刻苦，怎么学习成绩总是上不去呢？他初中开始就这样了。

于是，我开始关注这个孩子。有一次上晚自习，我坐在教室后面观察他。他一开始确实是在看书，但不到10分钟就开始发呆，过了一会儿，他回过神来学习，再过一会儿又开始走神，不知道想到了什么还傻乐，一页书快半小时了都没翻过去。我一下子就明白了，原来他学习那么半天，90%的时间都是在走神呀。

晚自习结束后我问他：今天晚上学得怎么样？

他说：嗯，我今天晚上在这里看了三小时的书。

我说：不会吧，你充其量也就看了一小时，剩下两小时你都在发呆！

他一下子脸红了，嗫嚅着说：老师，我也不知道怎么回事，特别爱走神，控制不住自己。

我说：控制不住也得控制。从明天开始，我让王博（班上一个成绩比较好的同学）跟你坐在一起学习，让他时不时地看一看你，是在看书还是在走神。如果晚自习结束后他告诉我，你走神的次数超过三次，我就要罚你。一次晚自习做完两套卷子，做不完就不许回家。

这样，这个学生为了完成任务，就不得不集中注意力，也就没有工夫走神了。后来，他慢慢解决了注意力不集中的问题，克服了心理障碍，学习成绩稳步提高。

（2）压力：有时是个好东西

- **案例：适当的压力感让小彤变了**

保持专注，克服拖延，适当的压力感是必要的。在日常学习中，相信许多同学都有过这样的感受：平常背一篇课文要背很久，而且背完后面就忘了前面，效率很低；但如果要考试了，那记忆力就会瞬间提高。我们由此可以得出结论：适当的压力可以提升记忆力。道理很简单：人在感受到压力的时候，会时刻处于警醒状态，注意力变得高度集中，从而学习效率也提高了不少。

我有个学生王小彤，人很聪明，看上去也很用功，但成绩一直处在中游水平，原因在于她学习总是拖延，没有效率。妈妈没少说她，她自己也很苦恼，想改掉这个毛病，可总是不由自主地拖拖拉拉，最后只好求助于我。

我先扔给她一套试卷，对她说：这节自习课做这套卷子，能做多少就做多少，做不完也没关系。下课你再来找我。

下课后，她来找我。我问：做了多少？

她怯生生地回答：老师，我只做了一半。

其实这套卷子题量很小，难度也并不大，以她的能力在一节课的时间里全做完绰绰有余，可是她只做了一半，想必又犯拖拉的毛病了。

我没有批评她，而是又给了她两套差不多题量和难度的试卷，并对她说：刚好下节课还是自习，这两套试卷，你在下课前必须做完，做不完今晚就别回家了。

她吓坏了，对我说：老师，这怎么可能呢？刚才我一节课只做了半套，现在你让我一节课做完两套，怎么做得完呀！

我并没有给她商量的机会，她只好火急火燎地赶回去做题了。

下课的时候，她一脸兴奋地来找我：老师，你绝对想不到，我做完了！

我笑着说：我们小彤就是聪明，继续努力！

后来，小彤从20多名进步到了前10名，最后还跻身前3名。小彤妈妈说：用了您的这个办法，孩子不仅学习效率高了，成绩上去了，还节省了很多时间，她还可以痛痛快快地玩，性格也变得更开朗了。

适当的压力或紧迫感，会使记忆的效果更好。但是压力和紧迫感不应该只靠老师施加给学生，在必要的时候，学生也可以给自己施压，或是创造一个紧张的环境，来帮助自己保持专注。

有的同学担心给自己太大压力反而会影响学习，在这里我要强调，给自己一些小小压力就够了。比如，马上就要听写了，或者老师要来提问了，等等，这种程度的压力效果比较好。如果把自己弄得惶惶不可终日，就有些得不偿失了。

（3）好习惯：不找借口，坚持到底

- **案例：她甚至会被自己的坚持精神所感动**

养成好习惯，习惯成自然。仅有合理的学习目标和计划是不够的，还需要持之以恒，不达目的决不罢休，这是优秀学生的基本特征。如果总是三天打鱼两天晒网，好习惯是怎么也养不成的。

有的学生经常制订计划，却总是不坚持，下回再制订，又不坚持。一个计划无论制订得多么漂亮、多么完美，不肯完成计划，一切都是白搭。

好习惯不是一天两天就能养成的。我的一个学生汪欣欣，上高中的时候给自己制订了一个计划：每天背10个单词。她背了半个月以后，开始觉得痛苦，不想背了。

但自己夸下的口，又不好意思放弃，就咬着牙接着背。又这么坚持了半个月，她突然发现，那种痛苦的感觉消失了。这个计划仿佛已经融入了她的生活中，变成了一种习惯。再后来，她自己都不忍心打断这个计划，觉得坚持了这么久，中断了多可惜啊，就一直坚持了下去。她说，到后来她甚至会被自己的坚持精神所感动。

美国西点军校有一条军规就是：不找借口。喜欢以各种借口为自己的放弃开脱，就属于不良习惯之一。人的一生中会形成很多种习惯，不好的习惯让人平庸，良好的习惯使人优秀。

当父母、教师发现孩子逐渐形成好习惯的时候，就应该鼓励孩子，让高标准成为常态。有一种现象叫飞轮效应。为了使静止的飞轮转动起来，一开始我们必须用很大的力气一圈一圈反复地推，每转一圈都很费力，但是每一圈的努力都不会白费，飞轮会转动得越来越快，最后形成转动的惯性。到那时，无须再费更大的力气，飞轮依旧会不停地快速转动。

学习也是一样，开始可能会很累，但只要坚持不懈，就会逐渐养成稳定的学习习惯，看上去很累的学习就会变得轻松，优秀也成为自然而然的事。

决定成绩的不是智商，而是习惯。不管大人还是孩子，人都是有惰性的。好习惯的养成，并不是一件容易的事，需要长时间的努力与坚持，才能习惯成自然。所以，知名心理学者威廉·詹姆斯那句话说得很有道理：播下一个行动，收获一种习惯；播下一种习惯，收获一种性格；播下一种性格，收获一种命运。

我有一个学生叫刘朔，高考数学取得了满分，同时被北京大学、香港大学和香港科技大学录取，后来就读于香港科技大学。

刘朔说他从小学一年级开始写日记，一天都没有间断过。有累得实在不想动的时候，有病得起不来床的时候，但他咬牙顶住，把日记本放在床头，写一句也要写，进而更加珍惜自己的成果，越来越不忍心放弃，于是就形成了好的习惯。

在一次汇报交流中，他说自己的中学阶段可以这样概括：优秀是一种习惯。他写道：

习惯是决定学习成绩的最重要因素。好的学习习惯可以帮助我们比较轻松地学习，因为它靠的是日复一日的积累。简单地说，数理化是做题做出来的，英语是背单词背出来的，语文也是多读多写练出来的。

有些同学会问，这样每天是不是都得学很长时间呢？其实每天1小时就可以干很多事，比如可以背20个英语单词，可以读2篇好的散文。我给大家算一个数字，你养成每天背10个单词的习惯，加上复习不超过10分钟，3年下来就是1万多的单词量，考托福都绰绰有余。所以有些事情你觉得难，其实很简单，只要你养成习惯，积累起来效果绝对超乎你的想象。

其实大家的智商都差不多，学习条件也差不多，但是为什么同一所学校同一个班级里，不同的人之间会有那么大的差距呢？就是因为每个人的学习习惯不同。

（4）注重细节的习惯：大行必顾细谨，细节决定成败

- **案例**："几个低级失误，让自己原本可以得满分的试卷变得惨不忍睹"

小事是大事的根基。科学研究显示，一个人每天有60%的时间重复着习惯性动作，可见习惯的力量是多么强大，而这种强大体现在每时每刻的细节中。

我们教育集团下属高中联盟校有个学生叫严宁，高考以658分考入清华大学热能工程系。他在总结自己的学习经验时认为：注重细节是一个好习惯。严宁写道：

从小，我就是一个成绩优异的学生，我想正是这个原因造成了我过于自负的性格，觉得试卷上的题目都是小儿科，怎么难得住我？那次考试时也是大笔一挥，写完就交卷。

考试结束，和老师提供的答案比对后，我更是自信满满，一心认为这次满分拿定了。三天后，我看着卷子上数个鲜红的大叉和被扣掉的

20多分，呆若木鸡。

不知道是因为他对自己那个瞬间死去的自负太过留恋，还是不甘心到手的满分就这么离开自己，严宁竟拿着卷子理直气壮地找老师理论起来：老师，我的答案正确啊，过程也有啊，为什么扣分了呢？

老师的回答让他的心情彻底跌入谷底：这道题涉及向量，而你的向量都没有箭头符号，有箭头和没有箭头在本质上是不一样的。这道题因为你没有在向量上加上箭头而一分不得。

就这样，因为几个箭头，一道12分的大题便一分未得，其他题也有诸多类似失分，比如在数列的不等式后面忘记写 k 的范围，解析几何题忘记验证 b^2-4ac 是否大于等于 0。严宁写道：

就是这样几个低级失误，让自己原本可以得满分的试卷变得惨不忍睹。老师最后给我的忠告是：大行必顾细谨，细节决定成败。这12个字分量太重，狠狠地砸进了我的心里。

如果你不能理解为什么12分就给我留下如此深刻的回忆，那你一定还没感受过参加高考的千军万马拥上独木桥时的仓皇，没有看到过寒窗十年却因为一两分落榜的学子眼泪中的凄凉。所以，请不要因粗心而丢分，那将成为你一生的悔恨。

别让粗心变成失败的借口。真诚地对待每一道题、每一次考试，我们会得到应有的回报。所以为避免把会的题做错，一定要关注细节。在平时的练习中也必须注重细节，这样有助于记住零碎的知识点以及解题的技巧等。

2. 学会时间管理

（1）合理安排时间

- **案例：每天背 50 个单词，做 5 套英语卷子**

可以说，没有人能两次度过同一小时。每一小时都是很独特的，对每个人也是公平的，所以时间管理就显得尤为重要。但我们不能简单地把 24 小时划分成一个一个的小格子，然后往里填充内容，管这叫时间计划。

我们必须学会让不同的学习内容和不同的时间相契合。因为在每一小时里面，作为个体的生理心理状态、周围的环境都会发生变化。所以，决定孩子学习成绩的，不是智商，很大程度上是时间管理，是孩子在时间上的自我管理能力。

相信许多同学都有过这样的经历：新学期一开始，心气非常旺盛，洋洋洒洒地制订了好几个学习计划，可是结果怎么样呢？往往是过不了多久，就抛在了脑后。其实他们也不是不想按计划完成，可为什么结果会这样呢？一个主要原因就是时间管理出了问题。更具体地说，是在把握学习节奏上出了问题。

有一次，我发现我的一个学生上课时总是打瞌睡，我就问他：你每天晚上几点睡？

他说：最近都是凌晨 3 点才睡。

我问：为什么这么晚睡？

他说：做卷子来着。

原来，期中考试，他的其他科都考得不错，单科都能排到班里前 5

名，只有英语成绩不太好，考了20多名，一下子就把他的总排名拉低了。他就制订了一个计划，说每天背50个单词，做5套英语卷子，到下次月考的时候，英语非要考入前5名不可。这个学生每天晚上回到家就已经很晚了，常常要到凌晨两三点才能完成自己的计划，搞得第二天上课萎靡不振。

我就跟他说：离高考还那么远，你这么急做什么？你每天就背10个英语单词，在日常课业基础上再多做1套卷子，到下次月考的时候，肯定能进步两三个名次。如果每次月考都能保持这个进度，到不了高考，你就能考第一了。

这个男生按照我的意见，调整了自己的计划，精神状态很快恢复了，英语成绩也逐步提高。所以说学习计划必须科学，有可行性，不影响到日常生活和精神状态，才能达到学习目的，否则可能会起到反作用，影响学习。为什么有些同学想方设法地补课、熬夜，最终也学不过另外一些同学呢？因为他们并没有掌握时间管理的诀窍。

为学习成绩而苦恼的同学，常常也会觉得时间不够用。因为他们觉得，要想把成绩赶上来，必须利用课余时间补课。但上学占据了绝大部分的时间，老师又会布置好多作业。每天连作业都做不完，哪来的时间去补课？

于是，有的同学不得不压缩睡觉时间、吃饭时间、休闲娱乐时间，把一切学习以外的时间都压缩到极致，花了很多时间去学习，几乎达到生理极限了，不太可能再挤得出什么时间来了，但是进步仍然十分有限。这种情况该怎么办？可以用一句话解释：学习时间的长短并不那么重要，重要的是效能和科学性。

（2）时间安排：重在科学，劳逸结合

- **案例：我的"劳逸结合法"**

弦不能永远绷紧。让孩子永远处在紧张感当中，不利于他们的身心健康发展。自然规律要遵循。

孩子只要一打开书本，必须做到心如止水，全身心投入。一段注意力高度集中的学习后，要留出充足时间让他们去玩，玩个痛快。这样就可以让刚才那个波涛汹涌的数理化脑瓜子，去休息放松一下，把紧张感通通释放掉。

任何人一天都只有24小时，再怎么挤也有限，但是时间利用的效率是可以成倍提高的，提升空间很大。

磨刀不误砍柴工。学习好比砍柴，劳逸结合，张弛有度，控制好节奏，才能让孩子处于良好的学习状态中。

以下就是我总结出来的"劳逸结合法"：

（A）黄金时间学习：早晨、上午和午睡后的时间。这些时间段头脑清醒，精力充沛，去啃自己困难大的科目的作业或背单词都是可以的。

（B）午睡雷打不动。我在班里有一个规定：在平常，学生把这个教室闹翻了，大楼闹塌了，我都不管、不限制，但是有一段时间学生必须保持绝对安静。什么时间？午睡时间。午睡是一天的加油时间，这段时间里，班里必须做到鸦雀无声。

为什么要午睡？午饭时我们摄入食物，大量血液在胃部流淌，脑子是缺氧的；同时相关激素的分泌水平产生变化，血糖升高，也会产生困

意，所以这时候学习效率低。中午没有午睡，下午就没效率，而晚上6点到8点这段时间又会进入困倦状态，无法做到精力充沛。

（C）每天运动30分钟左右。每天下午第三节课以后，我要求班里所有学生都要出去跑步，不管去哪儿跑。而我就站在教室门口"验收"。谁大汗淋漓的，好，你进去吧；谁要是没流汗，那好办，你去跑圈，什么时候跑出汗，什么时候回来。

科学研究证明：定期运动会减少脂肪存储和增加肌肉质量，从而改善大脑血管结构，影响思维能力。所以，我比较推崇7+1＞8的理论，就是说7小时的学习，加上1小时的锻炼，效果大于8小时的学习。

不过，劳逸结合的"逸"，也要注意把控节奏，时间太长也不行。有的同学感觉累了，就说出去看一会儿电视吧。本来学了1小时，想出来放松10分钟，结果看了1小时电视，这就是不务正业了。

有的学生放学去踢球，直踢到太阳落山才回家。家长问为啥这么晚回来，他来一句：是王老师让我们多锻炼的。嘿，拿我当挡箭牌了。我让你7（学习）+1（运动），可没让你1（学习）+7（运动）呀。锻炼一天一次，一次30分钟就差不多了。运动时间过长，体能消耗就会过大，回家就累趴下了，哪还有学习的精力？

（3）健康远比考试成绩重要

有一回给家长们作讲座，我谈到劳逸结合的问题。会后，有一个家长找到我，说：王老师，今天听了你的报告，我觉得特别难受。

她说，她的孩子是住校生，在学校学了一周，回到家是星期六的晚上。第二天星期日，孩子还要参加学校一个英语测试，英语测试上午9点开始，她家离学校并不远。星期日早晨孩子还在睡觉，不到7点，她就把孩子叫醒了，孩子没睡够，起床以后就不乐意。

这个家长就说：你看看你，考试成绩那么差，马上就要高考了，你还在那儿睡懒觉！这个学生一听她妈这么说就火了：我在学校从星期一学到星期六，我一天睡几小时你知道吗？我每天被作业压着，晚上睡得很少，好不容易利用星期日的时间来补一补觉，多睡一会儿就不行吗？

我说：你这个当妈的，不是方法不当，简直是近乎残忍。你想一想，孩子从周一到周六累成那个样子，好不容易利用周末回家多睡一会儿，这是多么难得的机会呀。她睡足了这一觉，这一周她都会轻松的。

所以，想保持好学习的节奏，就必须做到劳逸结合。"劳"时要全神贯注，充分利用每一点时间；"逸"时要懂得怎样用适当的时间好好休息。只有这样，才能在轻松愉悦的氛围中学习。

总之，我们应该给孩子们一个态度，就是健康为本。中考也好，高考也好，是我们必须面对的现实，不容懈怠，但中高考不是我们生命的全部，也肯定不比健康重要，没有什么比健康更重要。

伟大的乔布斯年仅56岁就死于癌症。56岁，对于一个创业家来说是黄金般的年龄。网上流传着一篇乔布斯的遗言，令人震撼："不停地追求财富，只会让自己变得扭曲，就像我一样。黑暗中，我看着维持我生命的机器发出的绿光，听着机器的嗡嗡声，我仿佛能感觉到死神的气息越来越近。"

他创造了无数财富,取得了无数成就,赢得了无数荣誉,却忽略了最珍贵的东西:自己的健康和生命。

在我看来,一个人真正的成功,在于他在做出业绩的同时,也能够延续生命,维持健康,而不是在无情的竞争中,留下了一副羸弱的身体和残破的心灵。对成人如此,对孩子更是如此。

附录:我的建议——作息时间表

早起:早上尽量不要过早起床,6点多起床就行了。起床后如果低强度锻炼十几分钟,一天精神都会特别好。早读一般安排两科朗读、背诵(侧重安排语文、英语,其他科目也可安排读一读)。

午饭后:饭后应该做点儿什么呢?我建议同学们饭后先出去散散步,时间不用很长。午休时间短,去溜达10分钟。

午睡:中午要尽量午睡40分钟左右,时间不要过长,这是整个学习过程中最重要但最易被忽视的环节。

下午锻炼活动:30分钟左右。当然,每个同学都可以根据自己的喜好选择不同的锻炼方式,不喜欢跑步可以去打球,不喜欢打球可以去游泳……总而言之,不管选择什么方式,锻炼都是必需的。不要小看这30分钟的锻炼,它不仅能起到强身健体的作用,还能通过调整生物钟锻炼脑力,是一举多得的好事。

晚饭后:晚饭后时间充裕,溜达20分钟,我认为就足够了。散完步不要睡觉,否则晚上该睡的时候就睡不着了。

晚自习:在安排晚上的学习时,要注意将思维科目(数、理、化)与识记科目(语、英、史、地、生)错开,睡前不要安排思维科目的练习,可以进行一些不那么费脑子的学习项目,比如语文课文的阅读。

周六和周日：如果一周下来感觉很累，则有必要安排星期六晚上或星期天白天好好休息一下。

做法 4

面对青春叛逆期

——我的"心理疏导法"

你了解你孩子的心理吗？有人可能觉得我的问题很奇怪，我们做父母的跟孩子朝夕相处，怎么会不了解孩子的心理？我的回答是未必。

据统计，中国每年有25万人自杀，其中1/3是处于青春期的青少年。每5个中小学生中就有1个人曾经考虑过自杀，超过半数的自杀行为，从意念到实行不到15分钟。

痛苦，抑郁，甚至轻生……整个国家的自杀率在大幅下降，可中小学生自杀率却在上升。除了自杀，出现心理问题的孩子更是数不胜数。

暗潮涌动，红灯亮起。抑郁症门诊前，排满了中学生。我们的孩子怎么了？我们作为父母老师该怎么办？

我把自己与那些学生及其父母打交道的经验教训，归纳为四条，称之为"心理疏导法"：

1. 倾听、理解与引导；

2. 尊重与宽容；

3. 勇敢做自己，警惕"空心病"；

4. 学会释放压力，培养心理韧性。

心理疏导法（一）：倾听、理解与引导

1. 倾听和疏导：面对青春叛逆期的心理危机

- **案例："我就是要跟学校对着干"**

青春期叛逆！

忽然有一天，父母意识到自己的孩子不再那么顺从听话，孩子的语气、眼神和言谈举止，带着独立不羁的挑战姿态。

青春期是一个人从儿童走向成人的过渡期，年龄范围是10—20岁，在这个时期往往经历着生理和心理的巨变，会遭遇困惑、迷茫、挑战，甚至是危机。

孩子到了青春期，不会再像小孩子那样对父母唯命是从，他们有了自己的性格和想法。这种时候，家长很容易和孩子产生冲突，所以有必要转变与孩子之间关系的处理方式，否则就会导致孩子出现各种心理问题。

有个高三男生，身高1.85米。除了学习，班里出现什么调皮捣蛋的事，都有他的份。最后闹到什么程度？这个班里其他学生的家长，集体向学校请愿：为了孩子高考不受影响，坚决要求该男生离开这个班！

最后，校长出面跟这个学生谈话，要求学生签协议，协议的基本内容是：再捣乱，就回家。

可这个男生还是不肯沉下心学习，也管不住自己，又犯纪律，后来真的被学校赶回家去了。他在家一待就是一周，那时已经临近高考了，家长着急呀，又托人去找校长说情。校长勉强同意他回到学校，可这个学生在学校待了一天，再次原形毕露。这回没办法了，学校通知学生：以后不准再回这个学校这个班了。

这个男生又回家躺平了。眼看就到报高考志愿的时候了（那时是考前报志愿），家长就问孩子，孩子说：反正我今年也不考，你们要报什么学校就报什么学校，无所谓。他彻底放弃了。

看孩子到了这个程度，家长就激烈地批评指责孩子，孩子不愿听，跟父母争吵起来。他天天躺在床上，一睡十几小时。家长又生气又着急，可又没有办法，后来找到我，希望我能够跟这孩子谈一谈。我记得那天晚上11点多，这个男生到了我的办公室。

我问：为什么学校让你回家？

男生就开始说了：我是有缺点有毛病有问题，可学校老师和校长，动不动就当着全班的面训斥我，还动不动就把家长叫到学校来，我特别反感，特别抵触，所以我就是要跟学校对着干！

整个谈话期间，我基本上是听他说，听他把心中的不满全说出来。他说的某个地方有道理，我就点头。某些地方他说得不对，我并不正面教训他，而是从侧面问他，示意他说得没道理。

我的态度鼓励了他，他滔滔不绝，把一肚子苦水都吐出来了，吐出来就轻松多了。

其实，在大人眼里很简单的问题，在孩子心中可能是很复杂的。他把这些想法跟你说了，我们大人如果能听进去，再同情他一点儿，他就觉得你是他的知己了。

他讲完了，我才跟他讲。我说：高考不就是一次考试吗？你也不要有什么顾虑，行百里者半九十，就是说前面九十里路，只是整个行程的一半，后面十里路，才是最关键的。你把关键抓住了，即使前面有一些遗憾，你也能够扭转危局；如果你抓不住最后这段关键时期，你前面做得再完美，也是前功尽弃。所谓成功就是能够抓住关键，对不对？

我说：你现在去不了学校，可以在家里合理安排时间。只要想学，能学的东西太多了。你就利用好这二十来天时间，学它个昏天黑地，快速把各科内容和脉络搞清楚、复习好，让那些瞧不起你的人，那些被你认为曾经侮辱过你的人大跌眼镜。这才像个男子汉，才是一种积极的生活态度，是不是？

我还和他谈起我的经历。我说：我也曾经是个"差生"，知道那种被瞧不起的感觉，但我最终选择了努力，选择了拼搏，以前在全班成绩倒数，后来变为全班第一，用行动挽回了自尊。

我说：一个男人在关键时期应该怎么着？就是人争一口气嘛！你不去学了，社会就多了一个窝囊废呗。来到人世间不容易，你就这么窝窝囊囊走一遭？人家说你不行，你就不行了？如果你觉得自己还行，在大家都觉得你不行的时候，你能不能做出个样子来让他们看一看？只要你从现在起，肯投入学习，我先答应辅导你一次数学，好不好？

这时候那个男生的心情已经平静下来，我的话也能听进去，情绪马上就有变化了。

我和他谈话时，他父母就在外面等着。孩子出来了，和父母一起回家。他家住在9层，平常都坐电梯上去，可现在男生不上电梯，他对父母说：从今晚开始，我得锻炼。我躺了这十几天，已经躺散架了，我得跑上去。从明天开始就要进入临战状态。

后来，我听他母亲说，儿子就跟变了一个人一样，进入一种奋斗的状态。他报考的是北京工业大学。高考在班里考了前10名，总分考了

590多分,最后被录取到北京工业大学最好的计算机专业去了。

那次,我与男生的谈话时间,总共是两小时。其中,他讲了100分钟,我只讲了20分钟,他就发生了改变。是我讲得好吗?我讲得并不深奥。关键是,他觉得我能听进去他的话,能理解他,让他找到了自尊。所以,他也能听进去我的话,心态调整好了,行动就自然而然地跟上了。

孩子在不同年龄段,会有不同的心理问题。小学生的心理特征是情绪不稳定,容易冲动,自控力不强。进入中学阶段,孩子们已经进入青春期,具有一定的自我认知能力,会在心理和行为上表现出强烈的自主性。我们教育孩子的方法,要根据孩子的年龄进行调整。

不少家长非常怀念孩子小时候的乖顺、懂事。一到青春期,孩子的各种顶嘴、各种叛逆行为,让家长非常恼火。在我看来,孩子也许并不是故意与家长作对或不听家长话的,这只是孩子要求独立自主的内心呼喊。

青春期孩子出现逆反是正常的,如果家长将其看得太严重,处理不当,很容易造成孩子的心理问题。如果孩子的心里话能得到倾听,孩子的意见能得到一定的尊重,逆反期作为一个过渡阶段,很快就会过去。

2. 重视隐性危机:好学生也有心理问题

- **案例:"我曾无数次处在崩溃的边缘"**

新东方创办人俞敏洪是北大毕业生,在一次教育问题研讨会上,提到中国的高考现状时,他语出惊人:我儿子将来不上名牌大学,读普通大学就好,因为考进名牌大学的学生容易出现精神问题。

上述言论被批评为站着说话不腰疼，但考上名牌大学的学生精神压力更大，确是事实。当然俞敏洪并没有放弃孩子的教育，在他心目中，读书、旅行等都是学习的渠道。他所说的涉及一个现实问题：好学生也容易出现精神问题。

我班里有个女生，是当年县里的高考状元，大家只看到状元这个光环的美好，却看不到这背后她承受着什么样的心理煎熬和挫折。临近高考时，有一天上着课，她突然冲进我的办公室嚎啕大哭。我吓一跳，忙问她是怎么了。

她说：老师，高考太苦了，每天背书、做题、背书、做题，无限循环再循环。晚上同学们都睡了，我还在挑灯夜读。早上同学们还在睡懒觉，我就得起来背单词。为了保持住自己的好成绩，真的是好辛苦啊，我有好几次都感觉自己快要撑不下去了。

她还给我展示了好几大摞的练习册，不仅每一本都详细做完了，而且还密密麻麻地写满了笔记和注释，一看就是经过了长时间的艰苦努力。

我对她说：你相信老师吗？

她说：相信。

我说：好，那你信我一句话，现在离高考没有多久了，继续把这份努力保持下去。当你熬过这段时间，收获到高考成功的喜悦时，一定会庆幸自己的经历。

她说：老师，如果我觉得实在太苦了，想放弃怎么办？

我说：每次觉得坚持不下去了，你就跟自己说，今天所吃的苦，是为了明天过上自己想要的生活。想想美好的未来、美好的生活，你再学习起来，就会以苦为乐了。

女生就用这个办法一直坚持着，高考取得了好成绩。后来她回学校看过我一次，对我说：老师，您说得对，学习确实要经历很多苦，可是和得到的甜比较，吃这些苦是值得的。

考进北大的高考状元贺舒婷同学，曾经说过这么一段话：5本高中历史书，我翻来覆去背了整整6遍——当你也把一本书背上6遍时，你就知道那是什么感觉了——边背边流眼泪……事实上我曾无数次处在崩溃的边缘……

这是孩子内心的呼喊。我们做父母做老师的，因为种种原因，往往忘记了自己在青春期经历的心理坎坷和危机，总以成人的眼光去对待孩子，而忽略了他们的心理危机。

中小学生抑郁问题令人忧虑。许多孩子学习成绩很好，看上去也挺阳光的，其实正在心理崩溃的边缘，更有甚者，陷入了极度焦虑和抑郁的状态。

一个学习成绩很好的17岁女孩给母亲写了一封信，信中说：

我每天生活在犹如充满海水的空间里，口鼻窒息，眼耳模糊，心脏被细线勒紧、拉扯、向里切割，不知道新鲜空气是什么样的，只以为生活就是这样的：迟钝、无望、灰沉……所以，你不能谴责有的人放弃生活，因为你根本不知道，对你来说充满机遇与可能性的生活，在别人眼里到底是什么样的。人类的悲欢并不相通，我只觉得茫然而畏惧……

这个女孩被诊断患上了抑郁症。而她父亲还想加以掩饰，说不希望写在病历本上，不想让别人知道女儿的病情。大人只看到了孩子很听话，成绩非常好，并没有真正了解孩子遇到了什么事情。无奈的孩子最渴望的就是得到家长的理解和接纳，但现在只得到失落和绝望。女生在与母亲吵架后说：你们根本不理解我，我把什么都告诉你们了，你们只会告诉我一起战胜疾病，告诉我事情一定会变好的，可从来没有人说一句"你受苦了"……

母亲忙于工作和家事，没太注意女儿的心理状态。后来，她看过女儿写的长信，心痛不已，幡然醒悟，带着孩子走进医院，接受治疗。女孩在得到治疗和父母的呵护后慢慢好转了。

女孩写道："好在我现在开始慢慢地活着，否则我无法判断出自己以前是怎样慢慢地死掉……"

学生的心理问题，触目惊心。《南方都市报》报道说，中国科学院心理研究所科研团队发布 2020 版"心理健康蓝皮书"的数据表明：每 4 个孩子中，就有 1 个有抑郁倾向；每 13 个高中生里，就有 1 人已经到了重度抑郁的程度。请不要把心理疾病与普通心理问题相混淆，该疏导就疏导，该治疗就要向医生求助。

3. 理解与呵护：面对敏感而脆弱的孩子

- **案例：我的反思——最对不起这帮孩子**

青春期的孩子敏感而脆弱，需要大人的理解、宽容与呵护。

我说过，一个废品可以回炉，而有心理问题的孩子是难以回炉的。一个冰箱出现质量问题砸了就砸了，这只是一个局部的小的经济损失。而学生在青春期这一人生关键时期，心理受到打击、受到伤害，是难以愈合的，甚至可能给一生留下阴影，导致碌碌无为。

说真的，有时候，当班主任的时间越长，越觉得后怕。

有一年"五一"节，山东沂水一中的一个班搞20周年班庆。我带了这个班3年，班上同学老是给我打电话，一个劲儿让我回去。

我当时想赶回去，又有些犹豫。为什么？我就觉得，最对不起的就是这帮学生。虽然这个班的学生在各方面都挺好，升学率也挺高，但那时我年轻气盛，想把这个班抓好，有时控制不住情绪，也不太在乎学生的心理感受，后来我反思自己，深感内疚和惭愧。

班庆那天回去了50多个同学。这么多年后回去50多个同学，多不容易。而他们一直在等我，我不回去，大家就都等着，所以我就回去了。

当时同学们让我讲话，我本来想讲点儿别的，但站起来说的却是完全没有准备的话，我说：不瞒你们说，今天见了你们，我就觉得很愧对同学们。假如时光可以倒流的话，再带你们班，我可以做得更好一些，相信你们也可以取得更大的成绩。所以我今天见到你们既高兴，又有一种愧疚。

而学生们说：老师，我们对你只有"感激"两个字。

我自认为是一个好老师，这种自信是源于自己的教育理念和方法、教育经历和成果，但我从来不认为自己是什么完美教师，也不会珍惜羽毛，打造什么完美人设，更不讳言自己在教育方面的一些挫折、教训及失误。

所以，现在听我的学生们这样讲，心里真的是甘苦交加，百感交集。

老子说治大国若烹小鲜，我说带学生亦如烹小鲜。有些学生心理很脆弱，甚至处于忧郁状态。如果不精心研究他们的心理，不精心采取适当的办法，一件看似不大的事，就可能把他们推入心理的歧途。

当然，人人都会犯错，我也不能保证以后就不出错，但经历得多了，错误也会越来越少。现在，我在学生面前每说一句话、每做一件事，往往都得想之又想，尤其是面对那些敏感脆弱的学生。

我上数学课，如果有学生在看小说——这也是常有的事——我发现后不会问：你为什么看小说？因为如果这样问，他没法回答，就只好说"我没看"，这样就不好处理了。

我会这样说：不瞒你说，我也非常喜欢看小说，但我可是考完大学了，你还没有。你先把这个小说借我看一段时间，等你考上大学了，我再把小说还给你，行吗？你看，很给学生面子，这个学生还能说啥？他非常不好意思，大家也哈哈一笑就过去了。

心理疏导法（二）：尊重与宽容

1. 尊重：过于强势导致孩子自暴自弃

- **案例 A："我都想把他杀了"**

孩子到底要不要听话？怎样才算是听话？听话就是好孩子吗？随着进入青春期，孩子已经产生很强的独立意识，对事物都有了自己的理解和评判标准，他们特别想证明自己可以主宰命运，而无须按父母指定的路线前进。

同时，他们也很容易烦恼、迷茫，还会有两性方面的困扰以及逆反心理的问题。适当的引导和帮助，甚至是批评都是必要的。但如果家长过于强势，就容易导致孩子失去自我，失去自制力。家长越强势，反弹就越强烈，孩子的心理越容易处于失控状态，心理危机就会随之而来，甚至可能走上极端。

我班里有一个男生，很聪明，但就是不爱学习。上课不认真听讲，下课不做作业，整天游手好闲。他也不捣乱，就在那个地方磨磨蹭蹭，应付考试基本上就凭着小聪明。

他父亲是市里一个局级干部，初中期间，曾把他弄到一所实验中学的重点班。这个男生本来学习能力没达到那个层次，一考试就考了个倒数，自信心很受打击，后来学习就更成问题了。

对于这个学生，我也着急，有时也批评他，但发现他毛病太多，很难改。有一次，我找他谈话，他跟我说什么呢？他说：为什么要上大学？我去当个体户，用上大学吗？

我说：你这个想法跟爸爸谈过吗？

他说：跟我爸爸说？我都想把他杀了！

我吃惊地问：为什么？

他说：我爸爸跟我的关系，就是一个"揍"字，两句话说不来，就揍我。我跟他根本没有办法沟通，他就是一个"农民"。

你看，学生这样说，我还能说什么？只能苦笑着摇摇头。过了一些日子，那学生走到我跟前，很神秘地说：王老师，告诉你一个重大的好消息……

我说：你能有什么好消息？

他说：我父母要离婚了。

我更吃惊了：你盼着父母离婚？

他说：离了好。

我问：离了你跟谁呀？

他说：我谁也不跟，他们谁也管不着我，我就能过两天清静的日子了。

原来，这个男生的父亲在家搞命令式教育，对儿子管教很是严厉。他觉得儿子很聪明，不爱学习就是欠揍，所以一看儿子懒散，气就不打一处来，上来就是拳脚相加。而这个同学的母亲呢，是个经商的，有些钱，对儿子有些娇惯。两口子为孩子的问题经常吵来吵去，最后孩子成绩越来越差，两口子之间感情也伤了，都闹离婚了，而孩子还幸灾乐祸。

意识到孩子身上出现的问题，我就给他父亲打电话，我问：你跟孩子沟通是不是有问题？

他说：是啊，一谈就崩。

我说：这样，你们两口子带着孩子，咱们坐在一起，心平气和地谈一谈，行不行？

他父亲说：行。

我又给学生母亲打电话也约好了。

然后，我跟这个男生说了，男生坚决不同意，说：不行，不行，我跟我爸根本没法沟通，没说两三句话，他就暴跳如雷，老师你不知道，他就是个"老农民"。

我说：你怕什么？有我在跟前还保护不了你啊？他要敢动手，咱们两个人还斗不过他一个吗？

我这么说，这个男生才勉强同意。那天，我们四个人找了家安静的小餐馆，坐到了一起。

我说：平时，老是家长说孩子听。今天，咱们家长先听听孩子怎么说。

这个男生就开始说了：我不想考大学，我将来当个体户，当自由职业者，为什么要上大学呢？

父亲说：你不上大学，这个社会的人谁能瞧得起你……

男生说：我用不着别人瞧得起……你们不理解我，不通情达理，你们说得不对，还非逼着我执行……

父子俩你一言我一语，说不到一起去，又吵起来了。

我就对孩子父母说：你们别总看孩子不顺眼。孩子自身有毛病，有问题，那得一点点解决。但我从来不以为这仅仅是孩子的问题。孩子就是父母的一面镜子，孩子身上的问题总是来自一个复杂的家庭背景。一对父母如果通情达理，孩子也会通情达理。一个孩子问题多多，这对父母不应该反思自己的教育吗？

我又对这个男生说：你也要理解父母呀。你张口闭口说父亲是个"老农民"。跟你说吧，我也是农民出身。农民怎么了？至少农民朴实，至少农民懂得珍惜。我们农民能跑到北京来干一番事业，你父亲是农民还管理一个局的工作，说明我们农民不简单，你还说啥？

那次谈话以后，学生和家长都开始反思自己，家庭关系也改善了，那个男生后来还考上了一所好大学。

- **案例B："人生一趟，遇见你们我很荣幸，若有来生，我们不要再见面了"**

父母过于强势，除了导致孩子自暴自弃，还可能会导致孩子自卑自毁。孩子再小也是独立的个体，是身处社会群体中的个人，有自己独特的生理特征、性格特质和情绪反应。

总能听到一些家长诉苦：我的孩子怎么那么不听话，这也不好，那也不是。事实上，孩子们的生存负担并不比成年人少。在沉重的学业压力下，有些孩子经常被老师批评、训斥，因为一点儿事就被家长责备、谩骂，甚至拳脚相加。大人们过于强势，固执己见，孩子再不满意，也只能选择忍受、逃避，甚至走上极端。

上海一个14岁女孩自杀的事件惊动了社会。这个女孩很懂事，学习不是不好，而是非常优秀，是班级甚至年级的尖子生。

她在遗书中说，从小父母对她学习成绩的要求就很高，必须排在班级前10名、年级前20名。如果达不到父母的要求，回家就要接受惩罚。惩罚的方式是打骂和侮辱，毫不考虑她的感受。

她描述自己的父母是两面人，在外人面前彬彬有礼，唯独在她面前是恶魔。

遗书中，她甚至不肯责怪父母，只是说自己的学习压力太大了，实在是喘不过气来，如果不再优秀，对不起父母，那就只有选择结束生命来缓解压力。"人生一趟，遇见你们我很荣幸，若有来生，我们不要再见面了。"

父母过于强势，会给孩子造成各种心理问题。或许是破罐子破摔心理，或许是某种心理创伤，或许是消极反抗——孩子以自杀的方式结束这一切。

那些放弃生命的孩子总是这样说：为什么我做什么都不行？对不起，对不起，对不起……别再指责我了。我从来没有想过害人，可为什么一直不快乐？"一个人的成熟，是从放过自己开始的。"孩子因为心智不成熟，往往会做出错误的选择，甚至是极端的选择。

在三观尚未正确建立的阶段，一个孩子的心理十分容易被摧毁。而一旦连活下去的信心都没了，悲剧还会远吗？所以，恳请各位大人对孩子多一些同理心、同情心，不要像个愚蠢的莽夫一样，冷酷地伤害他们。

有人说成年人的崩溃往往在一瞬间，其实无论成年人还是未成年人，内心防线被击破时，崩溃几乎都是在一瞬间。

上面说的自杀事件，当然是极端的案例，但反映的问题却带有普遍性。过于强势的命令式教育，是中国式父母最为常见的家庭教育方式，这种方式强化了父母的权力意识和干预意识。尽管有时候只是一些日常琐事，但父母的言行和情绪，拥有足以让孩子恐惧的力量。

根据精神病学原理，所有神经症，其内在的核心就是惧怕，孩子时刻要为不安全的情况做准备，全部意识都投射在这种惧怕上，这种惧怕就形成了孩子生命中一种固化的反应模式。表现在日后的生活和工作中，表现在人际关系中，就是没有自我价值感，没有自我存在感，惧怕、焦虑、极不自信，直至自毁。

我们要警惕一种伤害孩子的心态——"债主心态"。我常常跟一些亲子关系有问题的父母说，不要老觉得自己多么辛苦，多么委屈，多么不容易。抚养照顾孩子，是老母鸡都能做的事情。我们总不能满足于当一个仅让孩子吃饱穿暖的原始人吧？

孩子不是自己要来到这个世界，从法理、道理上说，抚养孩子、关爱孩子是做父母的义务。我们从生养孩子中得到很多，延续血脉，享受天伦之乐，我们年老之后，孩子也会成为帮手，关爱照顾我们。父母不要对孩子存有"债主心态"，把对孩子的爱当成放出的债，从而形成高度控制的命令式教育，想训想骂想打任由自己的心情，这不是现代文明意义上健康的亲子关系。

2. 宽容：苛刻导致孩子失去自我

- 案例：她得到第一名，为什么开心不起来？

在过于苛刻的环境中长大，孩子往往会形成讨好型人格，从而失去自己。讨好型人格害怕拒绝别人，借由讨好别人找到自己存在的位置。因为缺乏自主意识，无法和自己正确相处，从而形成不健康的心理状态。

我有一个学生，成绩一直很好，经常考第一名，她的父母也自然而然地把对她的要求定位在了第一名。直到有一天，当她再一次拿到第一名时，却怎么也开心不起来。

她跟我说：老师，我觉得好累。爸爸妈妈给我的要求是第一名，我不想让他们失望。可是，班里有竞争力的同学好多，我每天都很害怕他们超过我，考试时也生怕发挥失常，每天都活在恐惧中，我该怎么办？

你看，就是这样一个也许在父母看来正常的要求，却给孩子造成了极大的心理负担。我安慰她：这样好不好，你负责把自己的心态调整好，我负责跟你父母沟通，把对你的要求改为班里的前5名，怎么样？她一下子就笑了：谢谢老师，我感觉压力突然就小了很多。您放心，我不会因为要求低了就不好好学习的。

我和她父母交谈，他们接受了我的意见。从那以后，这个女生笑容越来越多，她还抽出时间参加演讲比赛，还得了奖，发展得挺全面，考试依旧常常拿到第一名。

你看，这样适当给她降低目标，减轻她的心理负担，让她每天在轻松的状态下学习，成绩反而越来越稳定，个人爱好、潜力也得到了展示，我和她父母都挺高兴。

反复强调孩子的成绩一定要好，成绩好了就会爹疼娘爱，众星捧月，成绩不好就一无是处，甚至被骂被打。久而久之，在孩子心里就留下了这样一个印象：学习成绩就是我的天，成绩不好天就塌了，爸爸妈妈、老师同学就都不爱我了，我就完了。在这样的压力下，孩子脆弱的心理能不面临危机吗？

人无完人，没有十全十美的人，也没有一无是处的人。同一个人，有人会说你好，也有人会说你不好。人还是那个人，因别人褒贬就搞起了内耗，那就是苛责的阴影在作祟，是完美主义的心态在作祟。

做个现实的快乐人，还是做个痛苦的完美人？我们宁愿选择前者。父母不完美，老师不完美，学校不完美，社会环境不完美，这是现实。要让孩子知道，自己不可能做到完美，因为不完美是人类的特征。

正因为自己不完美，家庭不完美，学校不完美，社会不完美，我们才在不断地改变和改善中，有所提高，有所进步，才让我们体验到进步的成就感和愉悦感。如果苛求自己和他人，那人生岂不是太过残酷了？

哈佛大学积极心理学家埃伦·兰格曾做过一项研究，研究的是对于出错的开放态度，如何影响对公众演讲的焦虑情绪。实验将参与者随机分成三组，让他们进行演讲。

A组参与者：被告知出错是糟糕的（完美主义）；

B组参与者：被告知出错是难免的（自我原谅）；

C组参与者：被告知演讲需要出一个错误，而且还可以出更多意外错误（宽松开放）。

结果，C组的参与者在演讲中感到最舒服最成功，得到了观众们的最高评分。之所以会这样，是因为这组参与者已经把完美主义抛在了脑后，只是去专注地探索演讲内容本身。

这个实验的结论是：出错并非坏事，反而值得鼓励，而不需要以自我安慰来应对，因为它可能让人表现得更加优秀。大量心理学研究已证实，完美主义心态导致抑郁和焦虑，降低生活质量。它已经被视为抑郁症状的一部分，且成为抑郁自杀事件的一个重要诱因。

孩子来到这个世界，跟我们是一种缘分。孩子是一个独立的个体，不是父母的"附属品"，双方在人格上是平等关系。有了这种认知，家长才能明确边界，培养孩子的自主能力，让孩子学会对自己的人生负责，而不会提出过高过严的要求。

心理疏导法（三）：勇敢做自己，警惕"空心病"

1. 做自己：相信孩子有自我构建的潜力

- **案例：母亲为女儿制订学习计划**

要教会孩子欣赏自己，悦纳自己，相信自己是个有价值的人。太过在意别人的眼光，会导致不良情绪向内攻击，会让他们陷入内耗、胆怯和焦虑中，总也无法获得自己内心的和解和满足。

每个人都是独立的个体，都有自己的成长方式。我们要教育孩子，身处竞争环境要跟别人比，但主要是跟自己比。就像体育比赛拿第一固然是目标，但更重要的是超越自我，更高、更快、更强，完成一个自我实现的过程。

我遇到过一个初三女孩的妈妈，她跟我说女儿懂事，人缘好，活泼开朗，多才多艺，担任学生会干部，可就是学习成绩一般。妈妈认为女儿之所以成绩平平，主要是因为她的学习没有计划性。

我从交流中得知，女孩妈妈是银行职员，各方面都非常出色。虽然工作很忙，但她一直以来都在极力帮助女儿养成好的学习习惯，诸如为女儿制订学习计划，有空就陪着女儿参加课外辅导班，每天坐在女儿身旁督促学习，等等。然而，结果并不令母亲满意。马上就要中考了，母亲也越来越焦虑：怎么生了这么个不给父母长脸的孩子？

这位妈妈认为自己所做的一切都是为了孩子好，如果父母不参与，孩子就没有自觉性，成绩会下降得更厉害。她还说自己为女儿做了这么多事情，但女儿并不领情。

我说：你应该多想想，孩子身上这样那样的问题从何而来？我们有没有反思过自身，是不是恰恰因为我们父母要求过高，包办代替，比如替代女儿去做学习计划，而不是鼓励女儿逐渐养成有计划的好习惯，从而造成了孩子身上的问题？

有些家长自身确实很优秀，但也无法做到面面俱到。其实，人都是多面性的。有的父母刻意在孩子面前打造自己的美好人设，时常对孩子提出过高过严的要求，生怕孩子的学习成绩不是最优秀的，经常指责、批评和督促孩子改变，结果劳而无功，反而让孩子失去自我，学业上也不见起色。

每一个孩子都是独特的生命个体，都有自己的生长密码和成长节奏，只要得到尊重、宽容和适当的引导，自会开花结果。

尤其是到了中学阶段，孩子对诸如学习计划、假期安排等，都会有自己的想法。有的家长习惯于自己做决定，孩子愿意不愿意都得服从。家长不顾及孩子的意愿，孩子就会不乐意，就会反抗，因为他感觉没有被家长尊重。其实，像去不去夏令营或兴趣班这类问题，是不是可以让孩子决定？我认为家长最好不要擅自做主，跟孩子商量或给个建议就好。

实际上，处于青春叛逆期的孩子，家长越想控制他们，搞命令式教育，只会让他们越反感、抵触和叛逆。不用过于担心，孩子自会成长，父母应该带着喜悦而不是挑剔的心态，鼓励他们按照自己的意愿长大成人，独立发展。

我同事的女儿汪欣欣，第一次走进北京大学进行校园观光时，就说：爸爸，我将来要上北京大学。

父亲说：那好啊。

有几次期末大考，汪欣欣数学考了100多分（满分150分），她就跟父亲说：老爸，你别生气啊，这几次我考得不好，这样的成绩可能很难进北大了。

父亲觉得100多分已经挺好了，而孩子还嫌不好，可见她的压力有多大。父亲就跟她说：咱们也不一定非考北大不可，你看爸爸也不是北大毕业的，不是也活得人模人样的？不上北大就不能成才吗？我希望你成绩好，更希望你将来快乐，那才是我最大的愿望。如果你觉得不上北大也挺快乐的，我们会尊重你的选择。我不太在乎你上什么样的大学，只要不觉得委屈，你上一般本科院校也行啊。

女儿问：老爸，你真这样想？

父亲说：真这样想。

父亲向女儿传达了一个信息：你十六七岁了，从根本上来说这是你自己的事，不是我们父母的事。你应该知道自己对未来的选择。只要你将来不觉得委屈，只要你觉得快乐，我们就快乐。

女儿听父亲这么一说，心理压力就减轻了不少。心理负担减轻，学习过程就愉悦多了，效果也更好了，汪欣欣后来还是考入了北京大学。

我的学生鲍慧颖后来考入清华大学经济管理学院，她父亲鲍学全说：

把女儿培养成清华、北大等名校的学生，是我们夫妇的心愿。我和爱人有幸成为恢复高考后的第一届大学生。按高考成绩，我应该有机会进入清华、北大这样的名校，但当时戎装在身，服从命令为天职，作为军人能有机会去考且又能考上大学，已是十分幸运，所以我愉快地进入部队指定志愿的学校，但内心仍有缺憾。

但我们的这种想法只放在心里。在做法上，从来没有把内心的想法告诉女儿，或者暗示女儿。而且，我们也不苛求女儿将来非得考上清华、北大之类的名校不可，只要她能努力进取，相信她也能成为适应现代社会并胜任未来职业的人。

要教会孩子认识自己，接纳自己，勇敢做自己。苛刻、攀比和完美主义，只会让孩子为了取悦别人而失去自己。

2. 警惕"空心病"，找到人生价值与方向

- 案例："心情总是很压抑的"

学生出现心理问题有方方面面的原因。而我认为，学生自身天赋优势受到压抑而得不到释放，是一个重要原因。按照神经科学理论，不管是大人还是孩子，当这个人的天赋才能得以发挥，自身潜力得以释放时，其内心是充盈着热情和成就感的，其精神状态是积极向上的；反之，如果一个人的天赋优势得不到发挥，其心理状态则是压抑、痛苦甚至是扭曲的。

这里说说我们班一个男生的故事。有一天，我正在教研室备课，门不声不响地开了。一抬头，看到一个男生站在我面前，一副发呆的样子，也不说话，吓我一跳。过了一会儿，男生突然开口跟我说：活得没意思！

这个男生是从外地转来本校的。刚来时，因为不太适应本校的教学方式，学习成绩不好。后来他写过一篇短文，记录了自己的心路历程，他写道：

期中的成绩大抵还算理想，侥幸进了年级前50。之后的二试，我就考得一塌糊涂了。每天下午的考试，我总是心不在焉，几次考试全没及格。

记得校庆的时候，我回到家累得厉害，母亲一言不发。我不知为什么，就试探着问她，那时她说出的话，是我从未听过的："我去过学校了，你的成绩大概属劣等生吧。以后学校里那些科技活动之类的事情，你还是少做些吧！"

这个男生特别喜欢参与学校的科技活动，可我从他口中得知，他的家长因为他考试成绩不好，反对他参与这些活动，搞得他觉得参加不是，不参加也不是；而老师呢，安排他不是，不安排他也不是。学生有特长却得不到发挥，无所适从，心情郁闷。

我自幼体弱而生性优柔，且喜静恶动，体育尤不擅长，又愿和弱势群体接触，对世事都很敏感和在乎，无论受什么委屈，总是暗自落泪。后来我渐渐不爱哭了，也许那就是成熟吧。以前的朋友曾这样说我：明明很痛苦，却偏要大叫大喊，似乎要告诉所有人，他很坚强、很勇敢、很无所谓。这对我真的是再好不过的写照了。

再后来，我面临新的环境，不断受到来自外界的挫折，心情总是很压抑……总感觉累得喘不过气来，几乎到了崩溃的边缘……

了解到这个男生的苦闷心理，我就给他父亲打电话，请他到学校来。一般来说，遇到学生问题，我很少给家长打电话，但是如果学生的问题出在家长身上，我就会主动跟家长联系。

一小时后，他父亲来了。我说道：你们知不知道怎么培养孩子？你们的孩子本来很优秀，也有学科天赋和强项，可是由于你们反对，孩子现在的心理状况令人担忧！你们给他一个宽松的环境行不行？你们想一想，是学习成绩重要，还是身心健康重要？

他父亲默默地听着就流泪了。其实，男生的父亲很优秀，很有学术造诣，为孩子也煞费苦心。他父亲推心置腹地跟我讲了他们做家长的一些苦衷。我就与他父亲商量，最后达成共识，鼓励这个学生适当参加那些自己喜欢且擅长的科技活动，老师和家长共同努力，让孩子摆脱心理重负。

之后，我又找这个男生谈，希望他能多理解父母的想法和难处。我对他说：我也是家长呀，站在学生角度看是一回事，站在父母角度看，又是另一回事了。在目前这种应试教育的现实面前，孩子压力大，家长压力也大；学生难，家长也难。而家长的苦衷和付出又有谁知啊！

体会到父母的关爱，这个男生与父母沟通起来就比过去好多了。他也能够经常参加一些自己有兴趣特长的科技实验活动，还拿过全国性奖项。

男生发挥了自己的长项，变得越来越有自信，慢慢摆脱了一些无谓的心理压力，性格也开朗了。他的学业更是后来居上，先后获全国中学生物理、化学竞赛北京赛区一等奖，并多次在科技创新竞赛中获奖，后来被保送进入北京大学数学学院。

现在，他在一家大型科技公司里担任业务主管，收入不菲。他还联系老同学，组织过义捐活动，走上了意气风发的人生之路。

你可知道在战争中，最容易出现精神崩溃的是哪种人？是身处枪林弹雨前线的人吗？美国的威廉·孟宁吉博士是知名的精神病专家。在"二战"期间，他主持陆军精神病治疗工作，在研究中，他发现出现精神崩溃的，多数不是在一线战斗的人员，而是被分派到错误单位的人！

他说：我们在军中发现挑选和安置的重要性，就是要使适当的人去从事一项适当的工作。最重要的是，要使人相信他手头工作的重要性。当一个人没有兴趣时，他会觉得自己被安排在一个错误的职位上，会觉得自己不受欣赏和重视，会觉得自己的才能被埋没了。在这种情况下，他会出现精神崩溃的现象，即使没有患上精神病，也会埋下精神病的种子。

我们要教育孩子尊重自己，勇敢地做自己，不要患上"空心病"而不自知。

什么是"空心病"？北京大学教授徐凯文，同时也是临床心理学博士、北大医院精神科主治医师、学校心理咨询师，他在高校提供心理咨询服务，尤其是心理危机干预和自杀预防。他说：我见过很多非常优秀的孩子，他们不是普通的抑郁症，是非常严重的新情况，我把它叫作"空心病"。

简单地说，"空心病"就是失去了自我，失去了自我价值，失去了个人人生方向而导致的心理空虚的症状。徐凯文说：

有个高考状元说，他感觉自己在一个四分五裂的小岛上，不知道自己在干什么，要得到什么样的东西，时不时感觉到恐惧。19年来，他从来没有为自己活过，所以他会轻易地放弃自己的生命。

还有一个学生告诉我："学习好工作好是基本要求，如果学习好，工作不够好，我就活不下去。但也不是说因为学习好、工作好了我就开心了，我不知道为什么要活着，总是对自己不满足，总是想在各方面做得更好，但是这样的人生似乎没有头。"

空心病看起来像抑郁症，情绪低落、兴趣减退、快感缺乏，如果到医院精神科就诊的话，一定会被诊断为抑郁症，但问题是所有的药物都无效。

这些孩子从小都是最好的学生、最乖的学生，但是他们有强烈的孤独感和无意义感，有强烈的自杀意念。也许他们不是想自杀，他们只是不知道为什么活下去，活着的价值和意义是什么。所以他们会用比较温和的方式，当然也给了我们机会把他们救回来。

核心问题，是他们缺乏支撑其意义感和存在感的价值观。所以，让我们回到终极的问题：人为什么要活着？人生的意义是什么？对我们来说最重要的东西是什么？

对于一个危机干预者和一个心理咨询师来说，我们也面临着从未有过的挑战。我们也要面对同一个问题，就是人生的价值和意义是什么。我们内心当中有吗？如果我们没有，我们怎么给到他们？我跟那些有空心病的学生交流时，发现他们之所以找不到自己人生的价值和意义，是因为他们的父母和老师没能让他们看到一个人怎样有尊严、有价值、有意义地活着。这个大概是根本原因。

我想问大家也问我自己：我们尊重自己吗？我们尊重自己的职业吗？我们有没有把自己的职业当作一种使命和召唤，去体会其中的深切含义？这是个买椟还珠的时代，我觉得我们扔掉了很多东西。

教育干什么去了？无论是家长还是老师，要去做值得学生和孩子尊重的人，我们要身体力行，做出榜样，要给他们世上最美好的东西：不是分数，不是金钱，是爱，是智慧，是创造和幸福。请许给他们一个美好的人生！

心理疏导法（四）：学会释放压力，培养心理韧性

1. 调节情绪，释放压力

- **案例A：学生抗议，我支持**

人，不管是成人还是孩子，内心深处的最大渴望是被人理解、尊重，自身的价值得到别人的承认。孩子遇到挫折时，老师、父母首先要选择和孩子站在一起，倾听孩子的心声。当他们伤心、难过、痛苦的时候，也要让他们能够适当表达自己的感情，释放心理压力，这也是保持孩子心理健康的重要方法之一。

有一次，我带的一个班参加拔河比赛，同学们情绪饱满，齐心协力，一路杀进决赛，但在决赛时由于时间通知不到位，当我班拔河队赶到比赛现场时，已经超时了。而对方以迟到为由，退出比赛。结果，校方有关组织者做出决定：对我班拔河队按弃权论处。

得到这一评判结果后，全班同学怒了，在得到我的支持后，同学们集体向学校提出抗议。事发后，学校领导找到我，对我班学生的行为大为不满，而我却笑了。这位校领导不解地问：你的学生闹成这样，你还笑得出来？

我谈了自己的看法：当学生受了委屈时，应该允许有一定的发泄方式，他们发泄出来了，心里也就轻松了。事关班级荣誉，如果我的学生无动于衷，你们觉得他们还有希望吗？你们希望学生都是这样吗？其实

正是学生的这种举动，才使我看到了他们强烈的团队荣誉观念，这也正是这个班的希望所在。

我说：至于他们在发泄过程中表现出的一点儿过激行为，我觉得，在肯定他们动机的前提下给予适当引导就可以了。

当时那位学校领导听我说出这一番话后，眼睛都瞪圆了。我不是包庇学生，我确实认为他们热爱班级的心情应该得到理解和尊重，采取压制的做法显然是不适当的。他们是一群正处于青春期的孩子，产生了情绪，就应该给他们宣泄的机会和方式。

要帮助孩子学会宣泄。当孩子有了不良情绪时，应该帮助他学会释放，或是让他到操场上去跑一跑，或是放声唱一唱，或是与他信任的人谈一谈。当然，宣泄要选择一个合适的环境、合适的条件。

- **案例 B：没有征兆的打架**

有一天课间，我们人大附中（03）12班里两个男生，本来还在互开玩笑，不知是谁有一句话没有说到点子上，两人就打起来了，中间都没有过程，大家也不知道怎么回事，好几个同学上前拉都拉不开。当时我在教室里阅卷，抬头看着他们俩那个斗公鸡的样子，我就笑了：看看你们俩，多有男子汉气概啊！拉架的同学松开手，看他们怎么打！

拉架同学松手了，那两个男生也住了手。我又说：你们打啊，怎么不打了？

我这么说，其他同学都笑了。大家一笑，他们俩情绪也放松下来了。我当时的心态是很平和的，我觉得这么说，反而会让他们的情绪平缓下来。

我说：好，你们不打了，这个事就得听候发落了，你们俩先出来。

我把他们两个叫出来，说：你们先考虑考虑，问题到底出在谁身上，先从自己的角度，从自己身上存在的问题说。

我这么说也是给他们俩解释的机会。他们俩就互相承认了错误，彼此和解了。我对他们俩说：要学会让理智控制感情，不能自控的人，是不会有出息的，对不对？

这两个学生都冷静下来，流露出愧疚的神情。我又问：你们俩敢不敢手拉着手上讲台去，给同学们赔礼道歉？

他们俩属于性格外向的学生，就手拉手走上讲台，说很对不起大家，给大家赔礼道歉。

其实呢，一个学生心情舒畅了，全神贯注地学习，学习就容易一些。这两个男生，打完架本来心里就有气，如果老师再处理得强硬一些，而他们又完全是一种对抗心理，那你就看他们下节课是什么状态，这一天课业是什么状态吧！

所以我说，为什么有的学生学不好呢？学业不好，大多是心理出了问题。除重者建议就医外，一般情况还是要加以疏导，让孩子的情绪得以释放，心态回归平衡。

2. 鼓励兴趣爱好，调节心理压力

- **案例：舞蹈生和小号手**

学生学业压力大，心理压力大，父母可以鼓励孩子适当发展自己的兴趣和爱好，以调节情绪，释放压力。一位哲人说过：若要人生幸福，拥有一个严肃的爱好是不可或缺的。

有一个外校女生，舞跳得特别好，可考人大附中没考上。她的家长认为，就是因为整天跳舞把学业耽误了，所以就不让女生跳了。女生变得闷闷不乐，学习也没见有多大长进。家长和女生都很困惑，就来找我咨询。

我问女生：你为什么那么喜欢跳舞？

女生说：跳舞让我快乐，有自信和成就感，否则我就觉得高中生活很枯燥无聊。

我又问：你母亲担心，高中学业本来就很繁重，再去跳舞负担会更重而且耽误学习。你能做到去跳舞但不影响学业吗？

女生点头说：我能，其实跳舞让我心情放松，减轻压力。

我跟女生家长说：我觉得孩子的问题不是出在跳舞上，而是出在怎么处理好跳舞与学业的关系上。我觉得她可以保持自己的舞蹈爱好，同时要注意时间上的合理安排。

这个女生家长采纳了我的建议。高中三年，孩子一直合理安排时间，坚持练舞蹈。孩子的信心有了，心理状态好了，学业也随之大有起色。那年高考，她以良好的成绩考入北京师范大学。

我的班级里有各种兴趣爱好的学生不在少数。我的学生肖盾除了在英语和计算机科学方面的天赋以外，还有一个爱好，就是吹小号。

肖盾的父亲是音乐爱好者，手风琴拉得很棒。他对自己的遗传基因很自信。儿子过了3周岁，就买来一架钢琴，还请了一个好老师上门来教。结果却让他大失所望。儿子太顽皮了，根本坐不住。大人说不听，责骂也没用。母亲最后无奈地求儿子：你安静地坐在钢琴前弹上15分钟行不行？

结果还是不行。一年过去了，儿子的钢琴基本功令人沮丧。母亲暗自担心和焦虑：儿子是不是多动症啊？

既然儿子不喜欢弹钢琴，那只好放弃。

但是，变化发生在小学三年级。北京少年宫乐团到学校寻找小乐手，以充实乐团的后备力量。结果，肖盾被乐队老师选中。选中的原因，老师说是看到他臂章上的三道杠，说明他是一个好学生；更重要的是，老师发现他的嘴型很适合吹小号，而这可是天生的。

肖盾吹上了小号，呈现出和当初学钢琴完全不同的状态，以至于父母都开始担心了。因为他太喜欢了，白天有空就吹，嘴唇竟起了一圈血疱，血疱磨破，结成血痂，连喝水吃饭都困难。

他后来有幸拜到名师门下，成为中央音乐学院管弦系系主任柏林的弟子，最终进入了北京少年宫乐团。

现在，即使作为上市公司联合创始人，繁忙工作之余，他仍然每周都去参加乐队演奏，这也成为工作压力之下的愉悦和放松。

父母可以适当鼓励孩子发展自己的兴趣和爱好，我说的是适当，一定要适当，不要太多。我主张文艺方面有一个，体育有一个就可以了。兴趣爱好弄得太多，比如文艺方面，钢琴也搞，画画也搞，唱歌跳舞也搞，就会劳累，就会分散精力，耗费过多时间，这样也就主次不分，影响学业了。

3. 培养坚韧性：不要放弃，学会自我沟通

- **案例A："我现在有一种非常悲观、厌世的感觉"**

现在的孩子，在某种程度上比过去的孩子更敏感、更细腻，也更脆弱，而他们面临的压力却并不比过去小。当柔软的孩子遇到粗粝的现实时，他们常常无法承受，所以培养他们的心理韧性至关重要。

我曾去四川给灾区学生及其家长讲了5天的课。讲课期间遇到了一个女生，她向我提了很多问题，并执意留下我的电话号码，后来她就经常给我发信息。

有一天，这个女生发短信说，新加坡有一所学校到她们学校招收高二的学生，问我她要不要去。我给她回短信说可以考虑，她就报了名。没想到她们班最后推选了8个学生去参加面试，而她因为成绩原因没被选上。就因为这件事，女生又给我发了长长的信息，说她情绪低落极了。

女生还说到一个学校竞赛班的情况。她说：我也报了名，但是因为我学习成绩不突出，老师也不把我当成重点对象。人家都能考上北大、清华等名校，我现在还要为考上一本而苦苦挣扎，我活着还有什么意思呢？特别是面对家长那困惑的表情、期待的眼神，我真的感觉活得太窝囊。我现在有一种非常悲观、厌世的感觉，都不想活了……

这是来自四川灾区学生的求助，我没法拒绝，给她回了一条短信，大体是这样说的：这不过就是生活中一个小小的挫折，新加坡大学算多好的大学？本来就是可去可不去的。你有些科目很突出，成绩至少能够上一本，人也聪明又漂亮，有这么好的条件，面对生活有理由坚强一点儿，是不是？

这个学生接到短信后，非常感动，给我回了一条短信：王老师，接到您的短信以后，我受到鼓舞，从心理困境中走了出来。我会把您的短信永远地保留着，当我没有信心的时候，当我情绪低落的时候，我看看您的短信，就会有劲头了。

- **案例B："那是一场与自己的战斗"**

父母还要鼓励孩子时常自己和自己对话。有一种沟通，在心理学上称为内在性的沟通，或者叫自我沟通，就是在脑海中和自己对话，或者写日记等，也就是跳出自己的角色，从另一种角度来看自己，激励自己，强化心理韧性。

我们教育集团旗下的一个高中生叫李明聪，高考以670分的成绩考入清华大学汽车工程系。高中毕业时，他写下一篇短文，题目叫作"那是一场与自己的战斗"，讲述了自己强化心理韧性的体验：

我会永远记得那段日子，那段经高考磨砺过的属于青春的日子。我最美丽的韶华、最充实的时光、最纯真的年代、最热血的岁月，都在那个充满阳光的夏季落下了帷幕。我曾以为高三是地狱，直到高考接近尾声的那一刻我才发现，我离开的，正是天堂。

他后来说，只是这一切明白得太晚了。他也曾因高一、高二的优异成绩而骄傲自满，也曾因一时失利而一蹶不振，丧失自信，也曾因快速流逝的时间而焦虑不安。

虽然他的学习还不错，但依然因为心理原因而在数次考试中败下阵来，以至于在高三的上半年，这种心理状态无时无刻不困扰着他：越焦躁，越失败；越失败，越不安。日复一日，恶性循环。

至今，我依然能想起那种发自内心的恐惧和绝望。那一场和自己的战争，是我整个高三时期最刻骨铭心的故事。今天，我就把我所有关于心理调节的心得分享给大家，希望能帮助到更多的高三学子。

想要战胜心魔，就需要分析这种心态产生的原因。首先是因为自己放弃了希望。绝大多数人可能会认为，放弃希望是成绩不太好的学生的心态。但事实恰恰相反，放弃希望是很多优秀学生在考试失败后的反应，一向成绩优异的学生，才更加惧怕失败。这种心理问题通常表现为内心焦虑、精神无法集中、对自己的能力产生怀疑等。

李明聪说，应对这种情况的方法是：①充分掌握学习及答题的方法，用充足的准备提升自信；②如果成绩不理想，先别垂头丧气，要主动进行自我反思，经过反思，明确哪些部分有提高的空间，告诉自己只要改进了，就能在下次考试中取得好成绩。

通过这样一番自我暗示，我便不再灰心，只想着进一步提高学习效率……而心态一旦恢复正常，学习按部就班地进行就是了……即便课业繁重，我也会留出适当的休息时间。通过合理地安排学习和休息时间，我的学习效率得以提高，成绩也恢复到高一、高二时的水平，最终跨进清华大门……

我一直认为，高三是我十二年求学生涯中最美好的一段时光，也是真正考验一个人综合能力的时期。而高考，就是这段美好时光中最闪亮的时刻。希望有一天，你也能像我一样自豪地说：我连高考都不怕，还怕什么呢？

我们要引导孩子，不管经历过什么，都不要让自己陷入暗影中，而应该学会自我沟通，自我调整，激励自己，找到办法跳出困境，这样就能强化应对挫折的心理韧性。

做法 5

性格即命运

——培养性格坚韧性的三个要点

遇到挑战，是选择战斗还是逃避？

作为家长、老师，要努力培养孩子性格的坚韧性，因为这是孩子成长的基石。爱因斯坦说：优秀的性格和钢铁般的意志，比智慧和博学更重要。智力上的成就，在很大程度上有赖于人格的伟大。

上海卢浦大桥 17 岁男生跳桥事件，震动社会。据报道，男生因在学校与同学发生矛盾遭到母亲批评，途经大桥时，男生推开车门，纵身跳下大桥，整个过程只有 5 秒钟，留下没能抓住儿子而跪地痛哭崩溃的母亲。

在此类事件过后苛责任何人都没有多大意义。孩子是未成年人，母亲批评、训斥儿子也属常见……关键还是在于怎么总结教训。

发生这种悲剧性事件，有家庭教育和学校教育的问题，也有孩子自身的性格问题。

要让孩子懂得，遇到挫折是常态，是生活的一部分，正确面对挫折，培养性格的坚韧性才是更重要的。

我把自己培养孩子性格坚韧性的做法，总结为三个要点：

1. 挫折是常态，态度是关键；

2. 孩子个性不同，方法也不同；

3. 挫折历练性格，性格就是命运。

培养坚韧性要点（一）：挫折是常态，态度是关键

1. 面对挫折：态度不同，结果不同

- **案例：两家孩子的故事**

孩子从小学到大学，再到走入成人社会，生存环境并不轻松。从人生起跑线上的竞争，到高考的竞争，到大学毕业后就业的竞争、岗位的竞争、市场的竞争……现实是无情的。

要让孩子懂得，日常生活中，竞争、挫折和输赢都是常态，也没那么重要，重要的是采取什么样的态度。面对挫折，不同的态度、不同的选择，就有着不同的结果。

挫折摆在面前，孩子是未成年人，大人心疼也是人之常情，但如果心疼变成了溺爱，并且成了习惯，就会害了孩子和他的未来。

我曾经认识这样两家人，两家人可以说很有缘分，不仅大人之间是世交，两个女孩也是好朋友，又是同班同学，学习成绩也都很优异。高二的时候，为了让孩子的成绩再上一层楼，两家人就商量着一起把孩子转去更好的学校上学，也好互相有个照应。没承想到新学校后，两个女孩的人生轨迹开始变得不同……

两个女生在原来的学校名列前茅，那是因为原校学生整体学习能力偏低，而新学校强手如云，她们的排名一下子就掉到了中等以下，失去了众星捧月的感觉。再加上新学校住宿条件比较差，从小娇生惯养的两

个女生哪受过这种苦，开始哭着给家长打电话。

哭来哭去，其中一个孩子的爷爷奶奶受不了，觉得孙女在外面天天受委屈，会把身体搞坏的，就开始给女孩父母施压，让他们把孩子接回来。父母一开始不同意，但架不住爷爷奶奶的轮番轰炸，加上自己也确实心疼，就把女儿转回了原来的学校。

另一个女孩的父母也很心疼孩子，但还是觉得，既然走到这一步，就应该让女儿咬咬牙坚持下来。

后来，回来的女孩因为同学平均学习水平不高，轻轻松松就能拿前5名，过得逍遥自在；留下的女孩没办法，只好在高手如林的环境中拼命努力，起早贪黑，历尽挫折，终于也挤进了前5名。虽然名次看起来差不多，可在高考中，留下的女孩比回家的女孩多考了近100分！

这个故事到这里还没有结束。4年后，两人分别从不同大学毕业。当初回来的那个女孩依旧无法面对挫折，遇上点儿困难就哭就闹，不知道换了多少份工作，哪个也不满意，愁坏了家长。

留下的那个女孩，性格则变得越来越坚韧，遇到困难一般不求助家里，尽量自己想办法解决，后来在公司升任业务经理了。

不要剥夺孩子经历失败的权利。失败是一种教训，更是一种提醒。走路摔倒了会疼，下次再经过同样的地方就会知道怎么走。走一些弯路，多一些体会，孩子以后的路会越走越宽广、越走越顺畅。

所以，我们提倡挫折教育，让孩子懂得挫折是常态，是生活的一部分，孩子要学会适应挫折，才能走出挫折。

据报道，芬兰创办了一个节日，叫作"国际失败日"。这个节日最早由芬兰百年名校阿尔托大学的创业社团创立，一开始只在大学中流行，旨在鼓励大学生勇敢尝试和冒险，后来拓展到中小学，就是教育孩子适应"习惯性跌倒"。

什么叫"习惯性跌倒"？比如在滑雪运动中，芬兰老师会亲身示范，先是整个人跌倒在雪地上，然后怎样一步一步爬起来。孩子们滑雪自然免不了跌得四脚朝天，不过有样学样，孩子们也掌握了跌倒之后爬起来的正确姿势，更学到了对整个人生而言都非常宝贵的一课——人生就像滑雪，充满意外和挫折，跌倒很正常，只要勇敢地爬起来就好了。

"习惯性跌倒"的直接启示，就是让孩子懂得，挫折是人生的正常状态，人可以体面地赢，也可以有尊严地输，而输得起的孩子将来更有机会成功。

有一种说法叫作"芬兰教育全球第一"，是不是第一可能很难界定，但芬兰教育被国际广泛称道，则是一个不争的事实。芬兰地处欧洲北部，属于偏远地带，国家状况曾长期处于欧洲下游，可这个国家后来居上，成为欧洲科技发达的富国之一。为什么？其中一个重要原因，是芬兰有一大批高质量的人才，而人才培养得益于芬兰独特的教育体系。

当这个世界越来越迷恋成功学，我们更应该适时地让孩子主动尝点儿失败的滋味，鼓励他们走出舒适区，积极试错，从而接受人生的多种可能性。

2. 培养坚韧性：做父母不做保姆

- **案例：没有走出儿童舒适区的大学生**

孩子处于未成年阶段时，父母要关爱照料孩子，也要帮助和鼓励孩子逐渐走出童年的心理舒适区。

有一天，我在人大附中门口遇到一对父子。他们在这里等了几天了，就是想见见我。我问了问情况，父亲说儿子在北京化工大学读书，现在想退学。

我问：什么原因？

父亲说因为儿子想家。原来，他是家中独子，从小到大，父母什么事都惯着他，只要别让儿子吃苦受罪，父母干什么都行，结果弄得孩子一点儿自立自理能力都没有。孩子读县城一中，看不见父母就哭。没有办法，父母也不种地了，就到学校附近租了间房子，天天出去打工呀，捡破烂呀，陪孩子读书，一陪就是三年。

孩子好不容易上大学了，智商挺高，可自理能力太差，离开父母寸步难行。学校管理老师给家长打电话说：这孩子快待不下去。家长就急忙从山东老家赶到北京来了。

我仔细打量着这个孩子，长得挺可爱挺精神的，看上去很单纯。我就跟父亲讲：培养孩子，要给他一种能力，授人以渔，而不是授人以鱼。你给他鱼，他坐吃山空；你教会了他打鱼的本领，他将来才能有更大的收获。要让孩子学会独立才行。

当然，这也是个例，但反映的问题值得思考。很多独生子女家庭总觉得败不起，不是孩子败不起，而是家长败不起。许多家长不敢、不想、不愿把孩子放出去，让他经受大风大浪的历练。

韩国有位"牛妈"叫金惠星，她把6个子女全培养进国际名校哈佛和耶鲁，个个是学霸并获得博士学位。这个家庭现在被美国教育机构当作亚裔美国人家庭教育的研究对象。

很多人会想，一个女人如果养大6个孩子，八成会忙得脚打后脑勺，每天除了孩子应该顾不到自己。但金惠星的做法是：做父母不做保姆，绝对不要为孩子牺牲自己。

这位母亲只是做到了两点：一是营造家庭的学习氛围，家里摆放着书架、书桌和写字板，让孩子可以轻松进入学习状态；二是自己不懈怠，努力工作且有张有弛。牛妈自己就是社会学和人类学博士，曾经在耶鲁大学做教授，后来还成立了研究所，家庭和事业平衡得很好。

孩子在家有父母罩着，可走进社会，就会遇到各种困境，如误解、打压，甚至是欺骗和背叛……这时应该怎么办？所以说培养孩子性格的坚韧性很重要，这样他就不至于碰到一点儿事就不行了，就要崩溃了。所以，我们要让孩子在挫折面前，选择一种态度，一种直面现实而不是退缩逃避的态度。

在这里，我给大家分享一个故事：一位父亲，看到儿子长到18岁，却一点儿男子汉的气概都没有，便去少林寺拜访方丈，希望得到指点。

方丈说：你把儿子放到这里吧。

那位父亲问：要多久？

方丈说：三个月。三个月内，这里就会把他训练成一个有男子汉气概的人。不过，三个月内你不可以来看儿子。

三个月后，父亲来接儿子。方丈安排了一场儿子与武师的比赛，以展示三个月的训练成果。比赛开始，儿子与武师对打，武师出手，儿子倒地；儿子爬起来，武师再出手，儿子再倒地；儿子再爬起来迎接挑战，再倒地，儿子再挣扎爬起来……就这样，来来回回一共有十几个回合……

方丈说：怎么样？你觉得儿子够不够有男子汉气概？

父亲说：我感觉太羞愧了，儿子在这里训练了三个月，没想到这么不经打，一打就倒……

方丈说：我很遗憾你只看到了表面的胜负，你怎么没看到儿子一次次被打倒，又一次次站起来的毅力呢？那才是真正的男子汉气概啊！

输赢是常态，态度是关键。父亲看到的是儿子一次次被打倒在地，而方丈看到的是男孩一次次爬起来。看事情的态度不同，结论也就不同，所以态度选择很重要。

3. 知耻而后勇：选择沉沦还是奋斗

- **案例：我——一个"差生"从挫折中走出的故事**

我从自身成长过程中感悟到：每个孩子都会遇到挫折，关键是选择沉沦和逃避，还是选择面对和奋斗。我曾经是一个"差生"，有过一段激发自己从绝望和挫折中走出的经历。

在"做法1：心态才是你的主人——我的'心态调整法'"中，我讲了自己的高考"逆袭"故事。当我这个"差生"提出想要参加高考时，老师嘲弄的眼光，同学的奚落，使我深受刺激，也一下子激起了我的自尊心，我就觉得：大学怎么了？你们能考，我为什么就不能考？我暗自发誓，一定要考上大学，给那些瞧不起我的人看看。从那时起，我开始用功学习，学习成绩慢慢提高上来。

在这里，我还要讲一讲我的化学老师给我的鼓励。当时在我所学的科目中，化学成绩最差。那时候，乡村中学纸张稀缺，两个学生共用一套化学教材，学习和复习起来都很不方便。有一次，化学老师看我和同桌共用一本教材，就把她讲课的教材拿过来给我用。我后来想，化学老师那时一定是注意到了我学习状态的变化，所以才对我格外"开恩"。

化学老师这样一个小小的举动，让我受宠若惊，因为我是成绩在班级里40名开外的"差生"啊，有的科任老师都叫不出我的名字。

我为化学老师的举动而感动，而且唤起了那种"士为知己者死"的回报热情。原先不爱学化学的我，忽然之间开始爱学化学了，一学进去，我才发现化学原来是所有学科中最好学的。我的化学成绩越来越好。一般来说，考试时学生总是怕老师站在跟前，会心里发慌。而每当考化学时，我总是希望化学老师能站在我旁边。我觉得如果她站在跟前，我的底气就特别足。

我的化学成绩飞速提高，后来高考化学科考了99分（满分100分）。其他科成绩也不错。最后，我竟然考上了大学，并且是我那个班唯一考上的。

记得临毕业的时候，我送给那位化学老师一个笔记本，在那个本上写了一篇短文，表达我的感激之情。而这种感激之情，永远挥之不去。20年后的一个暑假，我带着妻子和孩子，特意回到老家看望了这位老师。

知耻而后勇，勇气来自自己的内心。我是1978级大学生，那时候从山村考进一所正规本科院校，实属不易。斗转星移，世事变迁，我也渐渐意识到，光荣属于过去，靠吃老本是不够的。女儿就读大学期间，我开始攻读博士学位，虽然工作繁忙，我还是挤出时间学习，并最终拿到了博士学位。

所以，后来总有人问我：王老师，有的孩子看起来都没的救了，老师绝望，父母绝望，连这些学生自己都绝望了，你为什么还坚持？那么，我告诉你，因为我也曾经是标准的"差生"，我和他们感同身受。

由于我常年教学带班有些心得，不管是在山东沂水一中、青岛二中，还是在北京人大附中，校领导总把两种班级交给我：一种是所谓"尖子班"，以冲刺高考；还有一种，就是最差的班级，让我来带、来管那些让校长、教师以及家长头疼的学生。

我带过好多所谓"差生"组成的班级。我有时会把自己的经历跟他们谈，学生们都很吃惊，说老师原来有这么一段故事呀。我说，我知道你们的处境，我知道你们经常饱受家长数落、老师批评和同学嘲讽。挫折没什么，以什么态度面对才是最重要的。我总是采取各种办法，激发他们自身的能量和勇气。

4. 遇到挫折：选择面对，因势利导

- **案例："你是不是一个男子汉？"**

孩子需要适时地经历一些挫折，因为每一次挫折对性格都是一种磨砺。我一般很少去跟同学们讲那些笼统的大道理，不是不讲，而是少讲。我认为，重要的是根据具体情况，因势利导，唤起他们内心的韧性，因为生活本身总是比语言更具体、更接地气，他们面对挫折的体验也更真切。

我在沂水一中任教时，有个男生，家里是农村的。他平时老实本分，高三的时候，成绩突然急剧下滑，情绪也很不对劲。我作为班主任，一看到这个情况就跟他谈。他告诉我他不想读书了。我就问他为什么。

男生说，他爸爸给他找了一个对象（当时像这样的情况，在农村是有的），对方也同意了，因为那个女孩觉得他在一中上学，将来肯定有出息。但后来那女孩经打听了解，才知道男生的学习成绩并不好。女孩就不愿意了，要求退婚。

可男生父亲已经把彩礼都送给人家了。于是，这个男生情绪就非常

低落，感觉自己被人抛弃，被人瞧不起，自尊心很受伤害，就想放弃学业，退学回家，甚至还想到了报复。

听男生说完后，我就跟他说：你是不是一个男子汉？人家女孩一开始看得起你，是觉得你将来能考上大学，能有出息，她也能得到幸福。后来为什么不同意了？就是嫌你学习不好，估计你将来考不上大学。人家瞧不起你了，你就觉得不行了，还想到要报复，怎么报复？捅人家一刀，还是抱着炸药包同归于尽？你要真正是一个男子汉，能不能在关键时刻争口气，学出个样儿给他们看看？别人瞧不起你了，你首先要瞧得起自己，而且要发奋刻苦，将来考一个好大学，把后悔留给她。

我把这学生说了一顿，后来又把他的家长叫来了，我说：你这个家长太糊涂了，你的孩子本来学习上有潜力，但现在他被这件事弄得无心学习，还想去报复人家。孩子一旦产生了报复心态，任由其发展是很危险的。

家长听我这么说，也很后怕，问我应该怎么办。我说：希望咱们家长和老师一起配合，鼓励孩子用功读书，争一口气。人活着不就是争一口气吗！

后来，这个学生醒悟过来了，在半年时间里，努力发奋，最后考上了一个中等专业学校，那是20世纪80年代初，在农村考个中专已经很不错了。考上中专后，原先那个提出退婚的女孩又来找他，希望重续前缘，但被这个男生婉言拒绝了。

人都是有自尊心的，自尊心可能带来负面的影响，也可能带来正面的影响。对于孩子来说，关键是父母和老师怎么引导。引导得当，孩子就能焕发出正能量，走出挫折。

我一直比较注意观察学生的情绪和学习状态。我在沂水一中任教时，还有个农村学生，有段时间学习不在状态，我就问他怎么了，这个男生就跟我讲了家里的一件事。

原来，这个学生的父母是老实巴交的农民。村里划宅基地，村干部就把他家里的责任田划成了宅基地。这个学生的爸爸就天天找村干部，但是村干部就是不给解决，明显是欺负他家。

男生星期六回家的时候，听他爸爸一说，也很生气，就去找村支书理论。但村支书知道他在学校学习不怎么样，根本不把他放在眼里，说：你不过是一个"差生"，凭什么站在这里跟我说话？你有本事将来考上大学，我就把宅基地退给你，要是考不上大学，你没有资格跟我说话！

当时这个村子里就没有人考上过大学，村支书觉得他也考不上，就这样奚落他，弄得这个男生十分郁闷，情绪不好，学习成绩也下降了。

听他说完后，我就笑了，说：或许因为这件事你就考上大学了。

他很诧异：为什么？

我说：这个村支书其实做了一件对你很有利的事，将来你们对这个村支书的愤恨，可能会转化成一种感激，当然这是一种另类的感激。为什么？你们村没有出过一个大学生，你为什么不能成为第一个呢？你如果能考上大学，那个村支书肯定会乐颠颠地去你家喝酒，那个宅基地不仅要还给你家，还可能给你补偿。从这一点上想，考大学不单纯是为了你自己，从家庭利益上，你现在就应该不顾一切地拼一把，把气愤转化成学习的动力和激情！只要你考上大学，以后什么事都好办。

他说：老师，行吗？

我说：行啊，只要你考上大学，我保证你们家所有问题都能解决。要是解决不了，我去找你们村支书给你解决。

这个学生后来化郁闷为力量，还真的考上了一所大学，成了他们村里的第一个大学生。那个村支书一看，觉得这家人的儿子以后不得了，不能得罪，就把他家的责任田给恢复了。

　　孩子在生活中会遇到各种挫折，有的是学业上的，还有的是家庭里的，遇到挫折怎么办？作为一个中学教师，解决不了那么多实际问题，我要做的是让他们学会选择一种态度，去面对挫折。这是一种生存技能，也是一种生活态度。态度问题解决了，不仅能让他们受益于一时一事，而且会影响他们未来长远的人生。

培养坚韧性要点（二）：孩子个性不同，方法也不同

1. 坚韧性：需要激发和适当的压力

- **案例：我弟弟的故事**

每个孩子身上都有战胜挫折的潜力，但这种潜力需要被唤起、被激励。孩子的个性不同，激励的方式也有所不同。

培养坚韧性也好，培养意志力也罢，应该因人而异，因具体问题而异。因为每个孩子都是独立的个体，生理基因不同，个性不同，家庭背景不同，在思维方式和行为方式上，也明显不同。

对于某些孩子，压力越大，动力越大，因为他们个性粗犷，喜欢挑战。

我家里兄弟四个，我是老大。二弟挺争气，读了一个本科；三弟那时就不太懂事，精力过剩，整天满操场跑，却不好好学习。

我父亲1986年病故。当时我在父亲坟前许愿，一定要把兄弟几个带好，把这个家撑起来。有一次，我对三弟说：你高三了，还不用功学习，将来考不上大学怎么办呢？

三弟说：我出去闯。

我说：高中这么好的条件，学习都上不来，你出去闯什么？你有本事现在就闯，在学习上好好闯。

三弟还嘴硬：现在我就开始闯了。

我说：你就在社会上闯啊？你为什么不在学习上闯呢？

三弟说：大哥你别说了，你不用管我，我就这样了，反正我也不想考大学，也考不上大学，将来在社会上就算饿死了，我也愿意。

三弟的话让我十分恼怒，就骂他：你从小跟着我，我为你操这么多心，今年高三了，你说不考大学了，你还算个人吗？

三弟根本听不进去我的话，后来大学也没有考上，他也不想补习再考了。没有办法，我只能尽大哥的责任，帮他联系到一个金矿的工作。联系工作的时候，我跟老板说：你也不用给他什么照顾，该下矿就下矿去。

三弟就和那些工人一块儿吃住，一块儿下矿淘沙挖金子。可他毕竟年龄小，体力跟不上，身体吃不消，在矿井里面干了一年多，后悔了，又来找我，我也不理他。

我知道三弟是那种脸皮厚、神经大条的人，我想我必须刺激他，激发起他的自尊心和上进心才行。

他在矿上又干了半年。过年时又来了，恳求我：大哥，能不能给我一次机会？

我说：给你什么机会？

三弟说：能不能再给我半年的时间，让我去复习？

我说：拉倒吧，当年那么好的条件你都不学。现在当了一年半工人，高中那点儿东西早就忘光了，还怎么学？算了算了，我可不听你那一套。

三弟说：大哥，如果你能给我半年的时间，你看我怎么表现。

看他说得很真切，我想了想说：好，那我就给你半年时间。

当时还有半年就高考了，三弟插班进了一个高三班。再回到学校，他好像变了一个人似的。以前，他一天到晚到处飞，学校没有不知道的。但从回来复读以后，整天就是食堂、教室、宿舍三点一线。经过半年刻苦努力，最后考上了天津师范大学，学的是计算机专业，毕业后在银行工作。

有时候，一个人的成才往往是在体验到挫折之后。挫折并不可怕，关键在于每个人自己的选择。在挫折面前，有些人选择了沉沦，有些人则愈挫愈勇。当一个人的上进心和奋斗精神被激发出来，他就总会有翻盘的机会。

除了我三弟的故事，我还想再跟大家分享一个故事。在山东沂水一中任教时，有一年暑假，我骑着自行车去城里，迎面遇到了一个男生。这个男生高考落榜，垂头丧气的，好像做错事一样，磨蹭到我跟前。我没给他当过班主任，但教过他们班数学，我知道他学习底子本来不错，可学习态度不好，因而落榜。

我停下自行车，跟他谈了一会儿。看着这么一个健壮的大小伙子，我想我必须批评他，刺激他，让他振奋起来。

我直言不讳地批评说：你本来可以考一个很好的大学，但是你自己回想一下，这三年到底怎么过来的？我就纳闷，你家庭那么困难，父母含辛茹苦供你上学，这个机会多么不容易，你怎么可以这么松懈地对待自己？你对不起父母，更对不起自己，这不是对你自身的前程的一种放弃吗？

被我狂轰滥炸一顿后，这个男生说：王老师，回想这三年，我确实很痛苦，我想从现在开始努力，希望学校给我一个机会让我复读。

后来这个学生回校复读，就把我批评他的那些话，写在一张纸片上，然后贴在课桌上。学习稍有松懈，或是想偷懒耍滑时，就看看纸片上那些话。经过一年努力，后来考上了一所本科院校。

上大学后，这个男生给我写了一封长信，信上说：王老师，我的人生转折，就是从沂河大桥上被你那顿劈头盖脸的批评开始的。被你批评后，我开始反思自己，反思人生，是你给了我动力，让我放手一搏，奋起直追，才争得了做人的尊严。

这个男生也让我感动。如果他根本不接受批评，甚至记恨于心，就算再复读多少年也与大学无缘。因此，学生在被批评的时候，别光顾着自尊心受到多大的打击，先静下心来想一想，这个批评对不对？如果对，那它其实是一种极大的鼓励。

人是要有些奋起精神的，哀莫大于心死，你心都死了，什么人来也救不了你——父母救不了你，老师救不了你，连神仙也救不了你。在挫折面前，说到底就是要唤起孩子走出困境的内在决心，最终让他们自己唤醒自己，激励自己，从而走出困境。

2. 重在鼓励，保护自尊心

- **案例：母亲的眼神**

教育的真谛是因材施教。我反复强调，孩子不同，教育方法也有所不同。我们当老师当父母的，要观察了解孩子的个性，因人而异，采取合适的方法。

教育是个奇妙的东西。有些孩子喜欢挑战，给到的压力越大，动力越大。但有些孩子，本来压力就很大，此时再施加压力，可能他就支撑不住了，所以，需要父母和老师帮忙减压，进行和风细雨式的教育，重在鼓励，保护他们的自尊心。

一次教育讲座后，我正要走出会场，一对母子拦下了我。

母亲问：有没有什么办法让我儿子阳光一点儿？她说儿子每天都闷闷不乐，问他怎么了也不说，遇上点儿挫折就一蹶不振，没考好就整天把自己关在屋里，还总觉得别的同学会瞧不起他，非常自卑，全然没有这么大年纪孩子该有的阳光和乐观。这位母亲一边说，一边忍不住地叹气。

我问：你儿子从小就这样吗？

母亲说：儿子小时候挺开朗的，越长大反而越内向敏感了。

我说：既然原来不是这样的，那肯定是他成长过程中的什么原因造成的。

我又跟她儿子谈了一会儿。儿子说：母亲动不动就说，你看谁谁家的孩子，每次考试都前几名，都是一个老师教的，怎么人家那么优秀，你就一事无成呢？就你这成绩，将来怎么考大学？考不上大学你怎么办？结果我就变得越来越自卑……

母亲说：我儿子是不是天生性格太脆弱了？

我说：你明明知道自家孩子又自卑又敏感，为什么还总是这么说呢？从现在起，不要再拿别人的孩子跟他比，也不要总念叨他的学习成绩，最好不要多问，他没考好时多给他做点儿好吃的，实在想说什么，你就说"妈妈觉得你是聪明的，再接再厉一定能考好"。

过了小半年，这位家长给我来电话，说孩子阳光多了，成绩也越来越好。

不管是你的孩子还是别人的孩子，请记住他是个敏感而自尊的生命，多给他爱和尊重，而不要盲目地给孩子施压。心理学上有个名词叫习得性无助感，指的是人受到多次挫折之后产生的无能为力的感觉。一个人如果产生了习得性无助感，就会陷入失望和悲哀中，甚至有可能彻底放弃。

我看过一篇文章，叫"状元之路：改变，从妈妈看我的那个眼神开始"，是天津市的一个理科高考状元写的一段心路历程。那个学生写得很实在，很真切。他讲了这样一件事：

有一年寒假，母亲带着我，去她大学同学家做客，对方家里也是一个男生。母亲问：今年上几年级了？

那男生回答：阿姨，我上高一。

母亲接着问：在哪个学校呢？

那男生说：我在南开中学。

母亲继续问：你学习怎么样？

男生说：这次期末考试，我在班里考了第一名。

母亲回过头来，意味深长地看了我一眼。

南开中学是天津顶尖的名牌学校，而我在天津一所很普通的中学上初三，学习很一般。在做客和回家的过程中，母亲什么也没有说，自始至终没有提学校或学习的事。

母亲不提学习，我却不能不想：我妈在大学期间，比那个阿姨学得还好，而且工作能力也比那个阿姨强，但妈妈为了保护我的自尊心，一句不谈学习的事，只字不拿我跟人家的孩子比，我的妈妈多好呀！不行，我是个大老爷们，不能活得这么窝囊！

回去的路上，我就下定决心：我要玩命了！还有半年中考，就从这个寒假开始！果真，当年中考，我以最后一名的成绩考进南开中学。三年后高考，我如愿地考了个天津市的高考状元。

而我的新生，就是从妈妈看我的那一眼开始的！

对某些孩子来说，在挫折面前要保护他们的自尊心。鼓励孩子上进发奋，不一定非要一针见血，尖锐地批评指责。有时候，一个简单的眼神，就有可能对他影响深远。而在我看来，男孩母亲那一个眼神的背后，是爱、尊重和长久的耐心。

3. 勇气：来自激励而不是逼迫

- **案例："太看不起我了吧！"**

教育要随孩子的个性情况而动。总有人问我：王老师，教育学生有什么高招？如果有什么一统天下的高招，那教育岂不是太简单了？

就培养孩子的坚韧性而言，有些孩子个性敏感脆弱，可以用和风细雨式的教育；有些孩子个性开朗，适合激励式教育。

我带过的一个班里，有一个男生叫黄瑞超，很调皮，也很聪明，属于得过且过、"小富即安"的类型。有一天下午放学，我到教室转转，一看，这个学生竟然坐在座位上写作业，神情还很投入。据我观察，在他身上还从来没有出现过这么动人的景象，我得好好研究一下。

我走到这个男生跟前说：难得，难得，实在难得看到你这么用功。

男生说：老师，我学习一下就难得啦？您也太瞧不起我了！

我说：好好好，我瞧得起你。那你说，一周以后咱们数学测试，你能考多少分？

他继续调皮：老师，您说我能考多少分？

我说：你能考及格就很不错了。

男生说：老师，您又瞧不起我。

看他有些不高兴，我说：不是我瞧不起你，你得用实际行动让我瞧得起你。

他说：那我下次考个80分。

那时，教室里还有一些学生。看他立下了军令状，我故意大声说：同学们都听见了吧！黄瑞超说啦，下一次他要考60分！

黄瑞超说：不对不对，我说的是要考80分。

我说：黄瑞超，你考60分就不错了。

他说：不行，我就考个80分给你们看看！

我说：好好好，咱们看黄瑞超的行动了！哎呀，80分，很危险哪！大伙儿做证啊！

黄瑞超不高兴地对我说：什么呀，太看不起我了吧！小菜一碟！

所以，我说对学生要适当增加压力。试想，如果当初我要这孩子考90分，他会怎样？

他肯定说：算了老师，90分太多了，我不行。

所以，加压一定要量体裁衣，千万别把孩子压垮了。我说他考60分就不错，他倒来了个"我瞧不起他"！

结果，那次黄瑞超考了83分。

在班会上，我大大地表扬了他。我说：从黄瑞超身上，能看到一个人的巨大潜能，一种敢于挑战自我的精神。

这一表扬，这孩子整天都乐呵呵的。

"小富即安"的人就应该刺激刺激，但你刺激完了，他考过80分了，又懈怠了怎么办？所以，你的表扬还得及时升级，他才能继续进步。

我又找黄瑞超单独谈话：不说别的，就那天那个众目睽睽的场面，我说你考60分就不错了，你硬要考80分，结果你还考了83分！就冲这一点，你将来肯定有出息！

我接着说：从这可以看出，你之所以起起落落，始终达不到一个优秀的境界，不是因为你没有潜能，而是因为你不能坚持。你要是一直这样抓下去，前30名也是囊中取物啊！

我的话起了作用，黄瑞超开始奋起直追。

勇气靠激发，而不是靠高压和强迫。当然，我也没指望这一次两次激励就一劳永逸了。孩子的行为总是会有反复，会出现波动。

一个多月后，英语老师向我告状，说黄瑞超没有交英语作业。我就问黄瑞超，他说：老师，是我不对。我昨天踢了一下午足球，晚上实在困得不行，没做完作业就睡了。

我看他态度挺好，就说：男子汉敢作敢当，下一步你准备怎么办？

他说：保证以后按时完成作业。

我说：好，有你这句话就行！以后把时间调整一下，踢球安排在周五下午行不行？周六没有课，你放心大胆地玩个痛快，回去再结结实实睡一觉，两不耽误，多好！

在后来一学期里，黄瑞超的成绩虽然也反复过两三次，但基本上是螺旋式上升，期末如愿进步到第20名。

教育因人而异。对于像黄瑞超这样约束能力差的孩子，就得时不时地适当刺激他一下，让他能一直保持斗志。家庭教育也好，学校教育也好，都涉及教育理念、教育原则和教育方法问题，说到底就是要因势利导，因材施教，这是不变的教育之道。

培养坚韧性要点（三）：挫折历练性格，性格就是命运

1. 培养坚韧性：不抛弃不放弃，持续激励

- **案例："你敢不敢挑战自己？"**

孩子可以在一段时间内很落后，可以在一段时间内很消沉。父母和老师的责任，就是不抛弃，不放弃。培养孩子性格的坚韧性，保护他们的上进心，需要不断的、持之以恒的激励。

我在山东沂水一中任教时，也有一些规模不大的乡镇中学，因为所在地区经济文化条件不好，往往留不住好老师，也留不住好学生。比如高桥中学，高一招了40个学生，可到了高二，一个年级就只剩下了22个学生，老师教着没劲，学生学着也没劲。

林学增就是这所中学的一个学生。他高一、高二就那么稀里糊涂地学下来了，到了高三，他觉得再这样待下去，上大学的梦可就完了。

于是，林学增骑车跑了50多里路，跑到沂水一中。他打听到我，中午就找到了我家，进门时一脸汗水。他把自己的情况跟我说了一遍，然后央求我：老师，你能不能收留我？

我很为难，对他说：第一，能不能要你，我说了不算，因为我只是一个班主任。第二，以你现有的学习水平到一中来，到我这个班来，可能跟不上课。

可林学增很固执：老师，我一个农村孩子，这么大老远骑车跑到这

儿，你就留下我吧！

孩子确实不容易，说得又那么恳切，我被他的上进心打动，并觉得这种上进心应该受到保护。我当时就想破个例，先留下来再说。

我对他说：你可以留下来，但到期中考试，如果你能够考到这个班里前 60 名（当时班里是 80 个学生），我就要你；如果考不到前 60 名，你就走人，行不行？我也好跟学校交代。他一口答应了。

这样，林学增就进了我的班级。10 月期中考试，他考了第 63 名，于是就打点行李，背着一箱书和一个破铺盖卷走了。走到半路，想想觉得不应该，不管怎么说得跟老师告个别，于是就又回来了，来到我家。

他说：王老师，我来看看你是想表示感谢。我这次考了第 63 名，没有达到目标，我就要走了。我在班里待了一个多月，您对我很好，所以回来跟您告个别。老师，你放心吧，我已经知道自己天生不是考大学的料，我也想明白了，还是回去踏踏实实种地吧。

可我已经从心里接受这个学生了。一个基础很差的学生，才努力一个多月，能考到 63 名，已经相当不容易了。我就说：你这小子怎么这么没有骨气？你看你刚来的时候，在班里倒数第一，而现在一个多月时间，就能冲到 63 名，说明你的潜力是很大的！怎么说不是考大学的料呢？如果按照这样的速度进步的话，你完全有可能考上大学，就看你敢不敢挑战自己了。

林学增很感动，就问我：老师，你还能留我吗？

我说：我怎么不留？你能不能争口气，用实际行动来证明自己？

他没想到我会留下他，于是就带着一份惊喜，一份感激，一份奋斗精神开始了学习，那种学习劲头，就像快要饿死的人扑到面包上似的，经常学到深夜。果然，到了期末考试，林学增就考到了班里第 33 名。

他继续努力，到了第二年的 3 月，他在一次大型考试中考到班里第 18 名。这个时候，他又做了一件出人意料的事情，他给我写了一封信，说要改名，要把林学增改成林冲。他说：为什么要叫林冲呢？因为现在已经是最后的时刻了，我一定要冲一把，我要考清华大学！

高考前一个月的考试，他考到了班里第 8 名。他跟我说：老师，我现在最希望的事情，就是高考能延期一个月，只要再多给我一个月的时间学习，我一定会拿班里第一，一定能上清华。但现在时间已经来不及了。

我说：再有一个月就足够了。你从第 80 多名变成第 8 名，平均每个月提高 10 个名次。现在还有一个月的时间，这一个月只要好好干，足以成为班里第一。

最后，在那年高考中，林学增同学总分排名学校第三，第一志愿报了清华大学，但遗憾没能如愿，考入了另外一所名牌高校。

你看一个孩子迎接挑战的潜能有多大！我们老师和家长该怎么做？

十年树木，百年树人。教育是百年大业，是长久之计。我们作为老师、家长，就是要保持耐心，保持定力，持续激励孩子，培养他们屡败屡战的坚韧心态，这样他们才能在困境中生存下去，才能适应未来的竞争社会。

2. 面对输赢：学习成绩本是一条曲线，人生也是如此

- **案例："12 班的"统练敢死队"**

经常有学生很苦恼地问：我每次考试成绩都不稳定，有时考到第 10 名，有时考到第 20 名，我该怎么办呢？

我总是这样说：考试成绩本是一条曲线，会出现自然波动很正常，为什么成绩起伏就一定是不好的现象呢？这不是一种正常的思维方式。

我的复读班曾经招收过一个女生，她离清华大学的录取分数线只差2分。这个学生高三时，三次重要的模拟考试都考了全班第4名，报志愿的时候就只报了清华大学这一个志愿。最后的结果是，她所在的班上有10多个考上北大、清华的，而她却以2分之差落榜了。后来她听说我所在的学校要招复读生，就跑到我的办公室来咨询。

我告诉她：原因很简单，就是你三次模拟考试都太稳定，哪怕有一次的成绩是波动的，对你也是有利的。我当老师这么多年，知道成绩这么稳定是不正常的，因为所有学生的成绩都应该有波动。你每次都考第4名，就会以为自己的水平就是如此，其实好多问题被掩盖了，只是你没有发现。到了高考的时候，问题才暴露出来，所以就有了今天的结果。

孩子的成长如潮起潮落，正是因为过程跌宕起伏，才可能练就顽强的意志力。就学习而言，这次没考好，孩子肯定会痛苦，但也会反思，会查找漏洞，这就是一笔财富。反之，这次考了第一名，下次还考第一名，没有退步，他也不会有太多的反省，于是失去了一次很好的改进机会。

学生成绩基本上都是一个波浪起伏的过程，我极少见过哪个学生的成绩是一直上升的，有起有伏再正常不过了。人生又何尝不是这样？

我常跟学生说一句话：过程往往是不完美的，甚至是充满挫折的，但这样的过程反而可能达到一个比较完美的结果。在我的班级，我一贯鼓励同学之间的竞争，让他们感受到输赢都是常态，以此适应并乐于承受这种输赢的结果。

高考前的统练，在一些学生的眼里是一种折磨。我带的一个毕业班中，有那么几个学生本来素质不错，潜能很大，可就是反感统练，意志消沉。

我就找其中一个叫庞观的男生，动员他说：在这次班会上，你能不能向同学张亦楠发起挑战？庞观同学同意了。

开班会，谈到学习目标时，我就说：每个人都应该有自己的目标。庞观同学，你下一次的目标是什么呢？

庞观说：我下一次的目标，是要超过张亦楠。

张亦楠听了颇不服气，站起来大声说：好，咱俩比一比！

庞观不甘示弱：我不服你，比就比！

全班同学看到这个突如其来的场面都觉得挺刺激。我说：请同学们给他们点儿掌声，看他们俩到底是谁能取得最终的胜利。

这一次班会之后，这两个人完全进入了一种相互竞争又非常友好的状态，后来班级里又有一批学生自发地加入这个竞争的团队，并把它叫作"统练敢死队"。

庞观和张亦楠高考双双考进了清华大学。张亦楠从清华大学毕业后又到了哈佛大学读博士，他后来谈到他高中那一段的体会，说庞观向他发起挑战，确实激起了他内心应战的雄心，最后不仅他们两个人取得了成功，班里不少同学的学习成绩都得到了提升。

庞观同学当时就写过一篇短文，叫作"我爱统练"：

高中三年，我独爱高三，因为高三每天都有统练。听起来是不是很变态？其实连我的朋友也认为我的这种观点近似疯癫。

我爱统练。因为统练，每天清晨，我都会满怀希望地去上学；每天上午，我都会满怀希望地去听课；每天中午，我都会满怀希望地去吃饭；每天下午，我都会满怀希望地为即将到来的统练而摩拳擦掌。统练是我一天的希望所在。因为统练，我生活得很充实。

统练后与其他同学比分，较量个高低，是高三必不可少的项目。如果哪次能够一览众山小，我会高兴两三天；若是不幸地在年级泯然众人，我也会花一个晚上面壁思过。不过大多数情况下，我与那些高手都互有胜负。胜固欣然，败亦可喜嘛。每天都有机会，于是每天都有目标。渐渐地，我发现，我也成了强手中的一分子。是统练，让我这个自足的人不知不觉取得了进步和成长。

3. 坚韧是性格，性格即命运

- **案例：李永乐的传奇传事**

学习成绩本来就是一条曲线，有如人生，生活的本来面目也是如此。人生之路坎坷崎岖，能够坚持做自己，做好自己，是需要勇气和意志力的。

这样的案例你能看到很多，这里来说个发生在我身边的，我们北京人大附中李永乐老师的故事。

李永乐天资聪颖，尤其擅长数学和物理，凭借学科竞赛的优秀成绩，他先是被保送至北京大学物理系，拿到学士学位；之后他选择去清华大学继续深造，一鼓作气，拿下清华电子工程专业的硕士学位。

据报道，李永乐毕业后带着满满的自信，向几家提供年薪百万职位的世界500强企业投递了简历，结果却让他大失所望。

第一家企业是美国雷曼兄弟公司。面试官问：你在简历里说，在大学期间做过一些投资，投资的依据是什么？

他回答：感觉。

面试官冷冷说道：你可以回去了。

第二家是日本索尼公司。面试官问：工作中你最不能忍受哪方面？

李永乐直率地回答：加班。

面试官挥挥手，马上结束了面试。

接连的面试失败，让李永乐感到沮丧又不理解：同班同学中有好些人已经顺利成为企业高管，有的年薪百万，而自己这样的北大、清华双料毕业生，为什么会毕业即失业？

有一天，李永乐走在大街上，恰巧从人大附中路过，看着熟悉的中学校园、天真烂漫的学生，李永乐就想，父母都是老师，自己干脆去当一名中学教师好了。

于是，李永乐就向人大附中投了简历并收到面试通知。

李永乐见到了人大附中校长。校长问：企业高管年薪百万不稀奇，而老师月薪也就4000元上下，你能干长久吗？

李永乐口气坚决：我愿意。

李永乐当了人大附中一名普通的物理老师，他教学能力出众，很快成为人大附中物理竞赛的金牌教练。

李永乐有思路且有执行力。他编写了一套《李永乐老师给孩子讲物理》的科普读物，并做成科普视频发布到网上，这样，从大城市到偏远地区，所有孩子都可以观看。

李永乐老师在日常教学之余，不知疲倦地创作各种科普视频，并在网上逐渐走红，播放量超过2000万，被学生们亲切地称为"永乐大典"，而他的年收入也早已超过7位数。

生活是一条曲线，坚持做自己才有未来。你看，一个北大、清华双料毕业生，在一所收入普通的中学任教，要接受多少不解、奚落和嘲弄？但对李永乐老师来说，他坚持做自己，"虽千万人，吾往矣"，以坚韧的心态，成就了一段教育传奇。

古今中外，多少有志者倒在了挫折和坎坷面前，而无数案例能够证明，勇气、意志力和性格的坚韧性，才是屡败屡战的有力支撑，才是从失败走向成功的基石，也是成为英才的必备素质。

培养未成年的学生们习惯竞争，习惯挫折，习惯输赢，那么，习惯成自然，就会成为一种性格，而性格就是命运。

做法 6

亲子互动

——有效沟通的三个要领

沟通交流往往比说教更有力量。

一份教育抽样调查数据显示，高中生与父母沟通交流的现状令人忧虑。许多高中生有心事，不会选择先向父母诉说。只有少数高中生能够与自己父母保持良好沟通，大多数只有简单的沟通，还有少数高中生对父母抱有厌恶情绪……

我一直觉得，沟通是父母与孩子之间很有学问的一篇大文章。一个具有英才潜质的孩子的成长背后，往往少不了亲子之间的良性互动。而实现良性互动是有原则、有方法的，我总结为三个要领：

1. 尊重与引导；

2. 多些爱和陪伴，少些情绪化；

3. 行重于言，给孩子一些有价值的实际建议。

沟通要领（一）：尊重与引导

1. 多些尊重，接纳孩子

- 案例："我最大的愿望就是离开这个家！"

不管是成人还是孩子，都是独立的个体，都是有感知、有思想和有行动力的个体。不必高估父母的能量，也不要低估孩子的能量。人们常说小孩子懂什么呀。懂什么？作为正向成年人转变的未成年人，他们更需要被尊重、鼓励和引导。

有一次，我在办公室接待了一对母子。母亲是一位局级干部，精明干练。男生读高一，可看上去唯唯诺诺的。落座后，我问男生叫什么名字，上几年级，成绩如何，全是妈妈代答，男生一句话都没说。我实在忍不住，就对男生母亲说：能不能把说话的机会留给孩子一些？她这才不说了，但孩子还是很局促。于是，我说想跟男生单独谈谈，母亲就离开了办公室。

我说：现在就咱俩了，是不是可以无话不谈了？

男生说：谈什么？

我说：什么都可以谈，要不，就先谈谈你的妈妈？你跟你妈妈之间似乎有些问题。

男生说：问题大了！我妈妈不知道为什么成天有那么多话，动不动就拿她的光辉业绩来教育我，真是烦透了！我要是像别的孩子那样顶个嘴、摔个门什么的，完啦！等着瞧吧！保准有十倍的气焰和百倍的教训伺候。我现在变得这么胆小、这么没主见，就是因为我妈。我最大的愿望就是离开这个家！

男生一旦打开话匣子就收不住了，谈了近一小时。

我问：能不能把你的这些苦恼和妈妈说说，沟通一下？

他说：就怕我妈听不进去，她要是尊重我，不老是念她的紧箍咒，不把我当成什么都不懂的小孩子，我自己会做得很好的。

接着，我又单独跟男生母亲谈，把孩子内心的呼喊和痛苦，包括我的看法和建议都说了出来。我说：孩子和父母都是独立的个体，因为生活在一起，有很多交集，互相影响。处于未成年阶段的孩子，对家长的影响自然不如家长对孩子的影响大，所以说孩子出现问题，家长要负更大的责任。

母亲难过地哭了，她说：王老师，我能不能在您面前，向孩子认个错并做一些保证？

我说：你有这个勇气，一定会感动孩子的。

我把孩子叫进来，母亲说道：儿子，我听王老师说了你的烦恼和痛苦，感到对不起你，我保证以后会尊重你，尽量不唠叨。你一定要原谅妈妈，毕竟我是为你好。

男孩一看妈妈那么真诚，也感动得哭了。

男生说：妈妈，我也对不起您。过去很多事，我明明知道自己是错的，还故意不按您说的来，就是想气您。以后您说话，我一定会认真听的。

母子俩这次沟通得挺好，走时，两人的距离感明显少了。

这里，我想讨论一下亲子之间的权利边界问题。亲子关系是一种血缘关系、亲情关系，从法律上讲，也是一种权利关系。作为未成年人的父母，具有法定的监护权，但权利是有边界的。孩子从未成年人向成年人过渡，应该拥有一定的自主权，尤其是那些与他们自身有关的事宜，包括一定的发言权、一定的表决权和时间支配权。

孩子进入青春期后，对与个人权利有关的，都会格外敏感，并希望得到父母的尊重。所以，父母要懂得权利的边界在哪里，在行使权利时，也要适当尊重孩子的权利，以帮助孩子长大成人。

如果孩子认定家长的教育观念陈旧过时，而且固执己见，又擅长道德情感绑架，觉得实在没有沟通基础，就会选择封闭和逃避。虽然生活在同一屋檐下，一家人很近，心却很远。

我建议家长至少每周要跟孩子好好聊上一次。当然也要注意时机，如果这天看孩子心情愉快，而你也情绪良好，就可以找找话题，互相说说心里话。找谈话机会需要观察，谈话时也得用心，先听孩子讲，遇到什么实际问题，再和孩子一起讨论、一起分析，商量应对的思路和办法。

2. 多些倾听，理解孩子

- **案例："听说你喜欢周杰伦？"**

现在的问题是，孩子的苦水往往无处倾诉。处于独子和少子的时代，孩子多少有点儿以自我为中心的倾向，同学之间接触有限，而同龄人本来也不大会劝导。所以，孩子可以吐苦水的知心人，其实就是父母。

如果你的孩子没有跟你吐过苦水，你做家长就有问题。不要说孩子不跟你说话——他为什么不跟你说话？要多想想原因是什么。所以家长应该多倾听，让孩子敢跟你谈。什么时候他能把自己的一肚子苦水都向你倾诉了，那就没问题了，这个孩子一定会是个阳光的心理健康的孩子。

现在许多孩子不愿意跟家长交流。他们在心里认为：你是我的家长，给我生命，给我物质生活，我必须尊重你；可你什么都不懂，我跟你毫无共同语言，甚至觉得你幼稚可笑。这时候，如果家长再给孩子施加压力，孩子出于尊重也许表面顺从，心里却充满厌恶，时间久了，亲子冲突由此产生。

我在人大附中当班主任时，有一个外班的男生母亲来找我哭诉。她说儿子不好好学习，上课睡觉，不完成作业，天天就知道追星听歌，说他也不听，说多了，他就把门锁上不出来。

我跟这位母亲说：孩子追星听歌，也算是一个喜好，你不妨跟他像朋友一样聊聊这方面的话题。

过了两天，那位母亲又来了。我问：谈得怎么样？

母亲说：谈崩了，跟儿子没说几句就吵起来了，儿子说我们没有共同语言。

我问：你是怎么谈的？

母亲说：我还是忍不住批评了他，他天天听那些没用的东西，喜欢那些没用的偶像，为什么就不能好好学习呢？

我说：你这样说，他的自尊心肯定受不了，不谈崩才怪呢，还是我跟他谈谈吧。

第二天，男生来到我的办公室。我并没有跟他谈学习谈成绩，而是聊他最喜欢的歌星。

我说：听说你喜欢周杰伦？

男生愣了一下，回答：我喜欢。

我问：你喜欢他什么？

男生说：他身上值得喜欢的东西太多了，他超酷，歌特别好听，而且都是他自己作曲……

说到歌星的话题，他的话明显多了起来。我看谈话氛围挺融洽，便顺势把话题引到学习上。

我说：我听说周杰伦的音乐生涯非常不顺，但他没有自暴自弃，我更欣赏这种不服输的精神。

男生说：没错没错，他就是特别能坚持他的梦想。

我说：不管是谁，只要坚持自己的梦想，都可以很棒，对吧？

男生说：我妈总是说我这不好那不好，我现在都不太相信自己了。

我说：怎么会呢？老师看人挺准的，你只要努力，一定能让你妈妈刮目相看。

谈话虽然短暂，却起到了效果。之后他改变了许多，上课不再睡觉，作业也开始按时完成，甚至还会额外地做一些练习题。

后来有一次提起这件事，男生说：老师，我妈总在否定我，但你肯定我，看好我，让我有一种知己的感觉。我也不想让你失望，也不想让自己对自己失望，所以会去努力。

这个男生后来考入了一所不错的高校。

我的体会是：不管什么事情，先听听孩子的想法，给孩子表达想法的机会。不管孩子说什么，在他们讲述的过程中尽可能不要去打断，不要急于评价或批评，一定要静下心来倾听孩子的想法。孩子愿意说出来，证明孩子相信你。当孩子说出自己想法的时候，再和孩子商量这件事情的处理方法。

大人和孩子在人格上是平等的，需要互相尊重。有时候，父母虽然表面上说和孩子商量一下，但谈话过程里体现出来的是假商量，实际还是以大人为中心，以命令的口吻要求孩子，并没有站在孩子的角度考虑他的感受。这样一两次过后，孩子感觉在父母这边得不到尊重和理解，心里再有什么事就不跟父母沟通了，这是许多家长在管教孩子时感到无能为力的原因。

父母与孩子需要建立良性的互动关系。全靠老师不太现实，因为一个老师每天要面对很多个孩子，很难照顾到每个孩子。孩子们更多时间直接面对的是家长。更何况，家长作为他们最亲的人，家庭作为他们避风的港湾，他们需要在这里得到温暖、理解和引导。

沟通，就要倾听孩子的心声，理解孩子的需求。我们人大附中的刘彭芝校长，曾经别出心裁地搞过一个年会。每年寒假，学校都有一个校长、家长和师生一起参加的年会。往年一般都是老师上来谈怎么教育学生。这次，年会的题目叫"关注学生的需求"，让学生上去讲，老师和家长都在下边听。

刘校长在初中和高中各找了20名学生，去做主题发言。我们这些老师就坐在下面听。人们整天看到的是家长对学生的要求、老师对学生的要求、学校对学生的要求、校长对学生的要求。但是，现在来听一听，我们的学生对家长、老师和学校有什么要求。

学生坐在主席台上讲，他们希望老师怎么怎么样，希望学校怎么怎么样，学生讲的问题都很现实。有个学生，不点名地说一位老师：你知道我和同学们怎么看你吗？我们都觉得你是一个不食人间烟火的人。其实你知道我们这个年龄追求的是什么吗？我们追求的和你要求的差距太大了，但是你总想用你的真理来说服我们，越说我们越抵触。

这个学生说的是实情。当场就有一个老师上台，说那个学生说的就是自己。那个老师说：我本来觉得对学生是很负责的，但没想到与学生的距离这么远。

对于孩子的诉说，我们成人往往很不理解，很不爱听，很不耐烦。而我们想和孩子谈话的时候，经常上来就是：孩子，今天咱们谈一谈。那还怎么谈？那是训话。实际上，无论是成年人还是孩子，你命令他、控制他，都只会令他反感、抵触、叛逆。

孩子该不该听话要看具体情况，但绝不能因为听话而没有了自己的思想。如果孩子从小在家里和学校，得不到父母和老师的肯定与认可，没有适当的发言权、参与权和行动权，长大以后，总以一种唯命是从的方式处事，那他们怎么能独立面对未来的生活挑战呢？

3. 鼓励为主，适当批评

（1）孩子需要不断肯定和鼓励

- **案例：一目十行的男生**

我们的家庭教育饱受诟病，但问题始终存在，我也就不能不去说。

孩子追星，家长否定；孩子贪玩，家长否定；孩子睡懒觉，家长否定。有的家长总是喜欢打击型的教育，做不好要打击，做好了也要打击，生怕不打击孩子，他就骄傲了，下次成绩就滑坡了。久而久之，孩子觉得自己既然做什么都是错，那索性就不要听话，破罐子破摔好了。

有一次，一个与我私交甚好的年轻老师来向我求助，说他班里有一个学生，特别喜欢上课看小说，怎么说怎么骂，他都不听，问我有没有什么办法。

我说：你别老骂他，想没想过从侧面鼓励他一下？

这位老师说：这还鼓励他？不鼓励都一天看好几本小说了，鼓励了还不得上天了？

我说：那可不一定，我跟他谈谈看。

后来，我就跟那个男生谈了一次。

我说：我是你班主任的朋友，听他说你一天能看好几本小说，是吗？

男生没吭声，显然觉得我是来指责他的。

我又说：那你挺厉害的。我至今见过最厉害的人，是我的中学老师，可以一天看完一整本书。我觉得他已经是一目十行了，没想到还有比他更厉害的人。

男生说：我从小看书就很快，记性也不错。

我说：那你的同学都很羡慕你吧？看书快，说明理解力不差，这可是学习的一大天赋呀。

他看起来有点儿懊悔：我倒没把这本领用在学习上。

我说：为什么啊？那多可惜呀！只要你把看小说的本领用在学习上，我敢保证结果一定会让同学吃惊，也会让你自己吃惊，不信你就试试。

谈话很简短，却有了明显效果。他的班主任后来告诉我，虽然这个学生依然看小说，但也开始留出时间学习。他确实很聪明，看书快，理解能力强，学习成绩也很快就得到了提升，老师和家长纷纷夸他。他尝到了学习的甜头，就觉得学习比看小说有意思多了，后来学习越来越努力，渐渐成为优秀的学生。

对孩子还是要以鼓励为主。家长和老师如果能够注意观察，在别人没有看到的地方发现孩子的优点，说得具体、说得真切，孩子就会产生信心和热情。

当然，表扬要恰如其分，太随意也不可取。在我的博客上，经常有学生留言：我的父母听了您的报告，看了您的书，天天在家里表扬我，有时会闹得我浑身不自在，直起鸡皮疙瘩。我认为，这说明家长没有真正掌握孩子的情况，没有抓住孩子真实的优点。

（2）宽容不是纵容，适当批评是必要的

- 案例："王老师，你们教师队伍中怎么有那么多不称职的教师呢？"

宽容不是纵容，孩子也不能任性。发现孩子身上的问题要适当给予批评，犯了错误也要批评，甚至是严厉批评。

我接触过一个男生，他换了三所学校。他在第一所学校待不下去了，坚决要离开。后来家长给他找了一所新学校，可他还是待不下去，又离开了。一个高一学生，总不能天天躲在家里吧，家长又给他找了第三所学校，结果还是不行。

连续三所学校都待不下去，家长快被逼疯了，就跑来找我。

家长向我介绍了这个学生的情况后，我问：你的孩子来了吗？

他说：孩子在楼下。

我说：让他上来吧。

我一看那个男生，一头飘逸的长发五颜六色的。我还注意到他的眼睛特别亮，就用一种欣赏的眼光看着他，说：小伙子长得这么帅，这么阳光，能有什么烦恼？跟我说说。

没想到男生一张嘴就挺犀利：王老师，你们教师队伍中怎么有那么多不称职的教师呢？

我问怎么了，他就列举了他去过的学校里的教师有多差。例如他待的第一所学校，班主任竟然对他说：我告诉你，今后我们这个班里如果有一个考不上大学的，那个人肯定就是你。

他愤愤不平地说：当老师的能这样说学生吗？说这话的人配当老师吗？

我说：老师说这句话，肯定是有原因的，可能是因为你的表现太出位了，逼得老师说出这样的话。如果一个老师凭空说这样的话，他不配当老师！但要是被你逼得说出这句话，情有可原，或者这里边可能有其他隐情。

男生不置可否，又列举了第二所、第三所学校的老师有多差，还说班里有一些同学老是跟他过不去，滔滔不绝地讲了一小时。

我耐心地听他讲完，并没有就他所说的这些事，逐个谈论孰是孰非，而是跟他讲了教师队伍的现状，以及人与人之间的差距。

接着，我就开始批评他了：作为学生，你不能要求老师和同学都没有缺点，你自己呢？既然你自己毛病那么多，还要求老师和同学都得完美，这不是苛求、强人所难吗？

他不说什么了。

我说：就是因为不同性格、不同性别、不同心态的人聚在一起，才构成了这个现实世界。无论多么优秀的团体，也难免会有个别素质低下者混迹其中，教师这个职业也是一样。我们无法要求这个群体里的每一个人都是精英，每一个人都具有大家风范。我也认为，确实有个别教师业务水平、职业道德水平都不配当教师，这是一个教育现实。

我说：作为学生要理解这种现实，不能因为遇到一个不合你心意的老师，就拿自己的前程当儿戏。除非你将来遁入空门，否则只要生活在这个社会中，就肯定要接触到各种各样的人，你永远没法避免这个现实。唯一能做的，就是不拿别人的缺点来折磨自己。

我说：学习的受益方是自己，绝大多数的老师是尽职尽责的。这样一想，你对于老师是不是就少了一分抱怨，多了一分理解，多了一分对老师所教学科的兴趣呢？有一句话叫"亲其师，信其道；尊其师，奉其教"，当你非常认可老师的时候，你对老师所教的学科自然就会感兴趣了。

他听完我这一席话，说：老师，我觉得你说得有道理，我愿意接受你的意见，回学校上课。

后来，我还跟这个学生保持着联系。过了年，他的家长告诉我，这个学生现在心态调整得挺好，跟他们班主任老师的关系也挺好，学习兴趣越来越浓，学习成绩也进步得挺快。

批评孩子要就事论事，说准说透，不要老账新账一起算。孩子最烦的就是父母的唠叨，更反感不分青红皂白的粗暴攻击，让孩子摸不着头脑。其结果是父母说了很多，孩子却不知道自己到底错在哪里，反而产生永无出头之日的绝望感。

不管是教师还是家长，既不要苛责孩子，也不要纵容孩子，而是要根据孩子自身的情况，采取合适的教育方法。你的孩子是自尊好胜型的，那就想办法多激发；你的孩子是脆弱消极型的，那就想办法多鼓励；你的孩子是自满自大型的，那就要给他一些适当的批评，让他学会冷静。

4. 孩子需要引导，责任不能放弃

- **案例："我非常恨我的爸爸妈妈"**

需要强调的是，孩子毕竟是孩子，涉世未深，思想单纯，行为不免幼稚，这是现实。所以，孩子也是需要引导的。在某些方面，比如涉及安全、健康问题，以及重大选择的把关，更需要家长的引导，还有家长的权威。

随着孩子青春期的到来，家长与孩子的关系就会发生变化。亲子关系不是猫鼠关系，但也不是朋友关系，父母管理孩子、引导孩子，是不能放弃的责任。滥用权利或放弃权利，都可能毁掉孩子的未来。

这是一个真实的案例：据报道，有个男生不喜欢读书，到了初二已经极度厌学，对自己的父母软磨硬泡，说条条大路通罗马，自己能养活自己。他妈妈非常宠爱他，爸爸也没什么文化，心想早点儿出来打工还能赚钱补贴家用。

男生初中毕业就离开校园，到理发店打工。因为他没达到理发店学徒的要求，不能给人理发，只能帮着洗头。

没有受过良好教育，他能干什么呢？五年过去，他的一些同学已经在大学校园深造，而他终于醒悟，当初放弃学业是多么大的错误。可当时他只是一个未成年的孩子，想到父母没有制止自己的任性，就开始恨起父母来，五年都不回家看望父母……

他说：我非常恨我的爸爸妈妈，我已经五年没回家了，这辈子不想再见他们了。我知道离开学校是我自己的选择，但是作为父母他们是失职的，我那时才十五六岁，懂个屁啊。我说不上学，他们拦都没拦，就想着我早点儿为家里挣钱。

他把年少轻狂的过错都归结到了父母身上，认为自己现在的处境，缘于父母太溺爱他，不管他，什么都顺着他。

他说：等到真正感受了世间的人情冷暖，受到了社会无情的锤炼和毒打时，才发现原来读书是世界上最幸福的事。以前不愿意学习，是因为吃的苦太少了。

人们有时很喜欢谈论"家庭民主""校园民主"。我赞成在合理权利界定下的家庭民主或校园民主，但如果没有权利的界定，所谓的家庭民主可能带来更大的问题。

民主的本意，是重大决定取决于多数，但也尊重少数人的意见。民主是成年人之间的事情。民主的基本条件是权利平等，而权利平等也是成年人之间的事情。

未成年人与成年人之间的事情，一般来说只能由成年人主导。当成年人放弃主导权的时候，对于未成年人来说，只会增加他们的不安全感、恐惧感和迷茫，这不是真正意义上的民主。

管理学上有一种理论，叫作控制与授权理论。我觉得这个理论倒适用于亲子关系。我的基本观点是，随着孩子进入青春期向成人过渡，父母在一些微观问题上，应该尊重孩子的自主性，让孩子学会自我选择、自我管理。但在一些重大问题上，如要不要放弃学业之类的，父母绝不能放弃作为法定监护人的责任，而是要给予管理和引导，必要时也要坚定地展示父母的权威性。

沟通要领（二）：多些爱和陪伴，少些情绪化

1. 多一些爱，多一些宽容

- 案例："我怎么养了这么个混账儿子？"

爱和陪伴是最好的沟通，而冷漠和长期分离则是亲子关系的杀手。父母需要尊重，而孩子更需要爱。彼此相爱，彼此陪伴，才能形成健康的亲子关系。

在沂水一中，我的班里有个男生，人很聪明，又讲义气，可也很散漫。我那时候年轻，为这个学生生了不少气，但后来发现光生气不解决问题，我就开始了解这个学生为什么走到这一步。

经了解，原来是他的家庭教育有问题，家长的教育功能对他而言基本丧失了。他父亲是个体户，整天忙于生意，对孩子缺乏陪伴，很少沟通。关系紧张到什么程度呢？有一次，父亲骂完儿子后，觉得自己有点儿过分，就到学校给孩子送鸡蛋。大冷天的，父亲一大早就骑着自行车，过一座大桥，把煮熟了的鸡蛋送到学校。可父子俩话不投机，又吵起来了，儿子当场就把鸡蛋摔在地上。

父亲说：我怎么养了这么个混账儿子？你这样对老子是吧？我不管你了，不管你吃穿，不管你学费，你爱干什么干什么！

儿子说：那好啊，我也不用上学了。

周六，住宿生回家，周一都返校了，可那个男生没来。我打电话给

他父亲，问：你孩子怎么没来上课？

他父亲就讲了父子之间的那些事，然后叹气说：我对儿子确实没办法了。

我说：你们爷儿俩就不能再谈一谈呀？

他父亲说：没法谈，一谈就崩。

我问：你希望你孩子好吗？

他说：我当然希望孩子好了。

我说：既然你们之间不能谈话，你能不能给孩子写封信？

他没反应过来：写啥？

我说：你是不是有很多话想对儿子说？

他沉默了一会儿，说：是啊。

我说：如果当面一谈就崩，为什么你不把它写成信呢？只要用真情来写，用真心来写，不要虚礼虚套的，儿子会认真看的。

他想了想，说：我试试。

这位父亲就给孩子写了封信，然后让我转交给孩子。

那封信共写了8页纸，大意是说：作为父亲，他觉得对不起孩子，同时也觉得自己很委屈，又很希望孩子好，其实他还是很爱孩子的。

那是带着一种非常复杂的心情写的，是一个大老爷们流着眼泪写的，真的挺感人的。那天，我把他儿子叫到了我的办公室。

我说：我这儿收到一封信，是一个爸爸写给儿子的信，你能不能看一下？

在办公室里，他一口气读完了那封信。然后说：老师，我今天晚上能不能请假回家？

我说：这么晚了，你打个电话不行吗？

他说：我一定要回去。

我说：好吧，我陪你回去。

我们两个就骑着自行车往他家走，送他到大门口，我就回去了。

第二天，他父亲跟我说，儿子回家以后，当即在父亲面前表示忏悔，说：爸，我对不起你，我所做的那些事伤害了你，以后你看我的行动。

从那次跟父亲沟通后，男生就像变了一个人，规矩了，通情达理了，成绩也上来了，当年就考上了本科。

这就是一封信的力量，爱和行动的力量。我常跟亲子关系紧张的家长说，如果是你造成的矛盾，不要只坐在那里唉声叹气或是怒气冲天，不要等着孩子来向你主动示好，赔礼道歉。矛盾不是一个人引起的，放下你的架子，做错了就向孩子说声对不起，让你的孩子知道，在心底，你有多么爱他！

人可能骗得了别人，可骗不了自己的孩子。教育孩子，靠的是爱和行动。家庭成员沟通的基础是什么？是相互的爱，是彼此的宽容。

2. 没有陪伴，什么也谈不上

- **案例A："老爸，你最近忙得连话都很少跟我说了"**

什么是爱？陪伴就是爱。没有陪伴，怎么会有沟通？有时候，孩子所要的并不多，父母能够陪伴在身边，孩子就会感到安稳；如果父母常常不在身边，孩子就会产生不安全感，那就是亲情的缺失了。

方先生跟许多家长一样，工作很忙，忙得没有时间跟儿子交流。儿子升入高中那段时间，正是他最忙的时候。有一次晚上回家比较早，他到书房看了看儿子放在书桌上的周记,一看字迹潦草、错字连篇,火气就上来了。这是儿子的老毛病了,不知说过他多少次,这小子答应得挺好,可就是不改,现在都上高中了,再这么下去怎么行?他暗自思虑,决定利用这个机会好好教育教育儿子。

吃过晚饭,方先生把儿子叫到书房,像以前那样摆开架势,开始对儿子说教:看你写的字,我就知道你学习态度不端正,看你不端正的学习态度,就知道你的学习成绩好不到哪儿去。你基础差点儿不要紧,但要认认真真、踏踏实实。做什么事情都要这样,知道吗?

儿子不满地说道:知道啊。从小学到现在,你跟我说过N遍了!但要看什么事情,是不是有意义。这种无聊的作业,我认真做了又会怎么样?

一看这小子还顶上了,父亲想,以前儿子做不到归做不到,可从来没这么顶撞过自己,看来儿子也到逆反的年纪了啊!

话没法谈下去了,父亲稳定一下情绪,没有说话。儿子见老爸好久不搭理他,反倒过来凑近乎,说:老爸,你最近忙得连话都很少跟我说了。

听儿子这么一说,方先生这才猛然醒悟,自己已经好久没有跟儿子在一起推心置腹地说话了。父亲向儿子说了自己的工作情况,并答应以后一定抽出时间,与儿子多交流。

果然,儿子见老爸这种态度,就感动了,主动做检讨,并保证改掉自己的毛病。从此,儿子改掉了学习不认真的毛病,高一结束时,他的学习成绩已经提升到全班前5名。

中国文化里过多强调生育是一种权利,而往往忽略相应的义务和责任。这并不是说夫妻一方必须全职带小孩,这也不现实。但当父母的,有没有尽自己所能陪伴孩子呢?父母双方都要上班的情况下,有没有把下班后以及周末的时间用来陪孩子，关注一下孩子想做的事呢？

很多人说：我忙啊，没空啊，有好多会要开，好多应酬推不掉。我说，忙不是借口，就像早教专家说的，没有任何一份工作能让人把24小时都搭进去，如果你把陪伴孩子当成最重要的会议，再忙都能抽出时间。只有重视与不重视，这才是真相。

- **案例B：**"从没听到女儿叫声'爸爸'"

有些名人，像艺术家、摄影师、艺人之类的，被问及什么时候陪小孩，其中一些人给出的答案是：没空陪小孩，孩子还小懂什么，我现在努力打拼，多赚点儿钱给孩子打基础，也是为了孩子的将来能好。但他们知道孩子怎么说吗？孩子说：爸爸妈妈，我希望你们不那么成功，我不要昂贵的玩具和高价培训班，我只要你们陪我。

我教过一个孩子，她一直由爷爷奶奶带着。她父亲是个外交官，今天到这个国家，明天去那个国家。孩子生下来后，父女见面次数有限，孩子心里也没有爸爸这个概念。

孩子上高一，有一次看到爸爸和妈妈住在一起，觉得不可思议。她说：这么多年见不到你，我妈凭什么和你在一起？

父亲跟我说，他也很苦恼，因为从没听到女儿叫声"爸爸"。

我向这位家长建议：既然说话不能沟通，不如写信试试。把十几年想说不好说的话一股脑儿都写出来，让孩子理解和了解你这个老爸内心的想法和感情。

这位父亲说：成，我也不要面子了，一定要让她了解我的苦衷。

于是，这位家长就给自己的女儿写了以下这封信。

亲爱的女儿：

爸爸一直都很想念你，很久很久。16年前，你还在妈妈肚子里，爸爸在万米高空，从那时起，我就开始想你。我有一种预感：你会是一个漂亮的女孩儿，长得像你的妈妈，聪明、活泼。现在，我更加想你，因为我们每天很近，心却很远。

昨天，你兴致勃勃地告诉妈妈，老师说你再加把劲，考上清华、北大顺理成章。爸爸真替你高兴，你正在一步步朝你的梦想靠近。每个人年轻时，都有属于自己的梦。爸爸当年，一心想做一个纵横四海的外交家。为了这个梦，爸爸再苦再累都不怕，却没有想到竟然会赔上女儿对我的爱。

爸爸活了40多年，没怎么流过眼泪，那天你恶狠狠地阻止我和你妈住在一起，我第一次哭了。原来我一直自称四海为家，谁知道，回家了，竟然没有我的容身之地……

这位老爸用一把辛酸泪写了3000多字，把信折好放在女儿的床头。第二天，女孩看到这封信，眼泪唰唰地往下掉。从此，女儿看爸爸的神情越来越柔和了，笑容也渐渐多了。父亲离开北京的那天晚上，女儿终于叫出了生平第一声"爸爸"。

我总以为，衡量你是否在意一个人，最重要的参数不是金钱，而是时间。对于一个人而言，时间比金钱可有限多了，你口口声声说爱孩子，愿意为孩子去死，但是你连每天一小时的亲密相处都保证不了，这是哪门子的爱啊。

我认识一位外企女强人，非常上进，读MBA（工商管理硕士）、EMBA（高级管理人员工商管理硕士），在职场节节高升，风头无两，而她的小孩长期寄养在内地，由爷爷奶奶照看，如今9岁了。多年来母子二人保持一年见几次的频率，她以为自己是圣诞老人吗？

有一对夫妇，双双博士毕业，副教授职称，花3年时间才得以怀孕。为保胎，妻子在床上躺了整整8个月，听上去令人感动。结果月子刚坐完，就把孩子像快递一样送回老家。他们说：本来我们就不喜欢小孩，生小孩只是为了堵住长辈的嘴，省得骂我们断了香火，老人喜欢带就让他们带去呗。

相关调查显示，文化程度越高、经济状况越好的父母，自己带孩子的比例越低。他们以工作忙为由，要么请个保姆帮自己带，要么把孩子堂而皇之推给爷爷奶奶、外公外婆带。但祖父母辈带小孩，大多是传统方式，弊端多多，最大的弊端是老人极少鼓励小孩的创造力和冒险精神……

我一个朋友成天跟我抱怨，孩子跟他不亲，就爱自己的外公外婆，每次都能准确收获我的"谩骂"。我说：你纯粹是咎由自取，你自己陪孩子的时间本来就不够，却连和老婆到处去旅游也不带孩子去，在家打电子游戏也不理孩子，你不付出光想要结果，想得美！早教专家说了，孩子才是研究大人的专家，谁对他好对他真心，孩子心里门儿清着呢。

有时候我们的社会挺奇怪的，我们重视家族，重视血缘，但很多时候，又崇尚为了所谓的成功而六亲不认。那种不带小孩、不顾亲情的做法，不仅不会受到批评和责难，反而成了某些成功人士炫耀的资本。

我是一个非常狭隘的人，每次看到成功人士巡回演讲或接受媒体采访时说毕生精力都献给了工作，没有时间陪伴小孩，我就不服气。哦，你全身心投入工作，事业辉煌，却让家庭和孩子做了牺牲，这算什么模范人物？！我认为，这样的"模范人物"本身就没有学习的必要。一个人为了干事业连自己的孩子都不顾，本身就缺乏起码的爱心，即使干成了什么事情，也带有太强的功利色彩。

我是全国优秀教师，工作很投入，教学有成果。我女儿上初中时，我和妻子商量后做出了一个决定：到北京去，因为那里有更好的教育条件和升学机会。做出这个决定是困难的。我那年 36 岁，在山东最好的学校之一——青岛二中，任教导处主任。去北京意味着要丢下多年的努力，丢下自己的前途，丢下青岛这座美丽城市的一切……

但我和妻子从没有感到后悔，也从没在女儿跟前拿这个说过事。我觉得，人生有许多东西，是生不带来死不带去的。职务再高，也不是终身的，迟早要退下来。一个人真正属于自己的东西是什么呢？就是你的孩子，因为孩子是我们生命和希望的延续。

埃隆·马斯克眼下风头无两，他的 SpaceX（美国太空探索技术公司）星链覆盖全球，可事业辉煌不能掩盖他的亲情缺陷。他的大儿子向法院提交了一份申请，要求改名改姓，其矛头直指父亲马斯克："我没有与我的亲生父亲住在一起，也不想再与我的亲生父亲有任何方式的联系。"

倘若你赢得了天下，而输了家人，那你的成功也是有很大缺陷的。

3. 情绪管理：别把坏脾气留给亲近的人

- **案例：女儿的眼泪**

处理与孩子的关系，要多些理性，少些情绪化，因为情绪失控是亲子关系中的潜在杀手。

孩子是独立的个体，不是家长的附属品。父母可以根据孩子当下的情况提出合理的期待或适当的批评，但每个人的素质有差异，所能达到的目标也不一样。孩子取得成绩时，需要鼓励；孩子遇到挫折时，更需要鼓励，而不是情绪化的指责和批评。

我同事的女儿汪欣欣在小学时数学一直很好。进入初中后，她父亲也认为她的数学没问题，其实她进入初中后数学是走下坡路的。

上初三第一次考试，父亲让女儿把试卷拿给他看，看完试卷上的成绩，父亲很惊讶，分数低不说，解题思路也乱七八糟。父亲一下子就火了，就在办公室，当着两三个老师的面，把她斥责了一顿。斥责完以后，父亲心里也难受。中午两人往家走，父亲一句话没说，不过快到家的时候，父亲的气也消了。

到了家里，父亲说：老爸现在了解你的数学水平了，这样吧，老爸给你好好补补课，好不好？

女儿当时就哭了。

进入高中以后，父亲开始辅导她的数学。父亲发现，自己辅导别人的孩子，人家不会，自己也能笑眯眯地讲完一遍又一遍。但辅导自己的孩子就压不住火，总觉得这个东西很简单，一看就会，又给你讲了，你怎么还不会呢？情绪就上来了。辅导别人家孩子有耐心，这是职业习惯；辅导自己家孩子，自己最亲近的人，有时反而没耐心了。

后来，我同事发现，自己越着急，女儿在他面前就越怕，越怕就越听不进去。父亲意识到这是自己的失误。于是，他开始思索，试着降低期望值，把女儿当成普通学生对待，这样一来心态就平和多了，父亲也慢慢学会了容忍女儿的一些低级错误。

以前发现女儿的低级错误，父亲会发火。但后来，父亲不仅不发火，还能面含微笑，甚至跟她开几句玩笑。女儿后来数学进步很快，最终考入北京大学。

心理学研究显示：在实际生活中，我们更乐于扮演一个好人，处于取悦他人的状态，以维护自己的人设。这种人设促使我们对外人很友善，但同时也在消耗我们的能量，并产生很大的内在压力。当面对亲人时，就会不由自主地向他们发泄情绪。发泄情绪之后呢？可能什么后果都没有，所以才无所顾忌，因为我们知道亲人会包容和忍耐我们。

人性有弱点。我们对亲人，会比对外人有更高的期待，但期待越高失望越大，这种落差会让负面情绪积聚，让我们变得更容易发火，更容易盲目指责和批评。所以，对待外人和蔼有加，可能是一种处世的老到；而将好情绪留给身边最亲近的人，才是真正的内在素养。

当我们要向孩子发脾气时，先冷静3分钟，然后再决定是否要真的发脾气。要让孩子把话说完，等到他实在没有什么可说的了，你也冷静下来了，再跟他慢慢讲道理、想解决办法。

4. 说话少唠叨，做个酷家长

- **案例：一句话的力量**

有统计结果说，在学生眼里最令人厌烦的，家长的唠叨排在第一位，足见孩子们对它的反感和不满。按照孩子的话来说就是：很多事情明明讲一遍就够了，家长却一定要翻来覆去地说，简直烦透了。

从父母的角度而言，唠叨是对孩子的爱、关注和责任心，在高期望值的心理影响之下，父母总是希望孩子事事都能按照自己的要求去做，并做到最好。

家长出于好意，不断重复老一套的问话，如作业做了没有，考试成绩怎样，等等；但孩子往往有自己的想法。当孩子的想法与父母的期望相左，父母就会不停按照自己的期望去说教，并且批评多，抱怨多，甚至有时候会挖苦讽刺孩子，这样一来孩子就会感到厌烦。

对孩子说话，应该少些感情用事，少些爱的泛滥。和孩子沟通是有学问的，事情想好了再说，说就说到点子上，话不在多而在精。

我曾接到一封长信，是我在青岛二中工作期间教过的一个学生写的，这个学生的名字叫陈皓。她在信里说：王老师，我终于在博客上发现了您的踪迹。我之所以一直在寻找您，就是想向您说声感谢。然后，她回忆了这样一件事。

她上高一时，开始是在一个重点班，结果有一次选拔考试没考好，就从重点班被淘汰到了普通班。高一下学期，我接了这个班。

有个做法，我常年坚持，就是每次考试，无论大考小考，我都会在每一个学生的试卷上写一句评语。为什么要这样做呢？因为我能够跟学生单独接触的时间有限，我就希望，凭借每一次考试的机会，给学生以恰当的点拨，让学生发现自己的优点和不足，从而不断进取。

面对成绩的起伏，学生心里都会产生很大的波动，所以，这句话可不是那么容易写的，甚至会让我睡不安稳。因为我得了解这个学生的心理状态、学习态度等，然后用一句非常恰当的话，给学生以鼓励，或者帮助学生走出心理困境。这句话写得好，学生会有醍醐灌顶的感觉；写不好，可能会起到反面作用。

陈皓这个学生，从重点班被调到普通班之后，感觉挺丢人的，思想负担重，情绪低落。我也注意到了这个女孩脸上那种淡淡的忧愁。后来有一次考试，题目出得比较难，结果全班只有她考得特别好，于是，我就在她的卷子上写了一句话：这才是我心目中的陈皓！

陈皓看到自己考得好，又看到班主任老师写的这句话，就开始反思自己过去的颓废心态，一下子就变得振奋了，变得自信了，也从困境中走了出来。

我带陈皓这个班只有半年，实话实说，多年后甚至连这个学生长什么样都已经不太记得了，可是这个女生呢，却记住了我给她写的这句批语。陈皓高考考进北京外国语大学，后到美国留学，获得了博士学位，回国后在一所大学当教授。

她在信中写道：王老师，我现在成了一名大学教师。在当老师的过程中，我总是仿效您的这种方法，用心去教育我的学生，也赢得了很多学生的尊重。

这个学生在她的人生低谷，因为我的一句话走出了困境，这就是一句话的力量。

有的家长在孩子面前说的话太多了。这些话如果还是不假思索、泛泛而谈、不断重复的，孩子肯定没有兴趣：拜托，您都说了一百遍啦！然后扬长而去。

家长也觉得委屈，我供你吃，供你穿，有钱任你花，恨不得把整颗心都掏给你，说这些不都是为你好吗？不是对你负责任吗？怎么弄得就跟仇人似的？

爱是有边界的，切勿感情泛滥。生活告诉我们，以爱的名义犯下的过错，一点儿不比以其他名义犯的错少。亲子关系最常见的矛盾，就是家长的唠叨，以爱的名义的唠叨。

其实，家长需要做的是反思自己的沟通方式。最好先认真听孩子讲话。之后，家长再用简练的语言对他的话做一个概述，帮他厘清思路。

这样孩子不但获得了尊重，还能明晰自己的思路，也就会主动跟家长讨论解决问题的办法。

总之，家长一定要注意讲话效率，拿不准当说不当说的话，就不说；可多说可少说的话，就少说；要说就说点儿有分量、有启发性的话。这样做个酷家长，不好吗？

沟通要领（三）：行重于言，给孩子一些有价值的实际建议

1. 做到，才能得到尊重和仿效

- 案例："你喝多了酒，就拿我耍酒疯"

父母是孩子的第一位老师，也是终身的老师。不论多么顶尖的学校，多么优秀的教师，都没有办法取代父母在孩子生命中的地位。父母的言行，会对孩子产生终身影响并在孩子日后的言行中折射出来。而家长的威信和权威，来自自身的言行，做好了就是好榜样，做不好就是坏榜样。

有一次，我在外地给家长作讲座。讲座结束后，一些家长领着孩子，跟我咨询和讨论教育孩子的方法。其中有位父亲，就当着自己儿子和众人的面，说自己孩子多么多么差，甚至还说孩子偷偷摸摸。

听他说到一半，我就开口说：请你打住吧！

有句老话说：人前教子，人后教妻。但我不这样认为。我觉得，不管在什么场合，都应该给孩子留一点儿尊严，尤其是当着众人的面，就更应如此。在那么多家长和学生面前，那个家长竟然把他的孩子说得一无是处，满身缺点。

我说：你知道你儿子的缺点，你能不能说出孩子的优点？

他想了半天，才说：孩子挺聪明的，可就是不爱学习。

我说：我想我们最好也来听听孩子对你的看法。

那男生已是五年级的学生了,他就朝他父亲说开了:第一,你好喝酒,喝完酒后经常回家发酒疯,有时候把我吓得心惊胆战,我都不敢在家里学习,但又没有地方去,我坐在房间里面老是有一种恐惧感。你还经常打我,而且是不分青红皂白地打,就是因为你喝多了酒,就拿我耍酒疯。你还逼着我顺着你的思路来,但我有主见,不随着你的思路来,你就看我不顺眼,就揍我。第二,你还说谎。有一年你答应我考到哪个名次,就给我买个礼物,结果我达到这个名次了,你却不兑现。

孩子说:你跟我的关系,就是猫和老鼠的关系,你是猫,我是老鼠,你从来不听我的意见。好多事情,我在家里想要和你沟通,可你总是劈头盖脸地一通说,根本没有我说话的权利,所以后来我就不听你的了。你说话我是坐在旁边听,但我内心一直是抵抗的,我跟你没有共同语言。

我说:好了,你当家长的,觉得孩子说的是不是事实?

这位父亲低下头,说:我孩子说的是事实。

我说:我们大人不也有许多缺点吗?孩子更不可能没有缺点,他们有缺点是再正常不过的事情,所以他们才需要教育,才需要成长。而我们是成人,我们要先从自身做起,给孩子一个榜样,对不对?

这位父亲就开始向孩子道歉,说:孩子,我确实对不起你,原来我对你造成这么多伤害。好,我保证:第一,咱们今后是朋友;第二,我今后不喝酒了;第三,我今后不再打你;第四,我今后对你的承诺一定会兑现。

家长很诚恳地向孩子赔礼道歉,那个孩子也很感动,说:爸爸,其实你优点挺多的,也挺不容易的,工作很累,很能吃苦,咱家之所以能够有今天，与你的吃苦是分不开的……

那天，父子之间达成了沟通，孩子的自尊心也获得了抚慰。

2. 最好的沟通：给孩子一些有价值的建议

- 案例A："黑马"成绩单

什么样的沟通才是最有效果的？每个老师、家长与孩子的沟通方式会有所不同，因为他们所针对的学生不同，个性不同，环境不同。那么，如果可以根据孩子的实际需要，给予他们一些切实可行的建议，这就是最棒的沟通。

有个初中生家长来找我咨询，他觉得自己儿子学习成绩不好，担心这样下去会一直走下坡路，影响中考，可又没有什么办法。

我问：他为什么不想学呢？

家长说：不知道，就是没上进心呗。

我说：不思进取也是分好几种情况的，是被什么诱惑分了他的心，还是跟不上老师的进度，还是其他什么原因？

家长说不上来。我说：那还是让你儿子过来吧。

男生来了。我先看了看孩子的各科试卷，家长果然没有说错，孩子的学习成绩确实不好，不仅是偏科的问题，基础也比较薄弱。

我问他学习情况，他承认自己学得不好，于是我问：既然你自己也觉得学习成绩不太好，那为什么不参加课外辅导呢？

男生答：不愿意学。

我接着问：为什么不愿意学呢？

他说：懒，学不会。

我忍不住笑了：你还真坦诚啊！那你想学好吗？

他说：但我半个学期的课都没怎么听懂，肯定来不及了。

我知道，他日积月累落下的功课太多，想逃避，才造成了今天的结果。

我说：那如果老师愿意帮助你提高呢，你愿意吗？

他点点头。

我又说：我找一个特别有耐心的老师辅导你，帮助你提高成绩。他水平很高，你又是一个聪明的孩子，相信到期中考试的时候，你的成绩会好起来的。

这一次，他认真地点点头：嗯！我愿意！

我给他安排了一个有经验又有耐心的老师。果然，男生在期中考试中，平均分由原来的40分提高到了70分，成了一匹名副其实的黑马。后来，我跟他的辅导老师交流，他告诉我，其实这个孩子可以考得更好。

一个班学生那么多，而老师的精力毕竟有限，所以家长要学会跟孩子沟通，了解孩子，理解孩子，聆听他们的心声，然后给孩子一些具体建议，解决他们的实际问题。

- **案例B：自尊不是打出来的**

我的学生侯晓迪小时候争强好胜，过去他在延庆小学也算是佼佼者，可自从转到中关村一小，同学们总在有意无意地嘲笑他，说他是山里来的"土八路"。

有次放学，侯晓迪收拾完课桌，准备回家。一个男生故意踩了一下他的脚。侯晓迪顿时火冒三丈，朝对方胸口打了一拳，两个人一下子就扭打在了一起，后来他把对方打倒在地。

父亲得知后问他：打架对你来说有帮助吗？

儿子回答：有！打出了我的自尊，他们再也不敢欺负我了。

父亲说：你觉得靠打架能解决问题吗？一个人是否自尊，是自己决定的，而不是别人替你决定的。如果你学习好，活动好，自然会感受到自尊，而大家看到你的优点，也自然愿意和你做朋友，你就会赢得尊重了呀！

很快，侯晓迪再遇到挑衅，不再动拳头，而是在学业上做得更好，他也慢慢融入了新集体，并找到了温暖和自信。

什么是智慧型父母？智慧型父母总能根据孩子的情况，教给孩子一些具体实用的方法，帮助孩子学会一种解决问题的思维方式。这也是沟通的最好方式。

3. 一个行动，胜过十个说教

- **案例**："老爸，你这个水平比我们物理老师高多了"

说到不如做到。教育孩子，靠的是看得见的行动。而家长的行动，孩子是能感受到的。

坦率地说，我看到太多的家长，自己每天浑浑噩噩混日子，要他们再读点儿书学点儿技能，那是天方夜谭，但督促起孩子学习来，却是百般折磨，往死里逼，这不是"双标"吗？

一位朋友来看我，他跟我同岁，我们的孩子也同岁。说起孩子来，他就直摇头，表示对孩子很失望。

我问：怎么了？

他说：第一，他不爱学习，成绩上不来；第二，我想跟他谈，他还不跟我谈，不理这个茬，他对我那一套说法根本不以为然。我想教育他，他不听，他自己又不学，你说这个孩子怎么办？

我就问他：你每天有多长时间和孩子待在一起？

他说：不瞒你说，有时候我一周都见不到孩子。没办法，开会呀，出差呀，会客呀，都是这些事。

我问：你爱你的孩子吗？

他说：爱啊，自己的儿子怎么能不爱？

我说：你一周见不到孩子一面，天天在外面喝得酒气熏天，回到家看着孩子学习成绩不好，心里就烦。烦了以后，你说孩子的那种口气，会是什么样的？是不是训斥的口气？你天天这样训斥孩子，你那是爱吗？你还想让你孩子跟你好好讲话，你孩子有毛病呀？

他低下头，说：兄弟，你说怎么办？

我知道这位仁兄当年是中国人民大学的高才生，就说：爱孩子重在行动。为自己的孩子，你能不能做出一点儿牺牲来？

他说：做什么牺牲？

我问：你孩子哪科不行？

他说：孩子最差的就是物理，找过物理老师给他辅导，也不行。

我问：你当年物理学得怎么样？

他说：学得挺好，但是快20年了，早就忘光了。

我说：你不是号称中国人民大学高才生吗？大学期间如果物理学得挺好，怎么会忘光了？复习复习就行了。你能不能把物理重新捡起来，复习一遍，然后给孩子讲讲，试试感动他一次？这样可能就会打破这个僵局。

他就从我那儿借了一套高中物理书，回去以后，整整备了半个月的课。他把自己关在办公室里面，上班时跟秘书说，一般的事情让部下自己处理，别来找他。然后他把电话线一拔，就开始研究那套物理书。

这半个月他没出差，不会客，也不开会了，就关在办公室里备课，晚上回家也备课。半个月后，他跟儿子说：你物理有问题吗？

儿子爱搭不理地说：有啊，怎么啦？

父亲说：老爸在大学物理学得不错，看看能不能给你一点儿帮助。

儿子不屑地说：你的物理都扔这么多年了，还能给我讲？

父亲说：我试试看。

儿子看父亲挺诚恳的，只好给他个面子。父亲就给孩子讲了40分钟的物理。

听完后，儿子大吃一惊，说：老爸，你这个水平比我们物理老师高多了。

父亲说：孩子，你知道为了备这40分钟的课，我这半个月是怎么过来的吗？

父亲就把备课过程说了，孩子很感动，说：老爸，今后能不能每周都给我讲一次物理课？

父亲说：没问题。

这样，这位父亲每周给儿子讲一次，坚持了两个月，儿子的物理成绩就有了明显提高，同时别的学科也跟上来了，后来在班里考到了第3名，而他原来是第20多名。

朋友高兴了，跟我说：老王，你出那个主意太管用了。

我说：那是因为你用行动感动了他。

你看，这就是心动不如行动，行动是最好的沟通，榜样是最有效的教育。

做法 7

如何面对"早恋"

——我的"三点应对法"

请注意,"早恋"这个词,我是加了双引号的。

习惯上,人们把中小学生谈恋爱叫作"早恋"。恋爱,是一个孩子进入青春期后自然产生的生理现象、心理状态和社会行为。一般来说,男女生十二三岁就进入青春期了。那么,什么叫"早恋"?多少岁算"早恋"?有时总觉得"早恋"这个词多少带有一点儿贬义色彩。

感觉上,好像父母都对"早恋"持否定态度。其实,严格来说,父母未必反对"早恋",而是反对"早恋"带来的后果——影响学习,影响高考,而在很多时候也确实如此。于是"早恋"就成了一些大人眼里的过错。

不管怎么样,"早恋"是摆在孩子及父母面前的一个颇具挑战性的现实。而我则总结了"三点应对法":

1. 尊重与宽容——"早恋"是成长中的课题;
2. 选择与引导;
3. 让孩子有一个宽容而温馨的家。

"早恋"应对法(一):尊重与宽容——"早恋"是成长中的课题

1. 尊重情感:别把他们看成坏孩子

- **案例:郊游活动中的"婚礼"**

我们成人都是从中学时代过来的,男生也好,女生也好,谁没有那种渴望恋爱的青春萌动?青春期由于性生理发育,性意识觉醒,男女个体互相产生兴趣、吸引和向往,从而产生恋爱的体验,这是很自然的。

我在给学生的讲座中谈过,我读高中时也暗恋过一个女生,之所以没有谈成,是因为那时我在班里是个"差生",哪个好女生愿意搭理一个成绩在班里40名开外的"差生"?尽管有这段单相思的情场失意,我也从来不觉得自己是什么坏孩子,我只是一个正常的男生。

有一次做客凤凰卫视的《鲁豫有约》,鲁豫笑眯眯地问我:王老师,您当了20多年班主任,总共"拆"了多少对儿啊?

我说:我可不干"拆"这种"缺德"的事,但我曾经让两三对儿从情感大起大落归于平静。

她又问我:如果学生因为恋爱,互相帮助,一起往前进,您还反对吗?

我说:就我的经验而言,互相帮助一起往前进的有,但比较少,而互相干扰一起往后退的却不少。

有调查显示,中学生有过"早恋"经历的,大约占总人数的1/3,

我不知道这个数据的准确性怎么样，不过中学生谈恋爱，确实有普遍化、低龄化、公开化的倾向。在普通学校普通班级是这样，在名牌学校的好学生中也是如此。

我接手人大附中高中（03）12班后不久，就发现班上有谈恋爱的，公开的就有三四对儿。而且，带头谈恋爱的，还有一些是班干部。

开学不久，我们班组织了第一次郊游活动——云蒙山之游。白天，大家一起爬山、野炊、烧烤，玩得很开心，晚上篝火晚会开始，同学们先是给我这个班主任和一些家长唱了一首歌，然后就把我们支走了。

我们回到房间后，只听当当当响起《结婚进行曲》，大家就开始欢迎几对"新人"，那几对"新人"还正儿八经地手拉着手出来。当时就有三对，是真恋人，其中还有班干部。

本来好好的活动，最后演变成一场集体"婚礼"，好几个家长都看不下去了，要冲出去制止他们，被我坚决地拦住了。

"早恋"，是孩子们成长中的课题，纵容不可取，但简单粗暴更不可取。

我看到过有些家长，谈起"早恋"的话题，信誓旦旦称"早恋我虽不支持，但也绝对不会扼杀"，一副开明家长的样子。

可孩子到了初升高阶段，尤其是高中阶段，因为要应对中考和高考，家长们对孩子身上任何"早恋"的苗头和行为，都变得很敏感，态度也变得强硬起来。那副开明家长的面孔不见了，速度之快，仿佛川剧里的"变脸"。他们开始想方设法地把孩子的"早恋"扼杀在摇篮之中。

我觉得对这种事要看得开。学生们是这样说的：我知道谈恋爱没有好处，可我就是喜欢他，请别把我们看成坏孩子。

我们得承认，中学生产生恋情是正常的，一个人身心发育到一定程度后,自然会对异性产生好感,进而产生恋情,这是身心健康的表现和标志,也是对未来择偶的预演和准备。这么大的学生了,对异性没有好感,没有心跳加速的感觉,感觉不到吸引力,那就不正常了。既然如此,我的态度首先就是尊重和宽容,尊重学生们的情感,宽容他们的行为,当然,也要加以引导。

2. 宽容一些,善待一些

- **案例:我送情伤的女生回家**

对中学生来说,恋爱是把双刃剑。我看过一项调查是这样说的:有1/3的学生认为,只要掌握分寸,又不影响学习,还是可取的。我见过这样的案例:班里的班长和团支书好上了,两人的感情挺稳定,在学习上也相互鼓励,还约定一起考上名牌大学,结果还真的双双考入了名牌大学。

我不否认,对一些学生来说,爱情是动力,可能使人更优秀。可我见到的多数情况是,谈恋爱会分心,会影响学习成绩。这是事实。

学生恋爱是野火烧不尽,春风吹又生,父母们担心的倒不是恋爱本身,而是怕影响高考,可挡又挡不住,怎么办?

我的态度就是要宽容一些。我发现班里同学有谈恋爱的,一般不会去找他们谈。除非他们找我谈,或是明显影响学习成绩了,我才会跟他们谈,谈也是和风细雨式的耐心开导。

也许你会问我,为什么对中学生"早恋"这么谨慎,总是讲尊重讲宽容?因为我经历过一段难以释怀的往事。

那是20世纪80年代初。我做科任老师时，有个班的女生因为恋爱的事没有处理好，导致心理出了问题，学校只好劝退，并安排我送女生回家。

我陪着她先在县城乘坐公共汽车，到镇上下了车，我就问她：离你家还有多远？

她说：还有15里路。

我说：那咱走吧。

从镇上到她那个村没有路。别说马路，连自行车都没法骑，一路都是翻山越岭。途中经过一条大河，河上连座桥也没有。我俩是蹚着河水过去的，水没过膝盖。秋末初冬时节，河水还没结冰，却是刺骨的寒冷。

我问她：你们上学就这样过河？冬天也这样过河？

她说：冬天也是这样过呀。

过了河，继续往前走，可怎么走都走不到头。我问：你说有15里路，15里路有这么远吗？

她说：就是15里路。

这时我才明白，她说的15里路，不是按山路，而是按直线距离算的。

一直走到天黑才到了她家的村子。40多年前，村子很穷，家家院子没有墙，都是用树枝围起来的。到了这个学生家，连个暖瓶都没有。看老师来了，她母亲到邻居家借了一个暖瓶，给我倒了碗水。

他们全家人正在剥花生，剥了一炕。她父亲原想第二天清早背着这些花生，到20多里外的乡镇上去卖，然后再上县城的学校给孩子交学费。

父母知道，对农村孩子来说，高考是他们改变命运的机会。结果，我把他们女儿送回来了。我跟她父母大体说明了情况，父亲默默地听着，母亲眼含着泪水，他们什么话也没说，而我心里特别难受。

中学生，尤其是女生，感情问题处理不好，可能改变自己的命运轨迹。

处于青春期，性的意识开始萌动，但在道德层面会不断地否定自己，由此产生自责、内疚和懊丧等负面情绪，造成内心的剧烈冲突，可能带来严重的心理问题和精神问题。

所以，处理中学生谈恋爱，我一般都慎之又慎，三思而后行。

我当班主任的时候，班里女孩收到情书，有时会给我看，因为她们怕伤了男孩子的自尊心，不知道该怎么办。她们又不敢和父母说，因为有好些父母，要不就是漠不关心，要不就是反应过度，兴师动众的，弄得好多女孩都不信任家长。

我虽然是个男老师，可我总是心平气和、宽容以待，女孩也相信我，让我给她们想办法，我则尽可能委婉地跟她们谈，给出一些意见和建议。

中学生恋爱这种事，老师和家长一定不要看成不好的事情，甚至是丑恶的事情。学生初涉男女之情，怀着一种美好的憧憬，如果我们把这事说得那么一无是处、那么不堪，这会伤害孩子的美好感情，甚至给他们一生的感情生活带来阴影。所以对待这件事，我反对草率，更反对粗暴。

3. 淡化处理，自我和解

- **案例：无疾而终的"早恋"**

中学生谈恋爱，他们有这么良好的愿望，这么美好而纯真的感觉，如果处理不好，会给他们一生的感情生活带来缺憾，甚至是阴影。如果家长和老师能够适当地去处理这个问题，孩子想开了，也会有自己的应对方式。

我带过的班里，有一对男女生，好得不得了，真是地球因你而旋转，彼此都是这么一种感觉，很有从一而终的意思。

男女生的家长都来找我，要我做工作。说句实话，一般来说，对这种事我不愿轻易去问，更不愿轻易去管。既然学生家长来找，我就跟家长说，我不会当众说这个事，更不会逼迫他们，而是私下里心平气和地和他们谈。

我对两个学生说：男女学生初涉爱河，没有人给你们提供这方面的经验和技巧，往往是兴奋、紧张及焦虑混在一起，心理冲突总是免不了的。你们可能会遭遇拒绝、嘲笑，甚至是变心，感情不稳定，心理也处于不稳定的状态中。这样，你们觉得还能集中精力去学习吗？

我说：人生几件大事，其中一件是升学，一件是成家，几件大事都要解决。而解决要有一个顺序。本来现在的主要任务是考大学，你非要把恋爱婚姻放到现在，那大学无所谓了，是吗？如果你把程序弄乱了，错位了，那以后怎么办呢？

对于这番苦口婆心又老生常谈的说教，两个学生出于对我这个班主任的尊重，频频点头。可是过后，他们还是难舍难分。没招儿了，我就跟他们父母说：咱们也把道理讲给他们听了，他们接受到什么程度，那是他们的事了。后来，我干脆也不闻不问了。

可是，过了一段时间，这两个学生忽然就中止了关系，也不知道为什么。

对于中学生来说，感情不成熟，有时候很难说那种彼此依恋的感觉什么时候会消失，会发生变化。

有的学生属于性格沉稳型，遇到情感问题，尚能应对。但这个年龄段的多数学生，往往敏感、多虑而脆弱。有的表现为忧郁、沉默寡言；有的表现为猜忌、疑神疑鬼，很小一点儿事情，就会搅得他心神不宁、焦躁不安；而相处得密切时，彼此又会发现各种各样的毛病，且缺乏应对策略，吵一架、生场气，从此就互相不搭理了。

有些成年人有时容易过高估计中学生在感情纠葛中的心理压力，以及对学习的影响。

中学生的恋情往往是单纯的，彼此都没有投入太多的精力和时间，将其看成猛兽洪水也没有多大必要。有一些中学生对这段特殊的感情经历很看得开，他们说：谁都知道中学生处朋友有结果的少，现在觉得在一起开心就好，等到没感觉了自然会分开。

中学生谈恋爱，由于青春期逆反心理作怪，父母态度越强硬，他们反而越来劲。顺其自然，不用多说，等他们折腾够了，不知道怎么就散伙了。有个男生跟我说：我喜欢过一个女生，有一个月特别想她，真是狂想。可是有一天，突然忘记想了，后来就不想了。

解铃还须系铃人。我们成人能够提供的，就是尊重、宽容和开导。从法律上说，恋不恋爱本是个人权利。恋爱是成长中必经的事情，而成长最终要靠孩子自己。很多时候，如果让他们自己面对、自己处理，反而会更好些。

"早恋"应对法（二）：选择与引导

1. 恋爱是选择题，难说对错但有选择

- **案例："是不是失恋了"**

"早恋"本身是对还是错，一概而论是武断的。对于那些陷入"早恋"的学生，作为班主任，我当然不会纵容袒护，但也从不疾言厉色，硬性禁止。我会把道理讲给学生听，听不听，听进去多少，最终做出怎样的选择，那是学生自己的事。

恋爱是男女成长到一定阶段，由于生理、心理、环境等多个因素影响而形成的一种情感行为，它是一种本能，没有对错，但有选择，一种是否对自己未来负责的选择。

我班里有一个女生，有一段时间学习状态不太好。一天，她来到我的办公室。

我这个人经常爱跟同学开玩笑。女生一进来，看到她一副愁眉不展的样子，我就跟她开玩笑：你来干什么？是不是失恋了？

女生很惊讶：老师，你怎么知道的？

学生毕竟是学生，他们是专注学业，还是心猿意马，当老师的还是能察觉到的。我说：我是老师，也是从你们那么大过来的呀。讲吧，跟谁谈上了？

女生说：我喜欢上了咱们班的一个男生，可他不理我，还说自己

有女朋友了，但我知道他没有，可是他老是说有。老师，您说我该怎么办？

我说：那个男生的确优秀，你也挺有眼光的。

我就举了这个男生身上的一些优点。女生听了很激动，觉得我挺理解她的。

我接着说：这个男生更优秀的是，他知道爱护自己，也知道爱护你。据我所知，他确实没有女朋友，但是他怕伤了你的心，就说自己有女朋友，这不是间接地拒绝你吗？

女孩问：为什么？

我说：这个男生多会处理事啊。人家知道现在学习最重要，好好学都不一定能学好，万一再掺和上这件事，你们俩还能行？学业不好，还有什么前途可言？人家是对自己负责，对你负责。单从这点来讲，他比你成熟多了。你想和人家谈恋爱，这个男孩如果真的不负责任，你们俩热火朝天的，学业上再来个两败俱伤，你觉得这个男孩对得起你吗？

女生说：我得想想，好像是这么回事。

我说：恋爱的感觉是美好的，最好别捅破。今天好好努力，等到高中毕业后，你们都上好大学了，我给你们俩撮合一下，行不行？

女生说：真的吗，老师？

我说：真的，没有问题，我看你们俩也挺般配的。

女生高兴起来，说：老师，您真好！

恋爱不是错误，更不是罪过，如果一开始就把"早恋"定性为一种过错，那我们当老师、当父母的，采取的态度就一定会有问题。但要不要在中学阶段谈恋爱，要不要为感情牺牲学业，对学生来说这是可以选择的，是对未来生活的一种选择。

2. 有独立人格，感情才可能长久

- **案例："他明明知道我喜欢他"**

陷入感情旋涡，即使成人也不能自拔，往往失去自我，对中学生来说，更是如此。但真正的、长久的爱情，只会发生在两个拥有独立人格的个体之间。拥有独立人格，意味着在感情旋涡中会理智一些，处理感情问题也成熟一些，这种感情也才能持久，否则人很容易陷入盲目和各种误解状态中，感情也不堪一击。

我在山东工作期间，有个女生学习成绩一落千丈。

我问她：最近有什么心事吗？你父母不在跟前，你又比较内向，有什么话千万别埋在心里面，遇到什么事，老师可以给你想办法。你要相信，我是站在你这一边的。

女生先是沉默，后来就哭了。

她说：我特别喜欢一个男生，可是这个男生经常伤害我。他明明知道我喜欢他，还故意在我面前和另外一个女生甜甜蜜蜜的，而且经常当着我的面说些风凉话，看到我也不理不睬的，弄得我没心思听课。有时候听到他跟同学说几句话，我也觉得他在说我。

我说：这样啊，他喜欢你吗？

女生说：他喜欢我。有一次他跟我说，我多聪明，长得多漂亮，将来一定是个贤妻良母。

我了解这个女孩心中的"白马王子"：和女生的内向性格相反，那个男生性格外向，篮球打得好，跟谁都能合得来。好多女生喜欢跟这个男生逗趣，可她们不当真，只有这个女生把这些都搁心里了。

我说：既然你来找我，那我可不可以跟他聊聊？

女生点头。

我瞅着个机会跟男生提起这件事，不料他说：王老师，绝对没有这种事，我从来没往这方面想，也不会有意去伤害谁。

我说：我理解你，但你也得理解人家女孩吧！你看，我都有一点儿妒忌你了。这么漂亮的女孩暗恋着你，说明你多有人缘呀！既然如此，你在说话做事的时候，要照顾她的心理反应，千万别给对方造成伤害。如果你今天烧一把烈火，明天泼一瓢冷水的，这个女孩就没法过了。

后来，男生在她面前也注意了。女生就慢慢冷静下来，从那段因误解而起的情感中走出来了。

美好的爱情，一定是两个优秀独立个体的相互吸引，而不是一个人对另一个人的单方面依附，单方面依附的情感属于先天脆弱型。

内心强大的人，不会把自己的生活和未来，一股脑儿地交到他人的手上，因为能长久地给予你所需要的安全感的，只有自己。

有个女生说暗恋了一个男生很久，为了能够引起他的注意，她像很多恋爱中的女生一样，研究对方的爱好，也试着让自己擅长这项爱好。可当她和他靠近的时候，对方却说不喜欢没有自己个性的女孩。

中学生一旦陷入自以为是的恋情中，就很容易失去自己。有时候，女生会觉得，喜欢一个人就要努力，无限靠近对方，而当你完全迷失了自己，其实也失掉了在别人眼里的价值。

中学阶段，黄金般的岁月，一个内心坚强的人，不会轻易把时间、精力交给别人去支配，而会把时间精力分配好，使用好，用于提升学习能力和思维能力，而学识总会带来涵养和魅力，终究会赢得他人的尊重、倾心和爱。

爱不能靠施舍，施舍的爱只会让自己丧失人格的平等，自尊全无，进退失据。唯一能主宰自己人生幸福的人，其实就是你自己。

3. 理智与情感：相爱容易相处难

- **案例：以泪洗面的女生**

要让孩子懂得，情感与理性的冲突，将会伴随每个人的一生，而理性往往能平衡欲望的冲动，拽住命运的缰绳，让我们不至于完全失去自己。

在青岛二中工作期间，我负责给一个高中班上数学课。这个班有两个男女生是一对儿，看着挺般配的，两个人学习都挺好，成绩排在班里前 10 名。

他们俩在高二期间就公开关系了，大家都知道他们俩在谈恋爱，也都习以为常了。

可是后来有同学发现，那个女孩经常以泪洗面，劝也劝不好。后来他们班班长找到我，说：他们这样发展下去简直是互相伤害，最后肯定什么大学都考不上了。王老师，您能不能出面跟他们谈谈？

我说：那就看看有没有机会吧。有一天放学后，我和那个男生相遇，我们推着自行车，一边走一边聊。

男生因为喜欢我的数学课，也愿意跟我谈。他就跟我说起了他们俩相处的事。他跟我讲，当初他们是怎样认识的，怎么恋爱的，对方的眼神有多么动人，感觉有多么美好。

然后又开始讲，他们相处后却遇到矛盾，矛盾出在两个人的个性上。

两人经常在一起讨论学习问题，女生哪道题不会，就问这个男生，男生脑子灵活，就给她讲。女生一时没听明白，男生就说：你怎么这么笨，这么不开窍呢？就有点儿不耐烦。

女生一听，说：我不听了行不行？这个男生就更激动了，说：你不会还不听，怎么这样？而女生就越发不听了。结果两个人就是因为这些事，感情时好时坏。

有一次班级集体合影，男生觉得这个女生穿的衣服不好看，就要求女生换一件。女生不换，男生就不愿意。女生火了，说：我还没嫁给你呢，你现在就限制我穿衣服的自由了！两个人就吵起来了。

男生说他现在很苦恼，问我：老师，你说我现在该怎么办？

我说：你们两人有这么浪漫、这么美好的一段感情，不要轻易给断送了。可高考也很重要。你们要再这样下去，在山东这种残酷的高考环境中，可能会两败俱伤。你看这样行不行：高考之前，你们把关系冷却下来，就当没有这个关系？这对双方都有好处。你能不能从现在开始只顾自己的学习，把她当成一般同学对待？平时别去找她，也别跟她聊天，也别总去看她，你能不能做到这一点？

他说：老师，我能做到这一点，但是我怕她受不了。

我说：她的工作我来做，行不行？

他说：好。

后来，我又找机会跟女生聊。女生就跟我说，她觉得这个男生脾气太大，毛病太多，真是一无是处，但又解脱不了自己。

我就把那个男生对她的好印象说给她听，使女孩重新回忆起他们之间的美好感情，化解了她的一些不满情绪。因为我担心这个女孩如果带着怨恨，就没法好好度过高考前的那段日子。

然后我问她：你现在是不是也很苦恼？

女生说：老师，要不是您跟我谈，我就崩溃了，之前确实有些不想活了。我现在轻松多了。

我说：轻松之后你想干什么？

女孩说：我想学习呀。

我说：你还想那个谈恋爱的事吗？

女孩说：不想了，再也不想了。

我说：好，今后你别搭理他，我也让他不搭理你，把你们两个人的座位也调开，行吗？

她说：行。

后来，在高考前的一段时间，他们两人真的是谁也不和谁来往，形同陌路。最后，两个人高考都考得不错。上了大学以后，我听说两人又重归于好了。

感情需要理性去平衡，一旦感情完全投入对方身上，耿耿于怀，心理就会失衡，从而带来学习和生活的失衡。一个成熟的人，总能让自己更理智一些，不会让感情泛滥得没有边界，这样的人才能够拽住欲望的缰绳，有所为有所不为，从而把握住未来幸福的机会。

4. 恋爱规则：自由且负责

- **案例："拒绝有时是对自己的爱护，也是对两人关系的爱护"**

爱情的规则是自由且负责。恋爱是自由权利，但也要承担相应的责任。爱情的力量足以让人失去理性，但在感情失去控制之时，尽量把握分寸，甚至是加以拒绝，有时也是一种爱护。

我在沂水一中工作期间，有一年教复读班。班上有个女生，以前和同班一个男生恋上了，后来男生考上大学，女生没考上，就来到复读班。那时各个班里还没有信箱，所有给学生的信都通过班主任转交。我知道家书值万金，只要有来信，一定会及时地转交给学生。

　　后来，我发现基本上每周都有一封寄给那个女生的信，是从一所大学寄出的。于是我就跟这个女生说：怎么有一个人经常给你写信呢？

　　她说：老师，那是我高中谈的男朋友。

　　我问：现在怎么样？

　　她说：老师，不瞒你说，我们一开始感觉挺好，现在越谈越累。

　　我说：为什么？

　　她说：你看他每周给我一封信，我就得给他回，我要是不回，他就会非常苦恼，甚至觉得我要变心了。原先我给他回信是洋洋洒洒写好几张纸，现在我给他回信成了一种负担，但我又不想伤害他，又不想拒绝他。老师，你说我该怎么办？

　　我说：你可以不伤害他，但你得考虑要不要拒绝他，要不这一年复读的目标可能就没法实现了。拒绝有时是对自己的爱护，也是对两人关系的爱护。

　　女生觉得有道理，就给这个男孩写了一封回信，希望两个人能把感情埋藏一年，等女生高考后再说。那封信一发出去，对方就不再来信了。女孩的心态平静下来，精力集中到备考中，最后考上一所大学。

　　后来两人恋爱成婚。我在青岛工作期间，他们还抱着小孩去看过我，说很庆幸他们当时做了一个正确决定。

　　恋爱自由是法定权利，同时恋爱也是一种行为选择，而任何选择都要承担相应的责任，这就要求恋爱双方采取负责任的态度。所以，拒绝有时候就是一种爱，一种更长久的爱。

我的班里有一个女生，跟同班一个男生谈上了。之前，这个女生的成绩在年级排名前50名，自从谈上恋爱，成绩急剧下滑到年级300名以后。

有一次考完试，女生到办公室找我，说：王老师，我承认我在谈恋爱，因为我知道自己谈恋爱，所以现在一有点儿时间就学习，我想凭高一、高二的学习基础，怎么也不至于摔到300名以后。虽然我更加投入地学习，可成绩不但不前进，反而大踏步地往后退，我现在挺苦恼的。

我说：学习必须心如止水。上着课，你在想着那个男孩，做作业，也想着那个男孩，是不是？

她说：是。

我说：对方那边有一点儿风吹草动，都会牵动你的心，其他刺激则很难在你心中产生印记。这时候你就不是听课了，而是光顾着琢磨那个恋爱对象了，那还能安心学习吗？

女生问：那怎么办？

我说：既然已经明显影响学习了，你又想让学习成绩赶上来，那么最好把这段感情逐步地淡化，让你的心态重新归于平静。现在是高中阶段，一个正确的选择可能决定一生的命运。只有拥有一颗宁静的心，才能让自己走得更远。自身能力强了，留得青山在，还怕没柴烧？这是对自己负责，也是对别人负责的态度。

女生听进去了这些话，慢慢淡化了这段感情，学习成绩逐步提高，后来去美国留学了。

"早恋"应对法(三):让孩子有一个宽容而温馨的家

1. 家,是孩子心灵的港湾

- **案例:一封30多页的信**

良好沟通,尤其在孩子情感问题上的良好沟通,是一个正常家庭的指标之一。脆弱时、绝望时,家,才是孩子的情感归宿,是孩子最后的心灵港湾。如果家是孩子希望躲开、逃避的地方,那就是家庭教育的失败。

有一年暑假,河北有个女生和她的父母一起来找我。进了办公室,女生坚持让父母走开,要单独跟我谈。我俩一坐下来,女生就递给我一个信封。我抽出一看,这封信竟有30多页!

女生在信中如泣如诉地讲述了自己的情感经历。原来,这个女生读高一时和一个男生好上了。相处一段时间后,发现男生毛病很多,就不想跟他继续交往了。那个男生就对她恶语中伤、造谣,同学们议论纷纷。女生处于是非旋涡里,有苦说不出,越来越孤独。此时,另一个男生来到她的身旁,女生就像抓到了一根救命稻草,可先前的那个男生竟然告诉后来的男生,说女生作风有问题。于是,第二个男生也离开了。

女生高一时学习成绩优秀,经历这些事后,到了高二学习成绩一落千丈。女生哭着跟我说:我也想学习,但一想到那些事,就没办法安心。现在,我下定决心,要离开原来的学校,到您这里学习。只要您在我身边，我就可以做得很好。老师，您能保护我吗？这些经历我只敢对您一个人讲。现在说出来，我觉得舒服多了。

我问她：你没有对父母讲过吗？

她摇摇头说：没有。有一天，我刚说有一个男孩喜欢我，就被父亲劈头盖脸骂了一顿。以后，我再也不敢开口了。

我说：你来我这里学习没问题。我跟你父母谈谈吧。

女生出去后，父母进来。我问：孩子高中过得愉快吗？你们了解她都在想些什么吗？

母亲说：这孩子高二以后，成天愁眉苦脸的，也不知道她都胡思乱想些什么事。有时看她哭哭啼啼的，我问她也不说。

我说：你们怎么问的？是不是有一次她刚说了个头儿，就被骂了一顿？

父亲说：是呀。我一听，小小年纪就男男女女的，不好好学习，什么乱七八糟的！

我说：一个女孩子，在感情旋涡中难以自拔，只有父母可以帮助她，可偏偏父母什么都不知道，还在伤口上撒盐。这个样子，孩子很容易出现问题的。

父母为自己的过失申辩：我们也是疼爱孩子的，也是为了孩子好啊！

我说：爱孩子是一只母鸡都会做的事情，关键在于会不会爱，怎么去爱。

庆幸的是，这个女生走出了原先学校的环境，选择了自救之路，从而有了新的开始。

如果中学生做了男女朋友，我们最担心的是什么？我们是不是担心，孩子会在性的方面失控？其实，调查表明，学生谈朋友，多数情况下他们希望从对方处得到的东西，比单纯的性要多得多，他们更多地是希望得到相互理解、帮助和温暖的情感。

亲子之间关系紧张，孩子感受不到家庭温暖，感到孤独，再加上家长教育方法不当，粗暴专断，骂骂咧咧的，孩子就会把自己封闭起来。亲子之间隔阂一旦形成，孩子就会失去归属感、安全感，就容易陷入孤独，甚至是绝望之中。

当孩子寻求家庭温暖的心理需要得不到满足时，他们就从冷漠的家庭之外的异性朋友那里去求得安慰，获得心理上的补偿，往往又反过来陷入情感旋涡不能自拔，学习就更成问题了。

也许是对一些青春话题孩子羞于启齿，也许是对家长的管教和唠叨感到厌烦，也许是不满于家长的处理方式，总之，到了青春期，很多孩子都觉得和父母无法沟通，心也离他们越来越远了。

如果孩子与父母关系好，无话不谈，孩子遇到情感问题，回家一倾诉，父母加以安慰和疏导，孩子不至于情绪失衡，也能把握好这段感情。

有一个男生，高二时谈了个女朋友，他父亲知道后，就在想怎么处理这件事。他想到如果一味反对，孩子肯定会有逆反心理，弄不好就会跟家长对着干，所以他就决定用开诚布公的方式来处理这个问题。

有一天，这位父亲看儿子情绪不错，就问：这么高兴，有女朋友了吧？见儿子没有否认，父亲接着说：女朋友怎么样呀？哪天带家里来，我看看你的眼力如何。

儿子见父亲对这件事还挺开明，有一天就把那个女同学带来了。父亲说：你们谈朋友，我不反对，不过我有两个要求——一是向对方负责任，二是不能荒废学业。你们能答应吗？

儿子和女友很理解父亲的心情，所以，两人相处的时候，就会注意分寸，做事负责，处理好恋情与学业的关系。

2. 感情陷落孤独时

- 案例：考试没考好，遇到安慰就是知心爱人吗？

在中学生谈恋爱大军中，有一类学生是特别值得关注的。这类学生要么家庭不和睦，要么是单亲家庭，要么父母不在身边而跟随上一辈人一同生活，这些学生与亲人缺乏沟通，找不到宣泄烦恼的渠道，因而就很想找个同伴聊聊。

如果女生找女生，或男生找男生，他们觉得自己的秘密可能会被泄露出去，不如找一个比较谈得来的异性来聊，这样时间久了自然而然也就产生了感情。

我班里有一个女生，有一段时间情绪不对，上课心不在焉，学习成绩越来越差。观察一段时间以后，我注意到她跟班里一个男生好上了。这个女孩一米七几的个子，长得漂亮，有气质。她喜欢的那个男生呢，属于很普通的那种。

女生后来告诉我，说有一次期中考试没考好，我开班会把很多学生轮番表扬了一遍，唯独没表扬她，她就闷闷不乐，情绪低落。她想到办公室找我聊聊天。可那天期中考试刚结束，很多学生都去找我，她过去一看，前边排着一长串同学，她排不上号，只好走了。

回家以后，她妈妈一看她脸色不好，问怎么了，她说这次期中考试没考好，妈妈又把她说了一顿，这女生就更加痛苦了。

第二天她来到学校，那个对她仰慕已久的男生走过来，跟她讲：你这次虽然考得不理想，但其实我们都非常佩服你。你看你学习能力那么强，基础又那么扎实，各方面都很优秀，我们都非常羡慕你。我的数学成绩呢，应该说比你好一点儿，以后我来帮你。

女生在这个时候最需要别人的鼓励和帮助，结果来自老师的帮助没有及时到位，来自家长那边的又是责备批评，这个男孩适时走到她跟前，女孩简直把他当成了知音，两人就好上了。

我说：你说我在班会上总结期中考试，没有表扬你，我怎么会去表扬退步很大的学生呢？再一个，我没有及时跟你谈，你没有及时解脱出来，这个男孩走到你跟前，你就以为遇到知己了，下一次再没考好，另外一个男孩来了，你就又遇到知己了，你到底有没有自己的做事准则？

她说：老师，那我怎么办？

我说：那男生为你陷得很深，你现在应该慢慢地脱离出来，不要伤了人家，同时也得保护好自己。

这个女孩听了我的话，就慢慢地淡化了这段感情，这件事就不了了之了。

我和不少"早恋"的学生谈过话，每次我问他们：你为什么要"早恋"呢？有些学生就挺着胸脯告诉我：因为爱情。

我又问：你为什么爱他呀？

学生就说：因为他对我很好，我难过的时候只有他肯陪着我、安慰我、鼓励我。

我问：这就叫爱情吗？那要是当时出现的是另一个人，在你难过的时候陪着你、安慰你、鼓励你，你是不是爱上的就是他了呢？那你觉得这种"谁都行"的感情是真的爱情吗？

学生就不说话了。其实，有的学生"早恋"，未必是因为遇到多么喜欢的人，而是因为在生活、学习中遭受了挫折，没有及时找到排解的途径，这时候恰好出现了一个异性同学，安慰了几句，结果阴错阳差地就好上了。

所以，父母教育孩子处理这类情感问题时，一定要让他们分清楚什么是爱情，什么是感激。即使对方帮助了你，你也没必要用跟他谈恋爱的方式来回报他，你完全可以和他成为朋友，在学习上互帮互助，这样不是更好吗？

3. 让孩子学会自尊自爱

- **案例：一个不断打听父母爱情的女生**

恋爱与学业往往会产生冲突，所以，大人们总是希望"早恋"不要发生在自己的儿女身上。可是恋爱的发生又往往是自然的、正常的、不可避免的，所以，重要的是如何面对。

我在沈阳作完讲座后，有个家长问我：王老师，我孩子这些日子老跟我打听我是什么时候开始谈恋爱的，有没有深深的回忆，这孩子是不是有点儿想法了？

我说：不排除。

家长问：那可怎么办哪？

我说：那你就给她讲呗，但是要注意策略。

我看她一头雾水，于是给她讲了我一个女同乡的故事。

女同乡的女儿和一个男生坐前后排，上课借块橡皮，递张稿纸，渐渐产生了朦胧的依恋。母亲感觉到孩子的变化，又拿不准该怎么办。一天晚上，看女儿在镜前自我欣赏，母亲笑着说：挺好看。

女儿问：真的吗？

母亲说：就是好看呀，妈妈像你这么大的时候，已经有人追求了。

女儿说：讲给我听听。

母亲说：我那时下乡，可不想早早地嫁人，待在那个小山村里。当然是一口回绝啦！

女儿问：那您是怎么认识爸爸的？

母亲说：我和你爸是同学。

女儿兴奋地说：老妈，你们是"班对儿"呢！

母亲摇头说：不是的。你爸是大学毕业以后才追的我。我问你爸，怎么这时候想起我来了？你爸说，学生时期，我们前途未卜，我一直把这份感情埋在心底，就为了等到今天。我现在有了合适的工作，跟你在同一座城市，能给你真正的幸福和安全。

这一夜，女儿不断回想着妈妈的话，感到相爱原来是一份沉甸甸的责任。她羡慕父母那种稳重、深沉的爱，也懂得了该如何处理现在的这份感情。

沈阳那个家长一直跟我保持着联系，她后来跟我说，那次她听了我说的事受到启发，但还是决定先找老师了解情况。

老师说她女儿确实和同班一个男生走得很近。

女孩知道母亲找过老师，心里就忐忑不安起来。当天晚上，母亲跟女儿说：老师跟我说，她听说你与一个男生走得比较近，可老师不能确定，我也不太相信。

女儿顺着母亲的话就说了：老师就是多心，我学业这么忙，哪会有那个心思？

母亲说：那就好，早点儿休息吧。

女儿躺在床上，回想母亲的话，回想自己慌乱的样子，心里明白母亲知道一切，只是没有挑明。母亲不赞成自己谈恋爱，但尊重自己，所以，她对母亲充满感激，也懂得了怎样去把握这份感情。

做法 8

面对"电游"诱惑

——我的"组合应对法"

本章主要谈如何面对"电子游戏"的诱惑，这里的"电游"，泛指手机、电脑游戏等。

沉溺于"电子游戏"是个老问题，但一直难以解决。现在已有明文规定：中小学生不得带手机进校园。在校园范围内，这个问题已经得到基本解决。但孩子可能在家玩，进游戏厅玩，有手机的话，在校园外更是可以随时随地玩。

记得曾有一起母亲起诉游戏公司的官司。江苏南通一个13岁少年，在舅舅家玩"吃鸡"游戏，深夜时分，少年从四楼跳下身亡。母亲说儿子玩的这款游戏，有一个情节是玩家不走门选择跳窗，跳窗后回点儿血就可以活过来，兴许儿子就是恍惚间想去验证游戏里的情节才跳了楼。母亲声泪俱下，愤而起诉游戏公司。

那么，作为父母老师，我们到底该怎么应对？

我总结出一套组合式应对办法，三位一体，缺一不可：

1. 找根源——重在治本；

2. 有原则——自律 + 约束；

3. 有方法——契约化管理和"21 天法则"。

组合应对法（一）：找根源——重在治本

1. 防游戏，还是防沉溺：学渣和学霸之间就差一部手机吗？

- **案例：跟老师闹意见后，他跑进了网吧**

沉溺于电子游戏的学生，往往学业不好，甚至是荒废，所以有家长就认为是游戏害了自己的孩子，觉得学渣和学霸之间，就差一部手机而已。真是这样吗？

我的问题是：这些孩子沉迷于游戏的原因是什么？是学生沉溺于电子游戏导致学业荒废，还是因学生本人出了问题，导致沉迷于电子游戏？我认为两者都有，但后者的情况更为普遍。

一个山东男生，高一、高二时学习很好。高三时因为跟班主任老师闹了意见，遭到冷嘲热讽。他心情郁闷，便丧失了学习兴趣，就上网吧寻找乐趣。在网上又认识一个女孩，两人很快好上了，男生的学习成绩也就一落千丈。

这就是一个典型案例。从这个案例中，能看出来往往是孩子心理沉沦导致沉溺于游戏，进而导致学业荒废。

这么一折腾，孩子的高考成绩可想而知。落榜后，那女孩反过来讥讽他，嫌他窝囊。两个小孩子谈恋爱，遇到点儿风浪就烦恼不断。男生看到家长唉声叹气，整天为自己犯愁，就开始反思自己该怎么办。

家长找到我，我说：在家不要一味责怪他，别搞得一片愁风苦雨的。现在孩子心情郁闷，也别再提什么高考和学习，要给他一些时间好好反思自己，要让孩子感觉家里温暖，值得留恋，否则他又得出去上网吧，找女孩。

终于有一天，男生说：爸、妈，我想复读。

于是，父母带着孩子一起来见我。孩子一坐在我面前，就哭开了，说：我对不起爸爸妈妈，请给我一次机会，看我怎么表现。

我说：浪子回头金不换！你高一、高二学得那么好，经历了这么多事之后，告别过去，一定会触底反弹，明年就能考上一所好大学。

他咬着嘴唇：我也觉得自己能行。

我说：那你就重整山河，开始准备复读吧！但是有几件事，你还需要处理一下。首先就是别再碰电子产品之类的东西，也要和那个女孩分手，一刀两断，否则你还是别复读了，没用。

男生说：我能做到。我现在就把她的QQ、微信统统删掉。

看着儿子删完女友的信息，父亲问：孩子的手机怎么办？

我说：复读这一年，怎么能走得更高更远呢？你还要拿出行动来，拒绝手机的诱惑。

男生说：王老师，我发誓，这一年我和手机一刀两断。

一转身，他就把兜里的手机掏出来，交给了他爸爸。

有决心，孩子玩"电游"的习惯就改掉了一大半。后来，这个男生也有忍不住想玩手机的时候，可是一想自己都发誓决裂了，咬咬牙就坚持了下去，第二年高考果然考上了一所好大学。

2. 学生躲到网吧打游戏，是教育上的一个失败

• **案例：父母天天吵架，男生打游戏上瘾**

中学生是未成年人，沉溺于手机游戏、电脑游戏，导致学业荒废，往往是教育尤其是家庭教育的一种失败。

我曾认识一个做房地产生意的，生意做得大，发财了，可能是因为家里钱太多吧，闲得没事总得"找点儿事干"，干什么呢？就是三天两头跟老婆吵架。

他经常喝得醉醺醺的，回家后不是跟老婆发火，就是跟儿子发火，家里鸡飞狗跳，硝烟四起。这样的家庭氛围，可把孩子害苦了。儿子本来学习挺好，正常发挥，完全可以考上一所名牌大学，可父母经常吵架，使得儿子陷入烦恼、忧郁和痛苦不安中……渐渐地，他放学后不回家，背着书包直接上网吧，结果打游戏成瘾，学习就越来越跟不上了。

男生跟家长提出来：反正高中我是不上了，你们要是想让我将来有点儿出息，就帮我转到中专去，我去学计算机，将来自己打工，反正我也不靠你们。

家长觉得确实也挽回不了，又看孩子态度很坚决，没办法，就把他从重点高中转到了一所中专。然而，进了中专，他所在的那个班根本没有学习氛围，男生更没有学习热情了，他又不愿回家，因为家庭争吵不断，缺少温暖。

男生一开始还按时上课，后来也不到学校去了，背着书包离开家门后，直奔网吧。他是按学校作息时间，按时出门，按时回家。家长也不知道他到底干什么去了，直到他连续旷课一个月，学校方面找到家长，家长才意识到问题的严重性，但是事态已经无法挽回了。

男生母亲伤心透顶，一气之下跑到北京，离开让她悲哀和痛苦的环境。有一天，几个山东朋友聚会，我遇到了男生母亲。

我们聊起孩子的教育问题，她当场就难过得哭了起来，向我诉说了儿子的情况，并说：王老师，我在北京，儿子在青岛，现在这时候，我敢说儿子要么在家里挨他爸揍，要么就在网吧里混日子。我该怎么办？

我看到她对孩子这么牵挂，就建议她干脆把儿子带到北京来，再想办法。

第二天，她就把儿子接到北京来了。我领着那男生先到北大，让我在北大上学的学生带他参观北大，感受学习氛围。结果在北大转了半天，他竟然无动于衷。

吃晚饭时，男生就摆出一副死猪不怕开水烫的样子来，说：王老师，我理解您的用意，北大是很好，但那不属于我。您如果想让我上高中，那是绝对不可能了。我爸不是有钱吗？他们不是吵架吗？我就让他们吵，我看看他们将来拿我怎么办。我就这样了，您也别挽救我，我已经不可救药了。

男生这个样子反而激起了我的好奇，我这个人也是较真儿，只要是到我手里的学生，无论多难我一定要让他改变。

我换了个话题：你高中不读了，中专也不读了，打算怎么办？

他说：我能怎么办？不行就流浪，让我爸那点儿钱有点儿用武之地。

男生就是这么一种态度。

最后，在我的说服下，父母同意让孩子离开青岛，离开父亲，男生也接受了，在北京一所高中当插班生，重返课堂，补习课程，先是就读于一所民办大学，后来如愿考上中国政法大学研究生。

我讲这段故事想说明什么呢？有的家长动不动就对孩子动粗，那会对孩子的心理产生严重影响，孩子就会逃避家庭，也就可能上网吧，沉溺于电子游戏。

还有一种情况，比如孩子感觉学习压力大，考试没考好，或者受到严厉批评，导致郁闷和焦虑，老师父母又没能及时疏导好，孩子也容易沉溺于电子游戏中。因为在游戏中，他能感受到自己的存在和虚幻的快乐。

所以，在有的家长看来，是游戏害了孩子，却没有注意到导致孩子沉迷于游戏的真实原因，其实就是他们遭遇了挫折，心理发生了变化。

再一个情况就是，家庭环境好、学习成绩好的学生，也有沉溺于电子游戏的现象。主要原因有两个：一个是父母的期望值过高，导致孩子心理压力过大，就容易沉溺于电子游戏中；另一个是，好学生太过争强好胜，有完美主义倾向，可一旦达不到自设的完美标准，就会产生焦虑抑郁情绪，也会沉迷于电子游戏中寻找慰藉。

孩子毕竟是未成年人，一旦沉迷于电子游戏，大人就应该反思，是不是在教育上有缺失或不到位，比如我们应该怎么把握宽严尺度，怎么教育孩子：有挫折有坎坷是常态，不必过于追求完美。

常见的情况是，家长一看孩子在家打"电游"或往游戏厅跑，就觉得孩子是不是游戏成瘾，那就把问题看得过重了。

专业概念上的游戏成瘾，是一种心理病症。按照世界卫生组织的标准，要确诊某个孩子是不是游戏成瘾，需要相关症状至少持续12个月。注意，这里有两个要素——一是沉溺于电子游戏，二是时间上达到12个月，才能确诊是不是游戏成瘾，是不是游戏障碍类的心理病症。

孩子躲在屋里或跑到网吧打游戏，往往是由郁闷、焦虑情绪或强迫心理导致的，我们更多地应该从学校教育和家庭教育等方面找原因。如果我们处理问题的方式，就是把孩子送到戒网瘾学校，这就不是教育而是推卸责任了。

3. 重在治本：让孩子拥有良好价值观和人生目标

- **案例：一个天才少年的沉沦与觉醒**

我常说，要让田地不长草，最好的办法是种满庄稼。我的班级也有学生玩电子游戏，但不会上瘾。我发现，那些对自己未来有想法、有抱负的人，很少沉溺于游戏。

如何抵挡电子游戏的诱惑？聪明的孩子、内心强大的孩子会知道该选择一个什么样的人生，他们懂得陷入"电游"里能爽一时，而整个人生可就不爽了。

所以，我认为拥有良好的价值观和人生追求，是避免沉溺于电子游戏的根本之道；而思考这一根本解决之道，可以回到天赋的原点上。我们可以引导孩子自问：我的天赋在哪里？我的优势在哪里？我的追求是什么？我怎么去奋斗，才能实现梦想？实现梦想是更有价值也更有成就感的事。

我们教育集团旗下一所学校的学生鄂吉波，高考以643分考入清华大学热能工程系。他写过一篇短文，讲述了自己与"电游"战斗的心得：

除了诱惑，我什么都能抗拒，小说家王尔德曾这样说。很惭愧，我也是这样的一个人。幸而又不幸的是，我们出生在充满各种诱惑的今天，电视、电脑、手机，还有青春期懵懂的情愫，它们中的任何一样，都曾给我带来过致命的诱惑。我的学生时代，简直就是一部不断与诱惑作斗争的血泪史。这一路，我走得跌跌撞撞，唯一值得庆幸的是，我成了为数不多战胜诱惑的人。

回头看看我的身边，倒下过太多的战友。那个被我妒忌过很久、每次数理化考试几乎都得满分的天才少年，在高一那年变成了网络游戏的俘虏，熬夜看书变成了熬夜打怪，成绩也不出所料地一落千丈。还有那个字迹清秀、文笔动人的邻座女孩，把她最宝贵的时间都奉献给了隔壁班的校草，笔下的优秀范文变成了肉麻情书，她自己也变成了老师同学眼中的反面教材。从此，江湖上再也没有了他们的传说……

他问道，为什么这么多人都甘愿上诱惑的当呢？因为诱惑太狡猾，它总是会用看似美好的假象吸引我们的注意。所以，抵制诱惑的第一步，就是撕下它虚伪的面具。关于这一点，最好用的方法，莫过于精神刺激法。高一的时候，他痴迷于电脑游戏，每天放学回家就玩，作业也不写。他知道这样不对，可又控制不住自己，陷入了"玩—玩—后悔—还是想玩"的恶性循环。一个学期下来，成绩排在班上倒数几名。

终于有一天，我意识到必须改掉这一恶习了，于是我把自己知道的，有关没抵挡住游戏的诱惑导致结局很悲惨的故事——自己身边发生的、老师和同学讲过的、电视里讲过的，都写了下来。每当经受不住诱惑的时候，我就拿出来反复阅读，一次至少阅读10遍。后来，我一想玩游戏，脑子里就条件反射般出现各种事例，游戏的瘾也因此而慢慢地消退了。即使有时依然没抵挡住诱惑去玩了游戏，也会在玩的过程中不断被内心的不安折磨，继而又快速回归到学习中去。

诱惑反复无常，隐藏在生命中的每一个角落。战胜诱惑是个长期而艰苦的过程，而坚持梦想是你最重要的武器。每一个成功者都是大梦想家。当你觉得快被诱惑打败时，就赶紧默念心中的梦想，告诉自己多年的梦想和一时的欢愉，二者只能取其一。然后你就会发现，和梦想带来的美好憧憬相比，那些诱惑真的不算什么了。

借用托马斯·威尔逊的一句话：有些人让梦想悄然破灭，有些人则细心培育、维护，直到安然度过困境，迎来光明和希望。而光明和希望，总是降临在那些真心相信梦想一定会成真的人身上。

有句话说得好：输了起点，还有拐点。战胜诱惑最有效的武器仍然是那几个字：内心强大有梦想！

组合应对法（二）：有原则——自律+约束

1. 自律：避免孩子迷失自己，要培养其自律精神

- 案例："我曾经疯狂地迷恋电子游戏"

爱玩耍是人的天性，大人如此，孩子更是如此。电子游戏会让人的大脑产生多巴胺，引发兴奋，对于自制力比较弱的未成年人而言，这是致命的诱惑。必须承认，有些学生因为玩电子游戏而产生狂热的兴趣，继而沉溺其中，影响了学业和正常生活，这种情形在现实生活中并不少见。所以要培养孩子的自律精神，学会节制，不要让孩子在虚幻中失去自己。

如今，孩子受到外界的诱惑之大是前所未有的。手机、电视、网络等铺天盖地而来，为孩子呈现了一个令人眼花缭乱的、五彩缤纷的世界。如果孩子不能学会自律，抵御诱惑，就会深陷其中而不能自拔。

我们教育集团下属高中联盟校的学生魏晋，后来考入清华大学。他回忆了自己在高中时是怎样用自律精神约束自己的。

我曾经疯狂地迷恋电子游戏，也使用过各种办法控制自己。我曾试过隔离治疗。所谓隔离治疗，顾名思义，就是把自己和诱惑隔离开。比如我的问题是沉迷于网络游戏，于是我干脆就停掉了家里的宽带服务，从根本上杜绝了玩游戏的可能。如果一定要上网的话，可以让父母来设定电脑密码。办法有很多，原则就是狠一点儿。你舍不得对诱惑狠一点

儿,早晚有一天,它会用更狠的方式"回报"你。

但有时,我还是会败下阵来。后来我就发现,"等会儿再去"比"不去"要简单多了。即如果感到自己不去做产生诱惑的事太难,那就让自己等会儿再去做。比如学习的时候,如果想去玩会儿电脑,这时很多同学会对自己说:我就玩一会儿,一会儿就回来学习。这是万万不可以的。试想一下,你本来已经经受不住诱惑想去玩了,再真的玩了起来,诱惑就更大了,更没法做到关了电脑回来学习了。这时候的正确做法应该是告诉自己:那我做完这页练习题再去玩电脑吧。

接下来,你为了玩电脑,一定会督促自己认真做题。当这页题做完以后,就对自己说:我再做一页吧,这样就可以多玩一会儿了,还能玩得更心安理得呢。依此类推,就算最后你依然去玩了电脑,也是建立在做了很多练习题的基础上,比一开始就去玩强多了。不只局限于玩电脑哟,对于其他诱惑,此法也同样适用,大家不妨试试看。

本来应是手机、电脑这些工具为人类服务,但是如今,人有时反而成了这些工具的奴隶。要让孩子学会选择:是做工具的主人还是奴隶。要让孩子明白沉溺于游戏是内心空虚的表现,享受到的是短暂的愉悦和虚幻的快乐,而把时间和精力用在学习上,得到的是长久的充实和真实的愉悦。

我的学生薛坤,连续三年获全国高中数学联赛北京赛区一等奖,曾任人大附中校学生会主席,后考入清华大学自动化系。他母亲说:

电子游戏一直是困扰家长和学生的大问题,可孩子喜欢,完全禁止是很困难的。我和儿子商量后达成共识:不许进游戏厅;家中可买游戏机和游戏卡,但限制玩游戏时间;作业不完成不玩游戏。我们照顾了孩子的喜好，打游戏时，我有时也会跟他一起玩，再适时提醒注意时间，他的学习成绩没有受到太大影响。

父母注重对孩子非智力因素的培养，主要是培养他的自律性和良好习惯。我从孩子很小时就告诉他，他的要求分三种：合理的、不合理的和可以商量的。合理的要求我都会答应，不合理的直接拒绝，可以商量的讨论后变成前面两者之一。

而明白这个道理，不知让儿子流了多少眼泪。开始当他的要求得不到满足时，他会哭得很伤心，看他泪流满面可怜巴巴的样子，我常心疼地躲在一旁陪他抹眼泪，但是绝不妥协。等他哭一会儿情绪稍好时，找点儿他喜欢的事情引开他的注意力；等他情绪完全平静下来后，再告诉他刚才的做法是不对的。渐渐地，他知道哭闹不是解决问题的办法，更重要的是他学会了据理力争，把可以商量的要求转变成合理要求。

培养孩子的自律性不是把孩子管成小绵羊，而是给他一个合理的空间让他自主选择。刚上小学时，我要求他回家后先写作业，但这个时段，刚好有他特别想看的动画片，他就跟我商量先看电视再写作业。我同意他的要求，条件是晚上8点前必须完成作业，并且要字迹工整，答案正确。他非常高兴，每天动画片一结束，就往写字台前跑，作业质量、学习效率都很高，还养成了不靠父母、自主学习的好习惯。

知名心理学教授李玫瑾说：孩子教育的最大问题是该管的时候不管，不该管的时候开始管。孩子小时候，该立规矩就立规矩，该说就说。小时候不答应他，他大不了躺在地上打滚儿，长大了不答应他就晚了。所以在孩子小的时候，就应该给他确立规则。而孩子大一些开始逆反了，父母则要学会适当妥协。别把教育搞反了，该管的时候管，不该管的时候要学着放手。

2. 约束：当孩子失去自律性，大人要有约束

生理学和心理学的研究都表明，人的本能冲动和意志力同在，先天欲望和理性同在，形成了人类性格和行为的两重性。这也是人类区别于其他动物的一个明显特征。当孩子在电子游戏这样的诱惑面前，失去自律性的时候，父母就要给予约束，负起法定监护人的责任。

有一次，我给一个学生家里打电话，因为这个学生这一阶段很不专注，学习成绩每况愈下，我就想向学生家长了解了解情况。

电话打通了，是学生接的。我说：你叫你爸接电话。他就给转到了另一个分机上，这个小小的举动引起了我的注意。

家长接起电话后，我先问了问孩子最近的状况，然后问：在你家里，是不是孩子房间里也有电话？

那位家长说：有，是一个分机。

我再问：孩子房间里有电脑吗？

家长说：有。

我又问：他房间里还有哪些东西？

家长说：有电话、电脑、手机、电视……

我就说这位父亲：你不是在培养一个学生，你现在是培养你孩子成为一个娱乐家！这还让孩子怎么学？

这位父亲也承认：平时光知道孩子在屋里，他是在学习还是在干别的，我们也控制不了。

我说：咱们都是同龄人，你想一想，咱们那个时候，别说电脑、手机，家里连报纸都少有。想考大学，有一本书就足够了，干什么都能干下去。现在，外面的世界太精彩，你把这么精彩的世界，全搬到你孩子

房间去了，你孩子学习好是不可能的！

经过我一番"轰炸"之后，家长幡然醒悟，说：那我把电话、电视、电脑什么的都撤了！

后来，家长把电话、电视、电脑都搬了出来。孩子能够安心学习了，就渐渐进入状态，成绩也逐步提高了。

现在电子游戏充斥于手机、电脑，逃无可逃。父母当然首先应该培养孩子的自律性，但如果孩子缺乏自律精神，那就要加以约束。

北京有一位教授找我，让我给他上高中的孩子辅导一下数学。平时我很忙，好不容易腾出点儿时间来，让他儿子过来了。来了以后，我开始给他讲课，没过多长时间，他的手机就响了。他掏出手机一看，就给人回短信，我正给他讲着课，只得停下来等他。

男生发完短信以后，对我说不好意思。我又开始给他讲课。可讲了没一会儿，短信又来了，他又掏出手机回短信。当时我就火了，我说：你走吧，今后别再来找我了。

男生连忙跟我道歉：老师，对不起。

我说：你这个孩子，有没有想过你学习的问题出在哪里？为什么学习老是没有效率？就是因为你不够专心。你学习的时候短信不停地响，你不停地回复，到了我这里依然如此。以后如果你还是这样，就别再来找我。

我接着说：学习，先要解决态度问题，没有一个好的学习态度，就算七科老师全是教授，全是博士，你照样学不好。我的手机都可以关掉，你一个高中生有什么大事？

以后，这个学生再来找我，第一件事情就是把手机关掉，交给我。他学习起来就安静了，成绩也逐步提高了。

组合应对法（三）：有方法——契约化管理和"21天法则"

1. 契约化管理：培养孩子的责任心

- **案例：写下一纸协议**

孩子爱玩是天性，父母都能理解。对于电子游戏，严格来说，父母担心的不是电子游戏本身，而是担心孩子沉溺其中后影响学业和身心健康，这才是症结所在。

所以，硬性禁止和武断的解决方式，对于处于青春叛逆期的孩子来说，带来的往往是对立和对抗，那亲子之间就不是良性互动了。

我主张，不管什么事情，先听听孩子的想法，给孩子表达的机会，比如：你想每天玩多久？你打算如何安排学习时间？这件事情你怎么看？不管孩子说什么，一定要静下心来倾听孩子的想法，再和孩子商量这件事情怎么处理。

我当班主任那会儿，还没有禁止手机进中小学校园的统一规定。那时，我并不禁止学生带手机，但有起码的要求，就是上课不能开手机。我给班里定的制度不多，但只要定下来，在给学生讲清以后，就要坚决执行。

对于上课不能开手机这一条，我怎么监督呢？首先我把全班同学的手机号码都统计上来，然后告诉他们，上课时，我有时会在办公室里随机拨打手机，如果你们发现有我的一个未接电话，自己把手机交上来就是了。

其实，大多数同学都可以做到自律。我的这些话，主要也是说给班里的那几个捣蛋鬼听的。偶尔想起来，我真的会给那几个学生打个电话，结果他们还真关机了。我再见到他们，就表扬他们能够遵守班级规定，这些学生因为关机就能得到表扬，感到关机还是件愉快的事，也就自觉自愿地做下去了。

网上曾经有过一个调查：中学生用手机，好还是不好？

投票分为正反两方：

正方占总数的37.5%。认为手机是时代的产物，是现代社会的标志，中学生也不能落伍。

反方占62.5%。认为中学生是未成年人，缺乏自我约束能力，使用手机没有节制，会影响学习。

正如网络一样，手机也是时代的产物，是人类文明进步的象征。这么先进的东西不让孩子使用，未免有点儿可惜。而别的孩子都有，自己的孩子没有，就可能产生自卑感。而且，家长要跟孩子随时保持联系，没有手机也不方便呀。

有位家长跟我说：前段时间孩子总闹着要手机，说同学都有，就他没有。没办法，给他买了一个。结果，经常看见他写作业的时候偷偷摆弄手机，学习成绩也下降了，我愁得不行。正好前几天孩子手机丢了，让我再给他买一个，我是无论如何也不能再给他买了，可是他就闹着说没手机就不去上学了，这可咋办？

我注意到，有聪明的家长想出了这样一个办法，就是契约化管理。

比如，孩子要求买手机，他不说买还是不买，而是拿出一张纸递给孩子，说：儿子，爸爸不反对你买手机，但是做任何事情前，我们都要先考虑利弊。你把用手机的好处写在这张纸的正面，然后再把用手机的坏处写在这张纸的背面。如果好处比坏处多，我们就买。

这个家长的聪明之处在于，让孩子参与了决策，因为自己参与了，责任当然要自己承担一部分。这个孩子写得很认真，写完后交给父亲看。父亲看了说：你写得还不全面，我再帮你补充一下。

然后，父亲也在那张纸上写下了自己的意见。写完后，父子俩一起讨论，好处和坏处的数量基本差不多，那就要看看好处有多重要，坏处能否避免。

于是，孩子信誓旦旦地写下了这样的契约：怎样避免坏处产生，并保证万一没有做到，爸爸可以收回手机。其实做到这一步，已经不是一个简单的该不该买手机的问题了。通过这个过程，可以培养孩子很多好的习惯，比如：遇事要先思考，权衡利弊再做决定；自己做的决定就要自己承担后果。

这就是手机的契约化管理。

在涉及家庭责任和个人行为的问题时，最好是由青少年和家长一起制定规则，让孩子感到自己受到了尊重和信任，同时也有了责任感。但做决定的一定是家长。

而且，如果孩子不讲理或行为不端，父母要毫不犹豫地展示自己的权威，画下约束的红线并坚决执行。

2. "21 天法则"：与诱惑战斗

- **案例：快被儿子折磨崩溃的母亲**

沉溺于"电游"是个坏习惯，家长要想办法引导孩子，建立与坏习惯战斗的决心。同时，辅之以"21天法则"这样的办法，就会产生效果。

有一位家长带着孩子急着要见我，说她快被孩子折磨得崩溃了。孩子沉迷于"电游"，家长用尽办法也不能让他回头。

在办公室里，我见到了这个男生。一般来说，学生及家长见老师，都会恭恭敬敬的，但这个男生不同，表现出一种对立的态度，两眼发直，一看就知道陷得很深了。

我问他：我不懂游戏，但我看到很多人着迷，你能不能告诉我，它到底好玩在哪里？

男生没想到我这样问，自然是滔滔不绝地谈及决斗的快感、升级的喜悦、拼杀的刺激，眼里放射着兴奋的光芒。

我问：你在享受这些的同时，有没有过空虚感和负疚感？

男生沉默一会儿，点点头。

他说：之前我学习还算好，常听同学们议论网络游戏，感觉好奇，就试着玩了几次，没想到一点点陷了进去，发展到不顾一切的程度。每次玩得昏天黑地之后，又感到内疚。特别是看到妈妈哭红的眼睛，也一次次想回头。但学习上落下的功课太多，一遇到困难，脑子里就会浮现出游戏的情节，就又被牵着进了网吧。

我说：你有内疚感，说明你还懂事。这样，从现在开始，别去网吧啦。实在想玩，让家长在家里装一套，父母同意你玩，你就玩一会儿。这样逐步远离"电游"，可以吗？

孩子回答说好。

我又给家长做工作：建议你们第一步先把孩子从网吧里拉出来，但也要允许他有反复，需要的是耐心和坚持。

过了三个星期左右的时间，家长打电话给我说，回去之后的头一周,孩子一心扑在学习上,问他要不要玩游戏放松一下,都不理不睬的。

到了第二周,有一次妈妈回家,竟然发现孩子关在屋里,偷偷玩着游戏。妈妈顿时怒火中烧。但想起我的劝告,硬是面带微笑,站在孩子身后,静静看着他玩到通关。孩子兴高采烈地一回头,又内疚又有点儿害怕,等着妈妈发落。

谁知妈妈说:孩子,你已经有了很大的进步,妈妈知道你不可能一下子全改掉。过去看到你玩游戏,妈妈不是打就是骂,你的心理压力也很大,是妈妈不好。今后咱们一起渡过难关,好吗?

孩子读懂了父母的苦心,难过得哭了。

三周以后,也就是在 20 天左右的时间里,孩子就摆脱了玩"电游"的习惯,慢慢走上了学习的正轨。

有科学实验证实:好习惯的养成,一般需要 21 天左右;同样,坏习惯的戒除,一般也需要 21 天左右。这就是"21 天法则"。

21 天,真的很神奇,而神奇的背后,是父母对孩子的爱、忍耐和坚持。

总之,好习惯不是一两天养成的,而改变坏习惯,则更需要耐心,需要时间,允许经历反复。

做法 9

成人比成才重要

——健全人格的四个支点

孩子的人格成长，是教育的原点，成人的基石。

北大学子吴谢宇杀害母亲一案震惊社会。从2019年4月他被抓捕，到审判，到2024年1月被执行死刑，历时4年9个月，人们一直在追问：一个被母亲含辛茹苦养大的孩子，一个优秀高中生，一个北大学生，为什么会以如此残忍的方式，杀害自己的亲生母亲？

所有的问题都指向一个方向——他的人格问题。当然，吴谢宇杀母案是极端个例，但反映的人格教育问题则不容忽视和回避。

成人比成才重要，人格比知识重要。促进孩子人格健全，在我看来有四个最重要的原则，我称之为"四个支点"：

1. 尊重个性，接纳个性；
2. 培养自主性；
3. 爱与良知，是做人之本；
4. 学会合作，思维开放。

人格支点（一）：尊重个性，接纳个性

1. 尊重个性，人格成长

- **案例："咱俩来掰手腕"**

每个孩子都有自己的个性，个性是人格中最重要的特质之一。

我喜欢个性鲜明的学生。很多父母老师都能体会到，一个孩子优点突出，往往缺点也突出，反之亦然。有的老师一看班里有刺头、有个性张扬的就头痛，而我觉得与他们打交道更有意思。

所以，不论我是在山东沂水一中，还是在青岛二中，还是在北京人大附中，学校有时会把最好的班级让我带，去冲升学率；也会把最差的班级让我带，让我对付那些令老师和父母头疼的学生。

送走（03）12班后，我又带了一个普通班——高一3班。这个班集中了一些学习成绩落后而又不太好管的学生（人称"条子生"）。其中一个学生叫丁浩。

高一开学，按照惯例是军训。我们一个班的师生，坐上一辆前往营地的军车。丁浩同学是最后一个上来的。他一上车，刚才还喊喊喳喳的学生都不说话了，意思明显地流露出来：这个学生怎么上我们这个班来了？好像不屑与他为伍的样子。

丁浩上来了，车也要出发了。丁浩个头很大，有1.9米，体重超过100公斤。车的前面还剩下两个座，我坐了一个，剩下一个。他块头那么大，如果坐那个座，我可能都没法坐了。但我还是说：你就坐我旁边吧。我们俩就挤在一起坐着。

行车过程中，我开口跟他聊天：看你五大三粗，块头挺大的。

丁浩也不说话，伸出右手，摆出一个掰手腕的姿势，那意思是说：咱俩来掰手腕。

我说：你要跟我掰手腕？我不跟你掰。

他说：老师你不敢掰？说着又伸出左手：咱们掰左手。

我知道肯定掰不过他，笑着说：左手我也不跟你掰。丁浩，你这个性格，我很喜欢，也很高兴你能来这个班。第一，你有力气不是？你有力气，今后咱们这个班就有了保护神了。咱们这个班任何一个学生，今后要是受到外人的欺负，我就找你，你敢不敢答应？

他直点头：老师，没问题。

我说：第二，这次军训期间有个拔河比赛，我看你这个块头，一个人顶三个人，你能不能保证咱们班拿个拔河比赛第一？

他说：能。

我说：你敢这样保证，现在我就可以任命你为拔河队队长，但你必须把第一拿过来。你去做好这个活动的安排，行不行？

他说：没问题。

到了拔河比赛时，丁浩在队首带着我班一举拿下第一名。整个军训期间，在16个高中班中，我班多数训练项目都名列前茅。

通过这次军训，丁浩同学有了自信心，也总想让自己做得更好。他越来越尊重老师和同学，再也看不到那种挑衅姿态了。

后来，我又让他做了纪律委员，他在管住别人的同时，也约束了自己。以前的丁浩，旷课是家常便饭，自从当上纪律委员，从来没有旷过课，学习成绩稳步提高，各方面表现也都越来越好。

学生的成长总是有起伏的。

高一学期末，丁浩跟外班同学打篮球，因为相撞产生争执继而动手，那个外班学生被他打倒在地，直接去了医院。结果，家长不干了，提出要求：第一，要求丁浩家长来道歉；第二，要求学校处分这个学生。

我就跟受伤学生的家长商量。我说：第一，赔礼道歉；第二，包赔全部医疗费；第三，等受伤学生的医疗检查报告出来，再看怎么办，行不行？

丁浩家在外地，他也不敢把这事告诉家里，尤其不敢告诉他父亲，因为他父亲对他管教非常严厉。

他很紧张地对我说：老师，你千万别让我父亲知道，他知道我就完了。

可不告诉家里，他身上又没有钱。我就自掏腰包，借给他钱。他很感动，一个1.9米的大孩子当时就流下了泪水。

丁浩拿着钱就去跟人家赔礼道歉，包赔医疗费。人家学生家长看他确实很诚恳，看过医疗检查报告也没有大碍，就没再追究。

这件事对丁浩同学触动很大，他变得更自律、更有上进心，后来他考入武汉大学法律系。

由于成长条件不同，家庭和社会环境不同，每个人都形成了独特的思维方式和行为方式，也就是个性。个性中有优秀的部分，也有弱点，作为教师和父母，要鼓励孩子发扬长处，也要正视孩子的弱点，让他们认识自己，接受自己，逐渐健全人格。

2. 接纳个性，承认差别

- 案例："为什么我妈觉得我是全天下最差的孩子？"

人有一长，也必有一短。每个人，包括成年人，都有自己的优点和弱点，更何况是未成年的孩子。所以，我们要接纳他们的个性，也要教孩子学会接纳自己。

我在网上看到了一个在中小学生中做的调查——你最讨厌的事是什么？结果有61%的人投票说，最讨厌父母拿别人家的孩子跟自己比。他们说：有些大人总觉得自己孩子差，不如别人，甚至刻意夸大别人家孩子的优点。

这里我想讲一个女生的故事，她让我印象深刻，因为她和母亲直到走进我的办公室时，还在争吵。女儿说：你不是老说我什么都不如别人吗？那还管我干什么！

母亲看着我说：王老师，您看看这孩子是不是没救了！

我示意母亲先出去，让我跟这个女生单独聊聊。

我递给她一杯水，说：年纪不大，火气这么大啊！跟我说说你为什么跟妈妈吵架。

她就像打机关枪似的开始说了：为什么我妈觉得我是全天下最差的孩子？学习成绩不如她同事家的，练琴不如隔壁家的，甚至连写字漂不漂亮这种事都要被拿来比较一番，而且永远都认为我不如别人。我有一次进步很大，考了班里第5名，按理说这是不错的名次了吧，可是我妈说她同事家孩子每次都考第一。既然我无论怎么做，她都觉得我不如别人，那我考第5名和考倒数第5名还有什么区别？老师，您不用开导我了，没必要！已经有不少老师开导过我了，大道理我耳朵都听出茧子来了。

我说：我什么时候要跟你讲大道理了？你妈的问题，我等会儿会跟她单独谈。今天我想跟你说的有两点：第一，你生气是因为你明明做得很好，可你妈妈却不这么认为，所以你自暴自弃不好好学习，结果现在你真的变成了你妈妈眼里最差的孩子，你这不等于帮着你妈坐实了她的观点吗？你的成绩真不好了，连理直气壮反驳的资本都没有了。你应该让自己做得更好，好让别人无话可说，你说我说得对吗？

女生不说话了。

我接着说：第二，你是妈妈唯一的女儿，她是第一次当妈妈，难免会犯错，难免会说不该说的话。你想想你自己，是不是也曾经有说错话的时候，有对同学对朋友口不择言的时候？这个时候，你是不是也希望他们能原谅你？那当妈妈说错话的时候，女儿是不是也应该用同样的心情宽容她原谅她呢？她是这个世上唯一会拼尽全力爱你的人，对吧？

女生说：老师您说得有道理，我是应该用成绩证明给她看。

然后我又跟母亲谈，母亲很诚恳地反思了自己。后来，这位母亲跟我说：孩子回家以后学习特别用功，您帮我找回了女儿。

教育面临的一个重要问题是，怎样引导学生进行自我认识，倾听自己内心的声音，帮助他们建立积极的自我认知，让孩子学会接纳自己，包括自身的优势和弱点，并不断巩固自己的优势，逐步改进完善自己。否则，在青春期的少男少女身上，什么都可能发生。

我一直不能忘怀十多年前发生的一件事。《中国青年报》有一则报道，题目叫作"'问题少女'之死"。一个女孩，15岁，在县城读初中。她有一些问题，喝酒、打架、性格强悍，与同学多有不和，也可以称之为问题少女吧。在家里她不受父亲待见，曾遭受过父亲的家暴，还曾被两所学校劝退。

那时候，班主任老师对这个女孩感到头痛，就搞了一个"民主测评"。他们班有一个班规，叫作"对重大事件进行民主测评"。据班上同学回忆，班主任老师历数这个女孩以前犯过的错，要求全班同学投票，决定她是留下还是被家长带走。投票结果，全班同学，写着"走"的，超过总数的 2/3。

这个女孩，期末考试是全班第 12 名。她曾经毛遂自荐，被班里同学选为班长。现在，这个班长怎么也没有料到这样的投票结果。女孩先是一阵大笑，但笑着笑着，她的脸突然涨得通红，眼里泛出泪光，随即冲下楼梯，跑出学校，再也没有回来……三天后，在学校后面的水渠里，人们发现了这个女孩的尸体，还有留在石板上的遗言……

一个个性鲜明的 15 岁少女，有优点也有明显的缺点，却被身边的人所不容，父亲不待见她，学校和老师不待见她，同学们也不待见她……她活着的时候似乎已经社会性死亡，她身边的社会已经抛弃了她……

我看过这个女孩的一张照片，是和同学们的合照，她穿着一件紫红色的衬衫，衬衫前写着"LOVE（爱）"，她天真地笑着……可以想见，死亡前的那一刻，这个 15 岁的小女孩，稚嫩的内心有多么无助和绝望……

如果你走进北京人大附中，能看到校训的第一句话是"尊重个性"，就是接纳学生，并帮助他们改进。泯灭个性的教育，毁掉的是孩子的人生。一个成熟的社会，会鼓励优点，宽容弱点，逐渐改进。而一个不够成熟的社会，则可能对弱点的态度过于严厉，从而也扼杀了优点。

孩子的个性应该受到尊重，孩子的自主性应该受到保护和鼓励，否则孩子就会失去自己，心理就会出现大问题，人生就可能滑向负面，甚至是悲剧。

人格支点（二）：培养自主性

1. 培养自主性：从身边的事做起

- **案例：任远和肖盾的故事**

孩子是一个独立的人。教育家蒙台梭利说：孩子有与生俱来的生命潜能，在爱与自由的环境中，他们有独特的自我构建的能力。这种能力就是自主性，自主性是人格的重要支点。

培养孩子的自主性可以从身边的事、从小事做起。比如，尊重孩子的隐私，给他们一些独立的空间，我这里所说的"空间"，是生活意义上的"空间"。

（03）12班有个学生叫任远，学习在班里不太突出，还喜欢搞些奇谈怪论，总和大家争得脸红脖子粗。像每个有逆反心理的孩子一样，任远在家里就和母亲发生过一次冲突。下面这个故事是他母亲的口述：

小学六年级，有一次班主任曹老师生病住院，作为班长的任远管理着班级的事务。老师出院前夕，任远组织了几项活动，其中一项活动，是每个同学给曹老师写一封慰问信。晚饭后，任远就在给曹老师写慰问信。我试探性地问：可不可以让我看看？不行！任远的口气坚定，不容商量。说完，他把信封放在一边。

我悄悄地把信拿来，在桌子下面操作——打开、取信、读信、装信，再悄悄地将信封放回原处。在把手收回的一刹那，任远抬头看到了。他立刻问道：你为什么偷看我的信？我都说不行了，你为什么还要看？我自知理亏，连忙说：是妈妈不对。

儿子瞪大眼睛，问：妈妈，你真的觉得自己错了？

我耐心地向他解释：当然了。不过，妈妈只是想与你分享，而不是要窥探你的隐私。以后，你还愿意和妈妈讲你们学校里的事吗？妈妈好喜欢听你讲学校里的事。

儿子说：妈妈，我不给您看，也不是有什么秘密，我想为老师保存那份惊喜……

在这次小小风波之后，我明白了一个道理：孩子的情绪反弹，往往是因为家长没有给予孩子足够的尊重。

这件事不大，算是身边的小事。孩子在成长阶段，培养他们的自主意识，就是要从小事做起，要给孩子一些独立的空间，允许他们保留一些自己的"秘密"，这些独立空间和"秘密"，正是他们走向独立走向自主的体现，这些事情不大，但对孩子的心理意义很大。

我们也要允许孩子与父母、老师有不同的意见，给孩子辩解、争论的机会。父母在尊重孩子选择的基础上，给予孩子合理的建议并加以指导，这样孩子才可能重视家长的建议，同时也强化了自主意识。

尊重别人，也尊重自己，维护对别人的尊重，也要守护好自己的心，守护自己的空间。孩子长大了，我们就应该适应身份角色的转换。当然，也不是说让父母处处迁就孩子。亲子之间互相体谅与包容，孩子就会成长起来，成熟起来。

任远高三后期申请去美国留学，递交签证三次都被拒了。第三次被拒签后，他回来跟我谈了这个情况。我问他：你被拒了三次，就没有什么反应吗？

他说：我用英语跟他们辩论，把他们辩得哑口无言，那个签证官非常吃惊地看着我。

任远5月被美国拒签，6月就要高考，这时候如果回头再考清华、北大确实已经来不及了。任远说：我现在要紧急去英国使馆办签证，转到英国留学。

于是，任远就紧锣密鼓地开始启动去英国留学的手续，终于赶在开学前办好了签证，被英国一所名校的预科班录取。

任远后来跟我回忆说：那天他一到伦敦机场，取出那个比他腰部还高的箱子，好不容易把它搬到机场大巴上，却不知道要去的学校在哪里。

他只能边走边问。一个高中生背井离乡，拖着那么大的一个行李箱，一路上走走停停，停停问问。英国路上行人稀少，走半天都找不到一个人。

任远说：我在问路的过程中忍受着陌生和孤独，不知问了多少人，走了多少冤枉路，才终于找到房东家。那时我都要哭了。

一到房东家，放下行李，任远就赶紧到学校报到注册，办理各种手续，回来做饭洗衣，一切都得自己料理。这个房东还不太友好，任远实在受不了了，两个月后找了一个地方，跟别人合租。

在英国，任远刻苦学习，不到半年竟然把预科班所有的科目都修完了，感动了学校老师，老师们一致推荐他上牛津大学。有一年春节前，我到英国考察教育，顺便去牛津大学看望任远。任远特意邀请我到他的房间坐坐。临走还给我包了一个大红包——1000英镑！他说：您第一次到英国来，得买点儿喜欢的纪念品什么的。

我问他：你小子上哪儿弄这么多钱？

任远回答：每个周末我都要去实习，现在已经被一家银行留下了，我还有一些股票投资。他骄傲地说：虽然我还没有毕业，但挣得比我爸还多呢。

临走时，我还是悄悄把钱给他留下了。我心里很欣慰，他才22岁，就能独闯天下了。

孩子进入高中阶段，即将成年，作为父母老师，我们要适应这种变化，尊重孩子的意见，鼓励他们的自主性。

初中时，肖盾同学特别想入团，自以为符合条件，却接连两次在支部大会上落选了，从此肖盾就决定不再入团。

他母亲找到我：王老师，你能不能动员动员肖盾，让他入团？

于是我跟肖盾说：你看你这么优秀的一个同学，学习、体育双料王，还会吹小号，不能加入我们先进的共青团组织，那是一种损失呀！

肖盾没想到我会谈起这个话题，半天才缓缓地说：王老师，您知道，我曾经非常想成为团员。但现在我不认为不入团就不优秀。

我说：你说得不错。不入团不意味着不优秀。入团需要自觉自愿，我只是希望你不要困在过去的阴影里出不来。

肖盾说：王老师，过去这个阴影的确有，而且一直笼罩着我，让我烦躁，不自信，但现在已经淡了。一提入团，又要勾起那些不愉快的回忆。

我说：你可以暂时不入团。不过，我知道你不是一个破罐子破摔的孩子，你的学习还要努力，班里的工作还是要积极去干，对吧？

他说：您放心，我会努力的。

后来，班里选举班长，我鼓励肖盾参加竞选。

我常年带班，对学生管理也有一些切身体验。我不喜欢事无巨细都管，也不做学生能做的事，更倾向于让学生学会自主管理。班长由同学自己选举产生；班长指定班委；班委，比如学习委员，指定各科代表。

肖盾竞选班长成功。针对班级里的各种问题，我和他一起讨论找对策。他渐渐感受到事情的复杂，这个班级有美好的一面，也有令人烦恼的一面，如同我们的社会。在为期半年的班长任期里，肖盾体验到酸甜苦辣，个人的交往能力、管理能力越来越强。

肖盾高二时获得了中国香港雷瑞德教育基金会资助，远涉重洋，到英国留学。有一年，英国评选留学生金奖。肖盾前后经历了7轮大赛，一路过关斩将杀进决赛。作为唯一的华人学生，肖盾击败了其他6名选手，拿到了金奖。颁奖后的一天，肖盾给我打来电话，说：那天颁奖仪式，中国留学生们跑到主席台上，把我高高地抛到空中。

我到英国考察教育，去剑桥大学看望肖盾。肖盾住的房间是大科学家牛顿住过的地方，只有获得最高荣誉的学生才有资格住。我在里面照相留影，跟他开玩笑说：当年是牛顿，现在是肖盾啊！

有自主性的孩子，终究会长大成人，会有出息。

2. 没有自主人格，生命失去意义

- **案例："妈妈，我去天堂了"**

人没有十全十美的，也没有一无是处的。教育，就是要培养孩子的独立人格，让学生认识自己，接纳自己，做好自己。而一旦失去独立人格，生命就会失去意义。

下面这篇文章是从网上摘录的，讲述的是一个女孩的悲剧。文章题目是"妈妈，我去天堂了"。

素素是个普通的女孩。从上小学开始，她每次考试，那些稍稍需要动些脑筋的试题，总是得不到分。

素素母亲毕业后留校任教，30多岁就晋升为教授，并担任系领导。父亲是公务员，仕途平顺。母亲总觉得以自己和丈夫的基因，女儿应该是天资聪颖的，但怎么没看出来呢？

于是，母亲把女儿的业余时间安排得满满的，请各科家教对女儿进行一对一辅导。结果很显著，小学五年级第一学期，女儿考了个班级第一。

后来女儿考入当地最好的高中。可上高中的第一次月考，她居然门门不及格。而母亲又设法把女儿调到了尖子班。不到一个星期，女儿告诉妈妈她要退学。女儿说：老师讲的东西，我根本就听不懂。我想上职校学护工，将来到养老院工作。

父亲试图说服妻子尊重孩子的选择，可母亲说：比咱女儿差那么多的孩子都能上大学，她怎么就不能？我一定要让女儿上大学，而且是名校！

后来，女儿考入中国政法大学民商经济法学院。大学生活为她开启了另外一扇窗，她尽情享受着大学生活。可是现实很快扑灭了她的希望。第一个学期结束，她是全班唯一一个高数没及格的人。

于是，她的大学生活又回到除了学习还是学习的状态。她在日记里用"可怜"来形容自己和妈妈：聪明的妈妈生了个不聪明的孩子，不肯接受现实——可怜；不聪明的孩子有个聪明的妈妈，被揠苗助长——可怜。

大学毕业吃散伙饭的时候，她喝了很多酒，轮到她发表毕业感言时，她的发言让很多同学红了眼圈。她说：从小学到大学，这16年的读书生涯太累了，累得我很多次都不想活了……

大学毕业，母亲托关系把女儿安排进当地一家专打海事官司的律师事务所。女儿的师父是业界有名的律师，对下属要求非常严格。而女儿外语水平一般，"海事法"又不是她所学专业，上班第一天，她就办砸了师父交给的一个任务。

她回到家里说：妈，我不想在这个单位做了，我根本胜任不了。我想辞职，去乡村小学做一名教师。但母亲再次断了她的念头，像以往一样，女儿就是有一百个不愿意，也不得不服从妈妈的安排。

终于，在一个阳光明媚的下午，素素从21楼飞身而下，当场身亡。几天后，母亲才在自己的邮箱里发现女儿自杀前发来的一封邮件，内容很简短：爸爸妈妈，我一直希望可以成为你们希望我成为的那种人，可是，我始终成不了那种人。我很累，一直活在不属于自己的圈子里，别人的优秀都是用来突出我的愚笨。太累了，就想休息，或许在天堂可以找到我的同类，不聪明，但活得很快乐。

抱着已经冰冷的女儿，母亲如万箭穿心，悔恨不已，精神崩溃……

这位母亲也深深地反思自己，公开了这个令人悲伤的事件，希望作为教训警示他人。

作为父母，总是想让孩子成为一个不平凡的人，唯独忘了让孩子做自己，做内心渴望的自己，做有自主性的人。这往往就是悲剧的成因。

人格支点（三）：爱与良知，是做人之本

1. 千学万学，学会去爱

- **案例：一个孤儿的故事**

什么是教育？教育的大义就是爱。我们爱的是孩子本身，而不是他的成绩、表现，更不是将来可能的社会地位。要让孩子学会做人，而做人的根本就是爱与良知。

人之初，性本善。这句话从教育角度来讲是值得推敲的。人格上的爱和良知，需要后天的启蒙、培养和教育。

我在山东沂水一中教书期间，发生过一件事情。

我班里有一个女生，她父母为了供她上学，花光了积蓄不说，还到处借了许多债，家里已经穷得叮当响了。可这个女生考上大学后，就要父亲给她买两套漂亮的衣服穿，她说：人家上大学都穿得漂漂亮亮的，我这样破衣破裤的，去了叫人家笑话。女生的心情可以理解，考上大学了，想穿得漂亮一点儿，这个要求如果是放在一般人家，也不算过分，但是她就没有考虑到自己家里的实际情况。

她父亲出去转了一圈，想借点儿钱给她买衣服，但确实借不到钱，因为当时家里已经负债累累了。这个女孩就躺在床上，不起床也不吃饭，使性子要脾气，说生在这么个穷家，买件衣服都不能，如何如何。

父亲一看孩子这个样子，实在没有办法了，就瞒着女儿偷偷去卖

血，卖了300块钱，给她买了两身衣服。那时候是20世纪80年代，大家生活水平都不高，300块钱能买很好的衣服了。

后来这个女孩看到新衣服，高高兴兴地穿着上大学去了。但她爸爸没有去送她，因为卖血后他病倒在床上了。

（我还曾看到报道说，有个学生父母长年在外打工，供孩子读完了本科，孩子还要继续读硕士，母亲就卖血给孩子攒学费。）

听说这个事以后，我心里咯噔一下，不敢相信在我的班里会出现这种事情。这是我当老师的失职！你是一个学生，好不容易考上大学，不仅不理解父母为了你付出多少代价，反过头来还提出这种过分的要求！我们会教育出这样的学生，连自己的父母都不放过，这真是太悲哀了！在我的手下能教育出这样的学生来，我真是有些不能原谅自己。你说这种人即使学位再高，对社会能有什么贡献？

以前，我也是把全部精力扑在教学上。这件事发生后，我才知道有句话说得有道理：千学万学，先要学会去爱，学会有良知。

我班上有个女孩，家里四口人。她上高二时，弟弟在河里意外溺水身亡。后来，父亲患脑出血，农村治疗条件差，交通也不行，没救过来就去世了。中年丧夫丧子，母亲悲伤不已，罹患胃癌也病故了。女孩转眼之间成了孤儿。

生活如此不幸，实在是人间悲剧。重压之下，女孩连活下去的勇气都没有了，有过好几次轻生的举动，别的同学都很紧张，随时注意看着她。

这时候，我把她叫到我的办公室，跟她说：你不用担心，只要你在我的班里，学习没有问题，生活也没有问题。

我给了她一些资助，全班同学也帮了她一部分。后来，我又跟县民政局反映了她的情况，民政局也资助了她一部分。

这个女孩带着感动，带着感恩，慢慢地恢复了生活下去的勇气，一步步走过来了。孩子很要强，后来考上临沂农校，成为当地农科所的技术员。对于当地农村孩子来说，这就属于不错的学校、不错的工作了。

这就是爱的力量，让她成长起来并找到了自己的人生位置。

自助与互助，是人类保持进步的密码。有能力时，就多给别人一些帮助，需要帮助时，也要会寻求支援，这样就可以让人世间爱的美好与温暖恒久传递。

在沂水一中工作时，我发现一个现象：每次放完假，学生从家里回来之后，班里的学习气氛就变得浓厚不少。

跟同学们聊天，我问：为什么你们回家一次，回来就像变了一个人似的，学得这么投入呢？

学生跟我说：回家之后看到家里人生活那么困难，临出家门，老爸老妈为了给自己凑这点儿学费，跟五六家去借都借不着，弄得唉声叹气的。平时在学校里，天天和同学们说说笑笑，就忘了这些。一回家，心里受到冲击，再不好好学习，就觉得对不起父母，也对不起自己的良心，所以回来以后就会拼命学。

对这些学生而言，改变家里的穷困生活，就是他们学习的动力，高考的动力，一生努力的动力。

这就是爱的力量，感恩的力量。一个人不知道爱和感恩，就是个情感缺失的人，是个人格不健全的人。

2. 爱：可以感受、表达和传递

- **案例："试着先爱上这帮孩子"**

我们爱孩子，会把这种爱传递给他们，而对于孩子来说，最好的爱的教育，是父母和老师的态度和行为。

我们沂水一中在沂河的西岸，学校院墙外就是一片农田，住着乡村人家。城区则在河的东边。河上有一座大桥连接东西。有些住在城里家庭条件好的家长，经常从河东开着车来或安排人送三餐。然而，这些城里孩子常常不在乎这些，生活散漫，学习拖沓。

我就跟这些家长说：你们这些城里的孩子，生活在一批农村孩子中间，有的农村学生连饭都吃不饱，你们这不是在炫富吗？开车送饭，举手之劳，既阔绰又轻松，孩子哪里会珍惜？

我说：像现在这样派一个司机往学校送大鱼大肉，是想让孩子养成什么习惯呢？你们要真是关心孩子，想感动孩子，就骑个自行车，夏天顶着太阳，冬天冒着风雪，风尘仆仆地给孩子送那么几次饭就行了。

后来，真的有家长采纳了我的建议，不让司机送饭了，自己出动，不管刮风还是下雨，捧着一盒热气腾腾的饭菜，第一时间送到，孩子就有一种心灵被撞击的感动。

其实，只要我们大人拿出真诚和爱心，孩子是会感动和感恩的，也会领受这份爱，使之成为自己成长的力量。

爱，是人格教育的基石，作为老师和父母，也要让这种爱传递到孩子身上。

有人问：王老师，你在教育岗位工作了 40 多年，在一线做班主任 30 年，虽然创办了教育集团，但至今还在讲台上给高中生上数学课，是什么心态支撑着你？什么东西召唤着你？

简单归结于一点，就是因为我喜欢学生，爱学生。

我在青岛二中的时候，有一位年轻女老师跟我说：王老师，不瞒您说，我一看到咱班里那几个条子生调皮捣蛋，弄得课堂一片混乱，我的心就在发抖，恨不得冲上去扇他们两耳光。您说我怎么就这么倒霉，碰上这些恐怖的学生？

我劝导她：你还年轻，千万不能这么去看待你的学生。要知道，孩子其实是很敏感的。你嘴上虽不说，但他们心里明白，如果你讨厌他们，他们就不会喜欢你，这样下去不是恶性循环吗？

女老师点点头，问：那我该怎么调整自己呢？

我说：第一步，你得让自己喜欢上这群调皮鬼。你可以这样说，你看看，这孩子长得多好看啊；如果长得不好看，你也可以这样说，瞧，名字多么好听啊；万一名字也不好听，你还可以这样说，这孩子长得多么壮实啊。只要你觉得孩子可爱了，你的一言一行就会变得暖心，孩子们一定能感觉得到，再往后的沟通就会顺畅多了。

女老师说：行，我就试着先爱上这帮孩子！

我们爱的是孩子本身，而不是他们的成绩，我们要做的是关心和感受他们的进步和成长。

我说过，平日我操心的主要是一些问题学生、后进学生，即所谓"差生"。我在他们身上下功夫最多，我就是要让他们感受到，虽然他们可能学习成绩不好，或者有什么劣迹，或者家境窘迫，会被同学瞧不起，回家也不受家长待见，但有我王金战老师重视他们，关爱他们，鼓励他们，帮助他们解决实际问题。

学习差的学生，在别人眼里常常是一差百差。但我从来不嫌弃他们，反而会对他们格外用心，及时发现他们的优点，第一时间给予鼓励和表扬。他们有一点儿支撑，感受到一点儿爱和温暖，就不会绝望，甚至可能拿出其他同学没有的热情去努力。这种学生对你的感激，那真的是发自内心的，而且往往能记一辈子。

所以，我带过的学生中，对我最有感情的，往往是那些当初的"差生"。他们觉得我影响了他们的命运，其实，我给他们的只是更多的关爱。

爱是可以感受、传递的。

我们人大附中（03）12班曾经利用节假日，组织过公益活动。在一个公园，这些立志考入北大、清华的高中生，捡起被丢弃的塑料袋等白色垃圾，放进垃圾桶。整个过程，我听不到哪个同学嫌脏嫌累嫌浪费时间。

赠人玫瑰，手有余香。肖盾，（03）12班毕业生，作为美国上市公司一起教育科技公司联合创始人，在2018年创办"一起公益"，第二年，"小小铅笔"公益活动走进贵州遵义习水县，肖盾代表一起教育科技公司，向东皇七小捐赠价值20多万元的在线学习课程和乡村教师信息化培训资源，以及2000本图书，让当地师生接触到最优质的教学资源。

3. 千教万教，教会做人

- **案例：男生说，把人打死，赔钱不就行了吗？**

有一次，人大附中（03）12班在四楼排练节目。班里的一个学生想去七楼练，可能觉得那里安静一点儿。可七楼是国际部，学校有规定，不准学生随便上去，所以开电梯的女服务生就拒绝了他的要求。这个学生非要上去，就和那个女服务生争执起来。最后，这个学生居然骂了人家，还把人家骂哭了。人家领导不干了，找到我们年级组长，年级组长又找到我，我了解了一下情况，然后召开了班会。

我说：我们还要不要讲尊重、讲品德？一个开电梯的女服务生，人家遵守学校的规定，有什么错？你非要破这个规定？你还破口大骂，你有没有同理心？你不觉得自己素质太低了吗？你连一个女孩都不尊重，你的境界在哪儿？

这个学生认识到自己做错了，说：我完全接受老师的批评，这件事使我认识到怎样衡量得与失，怎样做人。我当时很得意，把人家骂了一顿。现在我想想，这恰好表现了自己恶劣的一面。我愿意向那个女孩当面道歉，并接受班级的任何处罚。

我说：我说话没有处罚的意思，也够不上处罚。我希望同学们都能以此为戒，懂得一些做人的道理。

学生一般性的个人违纪，我通常不太较真。但如果触及人格方面、做人方面的，我是从不迁就，从不含糊的。

我认识一对夫妻，所谓的成功人士，长年在外忙碌奔波，只雇了一个保姆在家照顾孩子的生活起居。因为常年缺乏家庭的关爱和引导，这个孩子分不清什么行为是对的，什么行为是错的，只追求好玩、刺激。不管遇到什么事，他都是一副无所谓的态度。

父母无暇照顾他，也放任他。只有当他惹了祸向父母求助时，父母才回来用钱帮他摆平，然后继续忙自己的事业，对孩子继续放任自流。

后来，家长发现已经彻底无法管束儿子，无可奈何地求助于我。

以下是我和这个男生的一小段对话：

我问：为什么总是和别人打架？

男生回答：好玩呗。

我说：你不怕万一把人打伤打死了背官司吗？

男生说：赔钱不就行了吗？

短短几句话暴露了孩子扭曲的心灵。

千教万教，教会做人。教育最根本的是教孩子做人，让孩子成为一个有爱有良知的人，这比父母的什么事业都重要。否则孩子不仅废了，可能还会危害社会。

现在，我想说说北大学子吴谢宇杀母案。

吴谢宇的母亲为儿子付出了那么多，丈夫病逝后，她一个人含辛茹苦，把吴谢宇拉扯成人，儿子还考进北大。但在吴谢宇心中，对母亲的严厉管教的怨恨，吞没了母亲对他的爱，也吞没了自己。

许多人，包括专家学者，对吴谢宇的行为进行过各种分析，从个人性格到精神状态，从家庭原因、学校教育再到社会环境，这些分析是必要的，也不无道理。

可在我看来，从他精心设计杀母分尸、骗取亲属钱财，以及苟且偷生的情况看，无论从哪种角度分析，都无法推翻一个基本事实：吴谢宇人格上的自私和冷酷，泯灭了爱和良知。

4. 正视人格缺陷问题，不做精致的利己主义者

- **案例：成绩优秀学生的背后**

有些学习成绩优秀的孩子，也会出现一些人格问题。而一个人如果连最起码的做人都不会，要那么多的知识做什么？即使学有所成，也很难实现真正的人生价值，只可能是个精致的利己主义者。

这是我们教育集团下属联盟校一位女老师写的短文，讲述了她班里一个男生人格成长的故事，我摘录如下：

我是初三1班的班主任。一次，我刚刚批阅过化学试卷，注意到一个叫陈立强的男生二卷得了满分。作为化学老师，看到学生得到满分，欣喜之感油然而生。平日，我从他在化学课上的发言和课后作业中，能看得出这是一个思维敏捷、聪明伶俐的学生。这个同学的其他学科成绩也挺出色，学习成绩一直保持在班里前10名。一个初三男孩，聪颖、学业好，高高的个子，玉树临风，真是人见人爱……

可是不久后发生的一件事，几乎颠覆了老师对这个男生的良好印象。她收到一封信，是一个同学通过班长转交的。打开信件，仔细阅读，她有点儿不敢相信自己的眼睛。同班同学反映这个男生性格霸道，时常欺负同学，在宿舍里抢夺舍友的零食……同宿舍一个男生，学习成绩差，性格懦弱，他就以抄自己的作业为条件，让这个舍友替他打扫卫生，甚至还诱导威胁这个舍友吃下药片，然后又让舍友以零食换取解药……

可能是由于反差太大，我看过信后心里十分愤怒：小小年龄竟会人前一套人后一套……我很生气，可冷静下来一想，同班学生以写信的方式通过班长转交给我，说明这个男生的不良行为，既涉及自身成长，也影响到了班级风气，我必须把这件事处理好。

我要寻找合适的时机和场合。有一天，我发现他再次逃避值日，在篮球场上打球。我走过去把他叫到操场边，跟他聊起来。

我问他为什么让别的同学替他值日。他理直气壮地跟我说：是同学自愿的，他抄我的作业，自愿替我值日。

我告诉他这是两回事。我说：他抄你的作业是一个错误，而你以此为由让同学顶替值日则是另一个错误。他承认错误，并跟我保证以后绝不再发生这样的事情。

我进而问：你身强力大，有没有欺负过同学？他说没有。我列举了他在宿舍的行为，而他却自我辩解说：那不算欺负同学，只是一种交易。我跟他明确说：那就是欺负同学，是不能接受的不良行为。经过这样一番谈话，他似有悔改之意，向我保证以后要和同学友好相处。可我经过观察，发现他根本没有改掉自己的毛病。

这位老师多次电话家访，但效果不好。国庆假期的一个上午，老师驱车五小时前往男生家，和他父亲单独谈了三四小时。父亲在谈话中坦承自己在教育孩子上的问题。父亲开办了一个轴承厂，工作压力大，不顾家，而且教育方法更是简单粗暴，就是一个"揍"字：儿子做作业马虎揍一顿；儿子在外面打架揍一顿；开家长会时儿子受到老师批评，还是揍一顿……父亲的家暴行为，有时甚至发生在妻子身上……

现在，我终于搞清楚了男生行为问题的主要根源。我告诉这位父亲：儿子的行为问题就是对父亲问题行为的模仿和折射，儿子的霸道性格正是源于自己的父亲。

我直白地告诉他：作为父亲，你必须反思自己的行为。否则，孩子将来会出现人格障碍。不管这个孩子学业多么好，人格障碍会毁掉孩子的人生幸福……

男生父亲被老师牺牲假日登门家访的举动所感动，也出于对孩子的负疚感，他诚恳地表示不会再用家暴解决问题，并要在家里以身作则，和妻子一道去矫正孩子的行为问题。

一个月以后，我接到了男生母亲的电话。她告诉我：丈夫变化很大，经常陪伴儿子并主动跟儿子聊天；他们家现在每周有一次家庭会议，沟通交流生活和学习中的一些想法意见……父子关系逐渐改善，甚至夫妻关系也和睦起来……这段时间，我也注意到男生身上的明显变化：他值日认真了，还和舍友分享自己的零食，学习成绩也上了一个台阶，同学们对他的评价也从负面转为积极……

初三中考，男生以良好的成绩考入本市的一所重点高中……这就是我与这个男生的一段故事。以爱执灯，就能照亮心河。即使是普通的工作岗位，即使是身边的点点滴滴，只要用爱心去做，就总能唤起爱心，唤起良知……

人格支点（四）：学会合作，思维开放

1. 立己达人，培养合作精神

- **案例：一个学习委员的故事**

合作能力，开放思维，是人格的另一个重要特质。

我们既要培养学生的自主性，也要让孩子学会合作，融入团队。

斯坦福大学曾发表过一项调查报告：一个人赚到的钱，有1/3左右来自知识；有1/3左右来自一些特殊能力及运气；另有1/3左右来自合作能力。

从技能上讲，学校教育包括两个基本能力的培养：一个是学习能力，再一个就是合作能力。未来走上社会，需要的也是这两种能力。

怎样提高合作能力？有许多途径和方法，而担任班干部就是方式之一。

我们班有一个男生，学习成绩一直排在班里前5名，并担任学习委员。高二时有次考试一下落到第12名。男生受不了，跟我提出来：老师，我不想担任学委（学习委员）了。

我说：学习成绩起伏是正常的，为什么不干了？

他说：我的成绩退步得这么厉害，我想要集中时间精力好好抓一抓学习。

我又问：你觉得当学委怎么就耽误时间了呢？

他说：我得督促科代表收作业，还得跟科任老师协调，这些都花时间精力。

我开导他：咱们班不是你一个人在为班里做事。班委会成员、各门科代表、各小组组长，还有值日同学，都在为大家服务。你为大家服务，大家为你服务，互帮互助，就你学委耽误工夫吗？

这男生也挺固执，说：老师，反正我不当学委，等我把学习成绩搞上来了再当也行。我现在压力很大，没心思。

男生不愿当，不好勉强，学委就换了。

谁知，这男生不当学委了，成绩却一直往下滑。

后来，男生又来找我了。他说：王老师，我不当学委，也挺能学的，为什么成绩就是上不来呀？

我告诉他：你觉得当学委耽误时间精力，影响学习成绩，这是片面的。当学委有一个责任在那里，你一想我是学委，就会更有进取心，也会讲究效率。一退下来，动力反而减少了。再说，你对时间精力的看法有失偏颇，一个学生心态好，效率高，正常学习8小时，绝对能保证成绩。有人一天苦学10多个小时，但有些时间是无效的。

男生说：老师，能不能再给我一次机会，还让我当学委？

我说：学委有人当，不能让你再当了，我看你作文不错，当宣传委员行吧？

男生当了宣传委员，热情上来了，学习成绩也提高了。

家长们大可不必过于担心孩子当班干部会耽误学习。我当班主任多年，在我的班里，班长往往都是学习最好的学生。他们更有责任感，学习上更主动、更得法，更重要的是，当班干部提高了他们的合作能力。

顺便说说另一个问题：学生要不要参加课外活动？

我班里有个女生，很想参加班里搞的《梁山伯与祝英台》话剧表演活动，可她母亲觉得浪费时间，从小听话的她，不想违背母亲的意愿，就放弃了。另一个同学生来有一副好嗓子，歌喉甜美动听，学校组织合唱团，音乐老师非常希望她能加入，可她也因为家长反对而放弃了。

孩子是否应该参加课外活动，家长大致有以下三种态度：

第一，支持。认为发展兴趣爱好，能培养孩子的协作能力和与人相处的能力，且放松身心。

第二，不支持。认为中学生应以学习为主，不应参加太多不必要的活动，时间精力牵扯多了会影响学习。

第三，无所谓。主要看孩子的个人意愿，还要看他的成绩、表现如何而定。

如前面所说，我一般是鼓励学生适当参加课外活动的。我的好多学生父母也支持孩子参选班干部，或是参加一些课外活动。薛坤同学曾担任（03）12班班长、人大附中校学生会主席，后考入清华大学自动化系。他母亲说：

小学毕业时，儿子是少先队大队长，并以247.5分（满分250分）全校第一的成绩，结束了小学阶段的学习。

儿子在高中三年中，高一担任校学生会纪检部长；高二竞选校学生会主席一举成功；紧张的高三，又担负起了12班班长的职务。

社会工作虽占据了他许多学习时间，但锻炼了他的组织协调能力和解决问题的能力，营造了良好的人际关系，同时也提高了他学习的自觉性。

高中阶段，他还参加了数学竞赛，三次获得全国高中数学联赛北京赛区一等奖，各科成绩也一直处于全年级的前列。

2. 学会表达，张开怀抱拥抱团队

- **案例：一个羞于表达的女生**

我们确实培养了众多学习成绩优秀的学生，然而，有些学生虽然学习能力比较强，但社会交往能力比较差，不善于表达自己。

我班里有个女生，做事特别认真，也非常踏实，就是特别腼腆，总是羞于表达。新学期开始，要选举校学生会干部，我看她很想参加，又没有足够信心，一副犹豫不决的样子，我就去鼓励她，说：你可以去报名，好好准备，把演说词写得好一些，相信自己，肯定能行。

女生鼓足勇气，参加选举并当选学生会副主席。本来她学习成绩不够优秀，但从那以后，她更加努力。我到校一般比较早，常常看到空空的教室里就她一个人，一手拿着烧饼，一手拿着书，边吃边看。我都被她的勤奋感动了。后来，她的学习成绩在班里名列前茅，人也变得自信，表达也自如多了。

为了强化学生的合作意识，我一方面鼓励学生参加团队活动，另一方面也给他们创造参与团队活动的条件。我经常讲一个观念：教育的真正目的是培养学生的能力，学生能干的事，教师包办代替，就是剥夺了学生提升能力的权利。

（03）12班高一开学时，酝酿组建班委。这时候，就有同学跟我提出来：班长不能由班主任指定，一定要竞选才公平。那时候，薛坤同学代理班长，是我指定的。薛坤学业优异，作风正派，组织能力也强，我本有意让他当班长，没想到遭到同学的反对，而且反对呼声还这么高。

我考虑了一番就同意了，而且不仅采纳了同学的建议，还扩展了这个建议，形成规则，并在班上公布了。竞选都有什么规则呢？

第一,谁竞选班长成功,谁就任命班委、各组组长,而学习委员则要任命各学科科代表。

第二,班委任期半年。于是三年下来,几乎每个学生都有做班干部的机会,都有锻炼管理能力和合作能力的机会。

我跟班长说,不是我让你干什么你就干什么,而是你得想出一个点子来告诉我,咱们应该干什么。

学生们在团队合作中,展示了他们丰富的个性特质。

吴燕申同学曾任班级体育委员,后考入南京大学生物系。吴燕申父母说,他们经常和女儿交流怎样当好班干部:

12班在班级建设中引入竞选机制,班干部定期轮换,使更多的孩子亲身体验了管理艺术与合作方法。我们在家中与女儿聊到担任班干部的感想时,她总有一大堆话可说,话语中还不时出现闪光的观点。的确,他们的思维已变得成熟,做家长的自然在心中暗喜。

李峥同学后来考入清华大学材料科学与工程系,他父亲说,当班干部锻炼了孩子的组织协调能力和解决问题的能力:

12班注重学生全面发展,班干部采取竞争上岗、每学期轮换的制度,使每名同学都有机会得到锻炼。每次家长会都由班干部来主持,由班长总结班级的工作、存在的问题及解决的办法,培养了孩子的责任心和工作协调能力。

自助与互助,是保持进步的密码。担任班干部有利于培养团队协作能力及适应能力,健全孩子的人格,合作能力越强,才能走得越远。

3. 思维开放,避免狭隘型人格

应试教育的特征是只有唯一的正确答案,其本质是封闭思维。英才教育提倡开放思维。我们既鼓励自主性,也培养合作意识;既尊重个性,也要思维开放,避免形成封闭的狭隘型人格。

盲人摸象的故事很有启发性。有一个大王告诉大臣:你牵一头大象到盲人面前,让盲人们用手去摸。

盲人们有的摸到了大象的鼻子,有的摸到了大象的耳朵,有的摸到了大象的牙齿,有的摸到了大象的身子,还有的摸到了大象的腿和尾巴……

大王问他们:你们所摸到的象像什么?

每个盲人都根据自己摸到的部分描述大象,彼此争论不休,都认为自己的描述才是正确的。盲人摸象的本质是思维单一,却自以为是,固执己见。

查理·芒格指出:你必须拥有多元思维,因为如果你只能使用一元思维,你将会扭曲现实,直到它符合你的思维模式。正如谚语所说:在手里拿着铁锤的人看来,每个问题都像钉子。

- **案例A:一堂没有上的数学课**

美国"9·11"事件后的第二天,上午有节数学课。早晨我一走进教室,就觉得不对劲,同学们在议论纷纷,争执不休。开始我想,就让他们讨论一会儿吧,可是他们争论个没完。我一看,就放下教案,索性听他们争论。一直争论到什么时候？他们整整用了一堂课的时间。

班上同学分成好几派，有反拉登派，有同情派，有洋务派，有观潮派，同学们争论激烈，情绪激昂。我也参加了讨论。而我认为，学生发表自己观点的权利应该受到尊重。

有人问：数学课讨论时事，你不觉得自己失职吗？我说我不觉得。你想，如果我打断他们的讨论去上数学课，而他们满脑子都是世贸大楼、本·拉登什么的，这课堂的效果会好吗？让学生的情绪宣泄出去，这一整天的课都是有效率的。更重要的是，学生讨论这一世界性的事件，就提高对世界的认知能力而言，也是不可多得的一个机会呀。

- **案例 B：我"自鸣得意"的班会**

鼓励学生思维开放的方法是多种多样的，有个体方式的，也有团队方式的。我的一个方法是开系列化班会。

我的系列化班会是有个性有特点的，每个班会都有一个鲜明的主题，不搞那种老生常谈的班会，比如上周如何如何，下周如何如何。我确定的班会主题，一定是能让学生感兴趣并有实用价值的，而且是鼓舞人心的。每次班会，我都认真准备。

有人问：高三学生时间这么紧张，你还开班会吗？

我说正因为高三时间紧张，所以更应该开班会。学习需要一张一弛。（03）12 班组织过一个班会，被评为全校精品班会，并在校电视台向全校转播。那次班会是一个辩论会，辩题是：出国留学的利与弊。

那次辩论，韩轩同学是辩手之一。他后来考入北京大学数学学院。他母亲说：

儿子上中学以前，认识他的老师、同学对他的评价都是一个字：怪。除了个别的老师，大多数师长和同学并不大欣赏这种怪。

韩轩同学一辩论起来，常常激动得面红耳赤、大汗淋漓，竟至泪流满面。有时他很固执、偏颇，但他很真诚、很投入。老师和同学们都理解他的性格，他们宽容他，以友善的微笑倾听他的意见，有时为了不伤害他的自尊甚至会暂时退让。

在这样充满理性和逻辑的论争中，他感悟了许多。他说：

我以前一直以为自己是一个辩论高手，经过这次活动，我才知道其实差得很远。从此我总结了很多东西，懂得了克制，懂得了退让，懂得了适时，等等。

我的班会有不同主题。我的学生说：过去总以为班会可有可无，可进入高三后，每周最盼望的事情就是开班会。每周的班会，既是一周的兴奋点，又是一周学习的加油站，如果哪周不开班会，这一周就打不起精神来。

- **案例C：中日学生同台竞技**

有一年，中国中学生与日本中学生进行了一次远程教学交流活动。

那是中日两国中学生第一次通过远程手段进行教学交流。中方15名学生，来自人大附中高中（03）12班。日方15名中学生，来自大阪教育大学附属天王寺中学，也是日本一所优秀的中学。

这次远程教学交流活动的主题，中方学生选的是"数学与绘画"，日方学生选的是"数学与投影"。

因为交流主题跟数学有关,我又是人大附中数学竞赛指导教师,班里负责此次活动的学生找到我说:王老师,您去给指导一下吧。

我说:我就不过去指导了,这是以你们学生为主体的活动,你们就自己搞吧。

那天,在中国北京和日本大阪,两国中学生通过远程电视开始同台交流。中央电视台等主流媒体给予了现场报道。活动最后,两个异国孩子用英语同唱《雪绒花》。

中日两国教育部门的官员和专家,当天莅临现场。日本国会有个议员,也参加了这次远程教学交流活动,他对中国学生的英语水平、电脑操作水平、数学水平很吃惊。活动结束后,这个议员在日本呼吁国民要有教育上的危机感。不久以后,就有若干日本议员代表团,专程到人大附中来参观。

孩子的成长需要自由的天空和开放的思维。在我看来,学习能力不仅仅是掌握知识和技能,还包括以开放思维去认知社会、改造世界的能力。耶鲁大学前校长理查德·莱文曾经说过一句话:如果一个学生从耶鲁大学毕业之后,只掌握了某种很专业的知识和技能,那是耶鲁教育的失败。学习能力不仅仅来自阅读,更来自观察世界、思考世界、改变世界,这样才能够拥有开阔的视野,体会并了解人类文化的不同,也会使人更加宽容,而宽容是人类最高的智慧之一,它会增进人类福祉。

做法 10

怎样应对新高考和报考

——选好专业,做个有使命感的人

高考是高中学业的终点，也是走向未来专业之路的起点。

实际上，进入高中以后，学生就需要考虑将来的专业方向问题了，因为按照新高考政策，学生一进入高中阶段，就要选科选课了，而高考、专业报考，都是这条专业之路的关键部分，也是学生专业生涯的第一块基石。

那么，怎样应对高考，怎样让孩子选好专业，做个有使命感的人，就是我们作为父母应该关注和思考的方向。

本章的重点是：

1. 应对新高考：关注政策走向，把握培养方向。

2. 面对高考：家长和学生应该做什么，怎么做？

3. 应对报考：选好专业，做个有使命感的人。

（一）应对新高考：关注政策走向，把握培养方向

1. 关注政策走向：新高考的政策方向是什么？

- **案例：不知"强基计划"为何物的家长**

国家新高考政策从 2014 年启动以来，已经走过整整十个年头。新高考政策是陆续分省实施的，各省、自治区和直辖市的实施方案也各有不同。

那么，作为学生父母，应该做什么，怎么做？

首先，建议家长一定要关注政策，了解政策走向。如果让家长辅导孩子，说实在的，现在高中课程挺难的，家长可能做不到，再说这也是老师的职责。虽然辅导不了孩子的课业，但家长有阅历、有见识，关注政策，了解政策走向，应该能做到吧？现在，上网方便，高考政策规定是公开的，在官方网站上都有。做得到做不到，就看做父母的责任心了。

有一年，有个学生家长找我，见面就谈起了高考。他问我：王老师，什么叫"强基计划"？

我说：孩子都上高二了，你连"强基计划"都不知道呀！

他摇头：不知道。哪些学校有"强基计划"的资格？需要什么条件？

我说：你会上网吧，上网输入"强基计划"这四个字，就会有大量信息出来。看一看这些信息，你就知道自己的孩子是否符合学校"强基计划"要求的条件，知道怎么提前做好准备了。

我说：北京大学有一年高考共录取了 2675 个学生，其中保送的有 573 个，"强基计划"的有 658 个，再加上国家专项计划、高水平运动员、定向、委培等，北京大学有 2/3 左右的学生，走了特殊的招生渠道。北京大学是这样，清华大学、复旦大学等名校大体也是这样的。

所以，做父母的，一定要及时关注政策走向及相关规定，因为这与孩子的高考、专业选择息息相关，如果家长不关心，吃亏的就是自己的孩子。

那么，新高考的政策方向是什么呢？

新高考归纳起来主要有三点：

（1）增加学生自主选科，取消文理分科，注重通识教育，强化思维能力。

（2）实行赋分制。

（3）取消高考录取批次，走的是"专业+高校"的路子。

我认为新高考的方向，就是鼓励学生发掘自身天赋，走适合自己的专业之路。

下面我进一步说明：

（1）新高考的主要变化之一：增加学生自主选科，取消文理分科，注重各学科融会贯通。

新高考要求：学生要具备适应大学学习和社会发展的基础知识和基本能力，包括合理的知识结构、扎实灵活的能力和健全的人格素养。

（2）新高考的主要变化之二：实行等级赋分制。等级赋分制，就是按照分数排名的百分比而不是卷面分数，来计算成绩的一种统计方法。也就是说，只要你名列前茅，你的赋分，就会让你在分数上保持优势而不会吃亏。换句话说，你的天赋优势、学科长项会得到承认和鼓励。

新高考要求学生在不同情境下，能够体现具有个性化创新精神的学科能力，去处理挑战性的任务。

新高考推行以来，有各种选科模式，不管是 3+3、3+1+2，还是 3+2+1 模式，都意味着孩子可以根据自己的天赋条件、能力优势，去选择自己感兴趣且擅长的学科。

（3）新高考的主要变化之三：取消高考录取批次，走的是"专业+高校"的路子，而不是过去"高校+专业"的路子。一句话，就是专业第一，也就是鼓励考生尽可能地去报考自己具有天赋能力的专业。

高考政策是官方制定的，高考试题是专家设计的。作为家长，也不大可能透彻地搞清楚每个专业性问题，但国家高考政策走向，家长是需要了解的，并需要尽可能搞清楚一些基本的政策规定，才能在高考这场决战中发挥应有的作用。

2. 应对变化，把握孩子培养方向

- **案例："为什么你要参加生物竞赛？"**

新高考是国家教育政策的一次重大调整，与过去比有很大变化，但国家鼓励学生发挥天赋才能的方向没有变。

以前高校招收特长生，因为种种原因，某些高考特长生加分政策已经取消。但从 2020 年起，国家教育部门在部分高校开展基础学科招生改革试点，主要招收选拔的是：有志于服务国家重大战略需求且综合素质优秀，或者基础学科拔尖的优秀学生，突出基础学科的支撑引领作用，让那些在相关学科领域具有突出才能和表现的考生，有更多更好的选择机会。

上述重点学科有：数学、物理、化学、生物、历史、哲学、古文字学等相关专业。

你看，政策的导向还是要鼓励学科长项，把孩子最优秀的部分引导出来，对吧？

我就遇到过这样一件事情：家长带着女孩来找我，说了这个女生的情况。女生从上高一以来，成绩一直起伏不定，有时候考班里的前10名，有时考班里的倒数，波动太大。

有一次，女儿提出要参加生物竞赛，家长问：为什么你要参加生物竞赛？女儿说如果生物竞赛获得北京市一等奖，将来高考就可以加分，或者通过"强基计划"上北大、清华等名校。

家长一口回绝：你别瞎掺和了，好好地把功课学好，比什么都强！

我说：学习成绩不稳定是正常的，尤其是那些有学科特长的孩子。他们会把更多时间花在自己喜欢的学科上，导致分数不均衡，成绩有时也就不稳定。从长远来说，孩子在生物学科有天赋有优势，应该鼓励。

后来，家长接受了我的建议，让女儿参加生物竞赛。女生参赛后，不但没有影响正常学习，后阶段考试成绩反而一步步稳定下来，最后通过"强基计划"，考入了北京大学。

当然，参加学科竞赛是把双刃剑，会耽误一些时间和精力，但鼓励孩子适当参加学科竞赛，会激发孩子的梦想、自信心和学习热情，这个我在"做法2：成长原动力——发掘天赋优势的四个要素"里有详细阐述。

要保持对高考政策的关注，不要听风就是雨。高考要改革，但这注定是一个漫长的过程，中间会有变化。有些设想虽然很理想，但现实很骨感，因为相关体系的建立要牵扯观念、权力、利益调整等复杂的问题，所以要保持关注。

有些家长，一谈起新高考就一脸迷茫。按理说，进入高中开始选科以后，按照教育发达国家的经验，学校就应该有职业生涯规划专职教师，对家长和学生进行职业生涯选择方面的培训，但我们的高中现在还没有建立起相关的正规专业体系。所以在这个过程中，家长要承担起一定的责任，如果家长不能把握政策方向和相关规定对孩子的影响，我敢说吃亏的一定是你的孩子。

（二）面对高考：家长和学生应该做什么，怎么做？

1. 家长方面：我的"考前家长三注意"

面对高考，怎样指导孩子积极应对？

考前的最大问题之一，是家长给孩子施加了太大的压力。有的学生本来成绩不错，可如果家长给予过大的压力，反而会使他们离目标越来越远。

山西的一个女生萧晓，放假期间给我写来一封长信，谈到了自己的困境。

女生在当地一所普通高中就读，各方面都挺优秀。她学习能力比较强，还先后担任过班长和校学生会主席，被评为市级优秀学生干部。

进入高三，她憋着一股劲，自己总结了在学习上存在的一些问题，确定了学习目标，制订了周密的复习计划，希望通过最后一年的拼搏，能够进入理想的大学。

女生感觉自己的学习状态一直比较好，几次模拟考试成绩也始终保持在年级50名左右。可随着高考临近，女生越发感觉自己难以集中精力复习，头脑恍惚，入睡也很困难。前期复习过的内容突然感觉什么都不会了，而看到其他同学全身心地学习，自己内心更是慌乱。

为什么会突然出现这种情况？原来，家长前段时间明确向她提出，因为综合素质优秀可以加分，所以她完全有能力冲刺名牌大学。

而女生认为，根据自己的实际水平和学校往年的升学情况，这个目标对她来说是有难度的。她给家长解释这些，家长却认为她没有追求，在给自己找退路等。劳动节放假在家，父母又因为这件事情不断唠叨，于是她跟母亲大吵了一架。她现在感觉自己简直要崩溃了，甚至都不想学习了。

萧晓在考前复习中的种种表现，其实也是大多数考生在考前容易出现的一种不良反应：心理紧张、焦虑，头脑时常一片空白，导致学习效率低下。同时，她父母过高的期望和有意无意的施压，更加重了她的这种反应，使她久久地陷在里面不能自拔。在我们身边，高考之前，孩子因为心理压力过大而出现异常的情况时有发生，令人遗憾和痛心。

看到萧晓来信中谈到的情况，我给她写了回信，并告诉她把这封信转给家长看看。

那么，家长该如何做才好呢？

"考前家长三注意"：

（1）接纳孩子的现状，不要给孩子制定唯一目标。

比如，对于萧晓的家长来说，当前至关重要的是：跟孩子一起客观、正确地分析孩子的实力，确定一个最适合孩子的目标，积极帮助孩子调整心态，保持适当的学习节奏，其他一切顺其自然！

学习的状态和习惯不可能在短期内改变，家长指望孩子的学习成绩在考前有大幅提高是很不现实的。如果父母能够尊重、接纳孩子的现状，孩子就会以平和的心态去学习和备考。

其实，学生考前产生焦虑和压力是正常的情绪体现，适度的压力有助于激发个人潜能，可以使人集中注意力，有利于考试发挥。

而过度的压力产生焦虑，则会抑制大脑活动，不利于考生复习和临场发挥。而且，长时间的过度焦虑还会引发身心疾病，危害学生的身心健康。

（2）家长要想减轻孩子的压力，就要先减轻自己的压力。

家长真正该做的是放平心态。要知道，高考的确是孩子一生的一个重要关口，但它并不是孩子人生的全部。一个健康幸福的人生远比一个名牌大学的文凭更重要。

有的家长不仅操心孩子的衣食住行，操心孩子的高考志愿，甚至还要操心孩子明天上什么课。家长不停地对孩子嘘寒问暖，甚至问一些无关紧要的问题，这无形中就给孩子造成了一种紧张的气氛。更何况，情绪过于紧张，反倒可能使孩子离目标越来越远。

在孩子面前表现得自信、轻松，会让孩子也随之放松下来。如果家长能够平静地对待高考，那么孩子就更容易获得心理上的平静，也就能够更从容地去迎接挑战。

（3）保持良好沟通：考前讲话要备课。

高考前的日子，我建议家长在孩子面前说话时一定要三思而后说。

考前，尽量不要跟孩子谈论报考什么大学、什么专业，可以试着谈论一些孩子感兴趣的话题。如果我们说话是说给别人听的，那么就必须考虑对方的感受，对孩子更应该如此。如果家长在孩子面前表述自己的焦急情绪、自己对孩子的关爱及期望，却全然不顾孩子听到这些话后是何感受，这就不是沟通而是添堵了。

家长与孩子交流时，不要唠叨，更不要指责孩子，这只会增加孩子的压力，让孩子更反感。另外，家长可以尝试使用肢体语言或书信沟通，适时拍拍孩子的肩膀，或送去温情的眼神，真诚地表达一个态度：只要尽力就够了。

就拿高考前一天睡觉来说，如果家长说：明天要高考了，赶紧睡吧！说这句话的人似乎没感觉到什么问题，但站在孩子的角度想，这句话真的能起到正面作用吗？我看这句话只会给本来就紧张的孩子增加更多的紧张感，使他更加难以入睡。

我遇到这种事一般会这样讲：放心睡吧，明早我叫你。我完全不触及"考试"这两个字，孩子倒觉得轻松，想到明早有人叫，就不用担心睡过头了，真的就呼呼睡了。

2. 学生方面：我的"考前复习法"

高考是学业的一部分，考试能力也是一种学习能力。对于学生，我注重发掘天赋，注重健全人格，但我从来不把英才教育与高考对立起来。

学习讲究方法，高考前的学习更要讲究方法。

常小玥是我的一个学生，平常特别开朗，总能听见她嘻嘻哈哈的笑声。她在高考前有一次愁眉苦脸地来找我。

我一看她这个状态，忍不住打趣她说：哟，我们的疯丫头也有皱眉头的时候呀。

我这么一开玩笑，她的眉头倒是舒展了不少，说：王老师，您别打趣我啦，您可得帮帮我。马上就要高考了，我最后这道题总是解不出来。

我说：既然知道马上就要高考了，你就不要再在难题上浪费时间了，即使会做了，这么短的时间，你消化得了吗？弄个一知半解，到考场上还是不会做，等于是在浪费现在宝贵的时间。

她说：那我做不出来，心里老放不下，怎么办呢？

我说：你要是耿耿于怀，又怕耽误接下来的时间，我倒是有个办法，你可以试一试。

什么办法？她追问。

我说：这道题是双曲线的题，你先别管这道题，你把双曲线的基础知识点仔细地过一遍，再把你的错题本里关于双曲线的题目反思一遍。这些基础工作做完以后，你给我讲讲双曲线的知识架构、出题套路，咱们再回过头去看这道题，好吗？

没问题！她爽快地答应了。

晚自习的时候，她来找我，给我讲了一遍双曲线的基础知识，我一看她讲的是那么回事，就让她再去试着做一下上午没做出来的那道题。

她琢磨了一会儿，说道：老师，我好像有点儿思路了！

我鼓励她：那试试看。

她开心地做了起来，中间虽然打了两个磕巴，我稍加指点，她就顺利地完成了这道难题。

看她正开心，我说：在这个阶段，拼命地钻难题并不可取。如果一定要钻，就把难题化简，即使难题依旧无法解决，复习的那些基础知识也有助于解答基础题，不会耽误时间的。实在太难的题就放弃，你明白了吗？

她说明白了，然后就自信而释然地走开了。高考成绩出来那天，我第一个接到的就是她的电话，向我报喜，说她的数学成绩是她考试中的最高水平。

我外出讲座时讲：高考前，我给学生辅导两小时，多数学生的数学成绩能提高 20 分！我说这话你信不信？是不是觉得我在忽悠你？

我告诉你怎么做。首先，我要根据学生自身的特点来谈。我先把上一年的高考题摆在这个学生跟前，一道一道跟他过，然后搞清楚他哪些题本来就是有把握的，哪些题通过努力是有把握的，哪些题是根本没有把握的。

先把那些根本没有把握的题目砍掉，告诉他这些是防不胜防的题目，要放弃掉。然后，专心专项去攻那些通过努力可以拿分的题。我跟他这样一讲，他顿时觉得问题简单了，方向一明确，思路一清晰，再集中优势力量突击一下，成绩提高20分是神话吗？是忽悠吗？不是的。

当然，你问我，你在高考前跟学生讲两小时能提高20分，那么你讲4小时就能提高40分吗？这次我不忽悠你了，因为这不可能。我试过，20分是一个可提高的空间，而可提高的空间是有限度的。

常年教数学，常年指导考试，我总结出一套"考前复习法"，广泛适用于高考，也适用于中考。

"考前复习法"：

（1）考前回归课本、夯实基础知识是关键。绝不能以单纯的做题来替代针对性的复习。

（2）学习重点要放在知识点梳理上，在头脑中形成比较清晰的知识结构图。

（3）对各科复习提纲进行整体回顾。包括基本内容，还有对以往错题的反思等，有助于考试时知识的再现和思路的打开。

3. 学生方面：我的"考前心态放松法"

我多年陪同学生参加各种考试，发现中考、高考发挥失常者不少，而超水平发挥者却不多。我也见过许多例子，在某些学科发挥失常后，经过及时调整，最后取得成功。所以，我对考前心态调整，也做了悉心观察和研究，总结出一套心态调整的方法。

在我们（03）12班同学参加高考前夕，我把自己总结的这套方法，通过电子邮件发给了班里每一个同学。

"考前心态放松法"：

（1）**你没有必要给自己定太高的目标。**

瘦死的骆驼比马大，就凭你的水平，即使考得再差，也不会从根本上动摇自己的基本目标。好些时候，自己感觉考得不好，但分数却挺高。原因是，你水平高都没考好，那些水平比较低的人更不可能考好。当你感觉不好时，如果能这样去想，就是一种良好的心态。

（2）**考前，除白天保证6小时高强度的学习之外，其他时间可以放松和休息。**

你可以安排如下活动：看电视、听音乐、体育锻炼、与同学谈一些轻松的话题或上网（但不要上网太久，以免引起疲劳）。

（3）**考试期间感觉没睡好，你应该想，我没睡好，其他人更睡不好。**

面对如此大的压力，能睡得很好的人几乎是神仙，你又不是神仙，当然应该睡不好。这样一想，就睡过去了。如果睡着了，你应该感觉到，你比别人多了一点儿机遇。如果还是睡不着，一定不要着急，你应该这样想：

考前的这一阶段，你已进行了充分的休息，即使今晚一点儿没睡，凭这几天的老本，上考场前再来点儿提神的东西（比如进考场之前喝一杯浓茶），一到考场那种紧张的氛围中，你一激动，困意顿时就烟消云散了，剩下的就是一种兴奋，保证你能够完成两个半小时的考试，所以上午的考试，绝对能高效地顶下来；考完后，中午抓紧休息一会儿，最好睡一小觉，然后把眼一瞪，下午的考试又拿下了。想到这些，你就不会为睡不着而着急了，不着急了，也就睡着了。

（4）开考前，想一想考试中可能遇到的情况及应对措施。

开考前，想一想考场上前5分钟是一种什么情况，自己应该如何安排才是最合理的。实际上，你现在想的方案，是完全可以在考场上实施的。既然如此，你就应该提前设计好，到时把计划搬出来即可。想一想，如果感觉试卷较难，该如何对付；比预想的简单，又该如何对付。想一想，整场考试的时间，大体上该如何划分，如果时间有剩余，该如何有效利用；如果时间不够用，该如何实施得分策略。当你把精力放在解决问题上，也就不那么紧张了。

（5）虽然社会上把高考的气氛搞得特别紧张，但当考完一场后，你会感觉到，这些考试和平常的考试没有什么区别。

高考第一科是语文。语文考试不容易出现发挥失常，因为语文基本上是会什么就写什么。你们也知道，一旦过了第一场，高考的神秘感就会全部消失。当你以胜利者的姿态，完成第一天的考试后，第二天及后来的考试也就可以轻松拿下了。

（三）应对报考：选好专业，做个有使命感的人

1. 报考专业：忠实于内心的呼唤

- **案例：孩子趴在父亲撕碎的画上哭泣**

人说高考升学是七分考，三分报，可见报考的作用。报考专业是另一张大试卷，试卷问题是：怎么和孩子一起筹划专业方向？

按照新高考政策，走的是"专业＋高校"的路子，改变了过去"高校＋专业"的做法，也就是说，新高考取消了以往按照一本、二本线录取的办法。

作为教育工作者，我理解和支持这个政策方向。对考生来说，只要选好专业，而高校选择拉开梯次就好了。所以，怎样选择高校，选择什么高校就简单了，我这里就不多说，而是重点说说专业选择。

怎么选择专业？我的观点是要忠实于孩子内心的呼唤，首先要考虑孩子的天赋才长，然后再考虑市场需求、科技潮流和社会发展走向。

每到高考季，我的工作负荷就会比平日多一倍以上，找我的人络绎不绝。高考对每个学生意味着什么，我心里清楚，对于他人的询问和咨询，我得认真倾听，仔细分析，拿出方案。

但我的学生家长找我的就比较少，因为在高中三年的教学教育中，我总是鼓励学生发掘自己的天赋条件，鼓励他们参加有利于发掘天赋优势的各种活动，我的学生们通过参加这些学科活动，对于自己的能力、

长项和潜能了然于胸,对自己的专业选择早有打算。他们听到了自己内心的呼唤,知道自己的职业梦想,所以,他们只要按照自己的专业方向选择高校就好了。

所以,我的大部分时间是应对外校的学生家长。

我在山东莒县有一个好朋友,他的孩子就爱画画,其他科成绩一般。我这个朋友苦恼得不行,到北京办事时顺便来找我咨询。他说:这个孩子就喜欢画画,你说怎么办?

我问:他喜欢到什么程度?

朋友说:他画的画从来就不舍得扔掉,我回家一看他就知道画画,不做作业,一生气就把画撕掉了。孩子心疼到什么程度?他就趴在撕碎的画上哭。我觉得他不能走学美术这条路,也走不通!

我问:你这个孩子画得怎么样?

朋友说:画得还不错。

我说:这样好不好,你让你孩子到北京来,我找个老师看看他画画的天分怎么样。

他就把孩子带过来,我找了中国人民大学艺术学院的一个老师给看了一下。那老师说,这个孩子挺有画画天赋的。

于是,我就跟朋友说:孩子既然爱画画,建议他到人大艺术学院的考前辅导班学三个月。

朋友听从了我的建议,高三那年11月,就把孩子送进了艺术学院的考前辅导班。第二年3月,开始专业测试,这孩子专业测试合格,信心倍增,在随后三个月里猛攻文化课。后来,高考成绩也达到了中国人民大学艺术类的录取分数线,被中国人民大学艺术学院录取。他是他们县考得最好的一个学生。令人讽刺的是,我的这位朋友还是当地教育局的一个干部。

每年一到高考结束，许多家长朋友就跑来问我：王老师，你看我孩子该报考什么高校？选择什么专业？我往往会问：你的孩子在哪些学科哪些方面有天赋啊？可是，这些家长常常被我问得茫茫然，说不出个子丑寅卯。遇到这种情况，我就觉得挺痛心的：孩子都十七八岁了，却没发现孩子身上有什么天分，这不是我们做父母做老师的失职吗？

我有一个观点：报考不是在高考后，也不是在高考前，专业方向是在高一就要开始思考的问题。专业方向的选择是一个自然的过程，也就是从天赋优势到专业之路。家长发现了孩子的天赋，然后去挖掘去培养去努力，高三前就已经确定了将来的专业发展方向，到了高考时刻，一切都是水到渠成、自然而然的，孩子只需像平日那样去参加考试，然后按照专业方向去报考就可以了。

专业选热门的还是热爱的？

金融热、法律热、新闻热、计算机热，如今是人工智能热，风水轮流转，明天到我家。如果放弃自己的比较优势，而盲目去跟风追风，最终只会迷失自己。

一般来说，高校的专业设置，都要经过人力市场检验和专家论证，个人的前瞻性有限。尤其是进入人工智能时代，会计、律师、医生，甚至教师行业都会受到很大影响，预测四五年后的具体行业岗位前景其实挺难的。

在就业竞争激烈的当下，大部分专业的毕业生，都在拥挤不堪的人力市场上寻找出路。所以，我认为作为学生能做的，就是在行业里做个英才，做到一流，做得更好。能不能做到一流，做得更好，主要看天赋、能力和努力结果。

有句话说：成功者大都是从自己所擅长的开始的。人与人之间的竞争，不是聪明与愚笨的比赛，而是不同专长的比较。如果一个人能在自己的专长上发挥 80% 的能力，那么就有机会做成大事。

这里我还是重申自己的观点：要忠实于孩子内心的呼唤，首先要考虑孩子的天赋才长，然后再考虑市场需求、科技潮流和社会发展走向。

有句话说，父母的格局有多大，孩子发展的空间就有多大。这话有些绝对，但也有一定道理。从培养孩子发展方向的角度来说，父母应该对科技进步、行业前景和社会发展理念及趋向，具有基本的认知能力，如果处于无知、浅薄或盲目的状态，就要扪心自问：我们做父母够格吗？

2. 专业报考：眼界开阔些

- **案例：一个选择去香港读书的女生**

我们成人久经历练，阅人无数，常常会发现，有的孩子小时候一点儿都不起眼，长大后却摇身一变，以出色的能力做出令人惊叹的事业。

互联网时代、人工智能时代，开放的时代赋予每个孩子发展的无限可能性。如果坐井观天，局于一域，泯灭的可能是孩子的未来和梦想。

高校有本地的，也有外地的，有本国的，也有国外的，选择范围很大。当然，如果专业合适，孩子完全可以选择本地高校，一点儿问题都没有。但如果选择外地或国外高校，更有利于孩子的专业发展，那也要争取机会。

我们班有一个学生叫王菲菲,她当年高考进入北京大学数学学院。那年,香港大学开始在内地招生,并给了北京大学8个招生指标,相当于交换生。这些学生在北大读完大一后,就可以免费去香港大学继续完成整个大学学业。当时许多人不了解香港大学,总觉得香港大学远远不如北京大学。

王菲菲就来咨询我:王老师,我们学校分到8个到香港大学上学的指标,您说我报不报呀?

我回答:建议你报名。

我谈了个人的想法:香港的科技教育文化氛围和北京有所不同。你对北京已经熟悉了,如果能到香港学习,将会得到不一样的感受,会收获更多。

后来,王菲菲就报名了。当时因为很多北大学生并不认可香港大学,所以王菲菲面临的竞争也不激烈,很快通过了笔试和面试。到香港大学读了半年书后,王菲菲回北京跟我说:王老师,感谢您。这条路我选对了。香港大学学生的基础水平与北大学生相比各有所长,但那边前瞻性的教育理念和整体开放的氛围,是北大需要学习和借鉴的。

王菲菲在香港大学读到大四,就被香港大学推荐到加拿大滑铁卢大学深造,在那里又读了一年书。这个女孩上四年本科,就读不同国家和地区的三所学校,比一般北大学生的经历丰富多了。

王菲菲在人大附中时,成绩并不突出,性格也不那么活泼。在香港和加拿大读过几年书后,学业优良,思维开阔,整个人散发着自信而开放的气质。她在加拿大滑铁卢大学拿到精算专业学士学位,毕业后被美国一家大投资公司录用,第一年年薪就是6万美金,相当于40多万元人民币。

也许有些人会说：我们的孩子没有能力也没有条件进入人大附中，我们的家庭更没有能力和条件让孩子出境或出国读书。

其实呢，英才之路千万条，我想说的是一个道理。我们做父母的，鼓励自己的孩子从乡村到城市，从中小城市到大都市，去接受更好更先进的教育，去学习更前沿的科学技术，其内在逻辑不是一样的吗？

有一年，我们人大附中开办了第一届 A-level 国际教育班，我就鼓励班里有条件的学生都去报名。

A-level 班的优势在哪里？就是学生学的，都是英国高中的原版教材，并由外教老师全英语授课。考试前，英国合作学校会把卷子寄过来，像国外大学一样，考一门过一门，然后得到相应的学分。等学生累积到一定学分后，学校给予毕业证书。这个毕业证书几乎在所有英语国家都认可，学生可以报考任何一所名牌大学。

但那是第一届 A-level 班。许多父母不理解，觉得这个班前途未卜，甚至有的家长明确地发言质疑：我不知道这个班会不会好，也没有人能保证零风险，我的孩子绝不可以去当这个试验品。

我理解一些家长的想法。没有人能保证 A-level 班是零风险，可传统高考不也有很大风险吗？据我分析，学校办 A-level 班是第一年第一届，将来还会一直办下去，学校也肯定会想尽一切办法，把第一届学生培养好，创出品牌。

所以，我在班级里积极动员有条件的学生报名。当年，人大附中第一届 A-level 班只招了 13 个学生，我教的两个班就占了 6 个名额，而他们虽不是学习成绩最好的，三年后却全部被世界前 50 名的大学录取。

现在国外有好多大学，为了吸引优秀的中国学生，把许多奖学金名额留给了中国学生。还有香港、澳门共十几所大学在内地招生。这个信息，作为家长也应该知道，不要让孩子错过受到更好教育的机会。

3. 做个有使命感的人

- **案例：一个关于梦想和使命感的故事**

心理学家荣格说：我不仅是过去经历的结果，而且是自己选择的未来。

从培养孩子成长的格局上讲，家长是局限在中考和高考的成绩上呢，还是更为注重发现发掘自己孩子的天赋才能，使孩子走上未来的专业之路，甚至将其作为一生的事业和使命呢？

有人问我：王老师，你带的人大附中的高中（03）12班，能有那么多学生考入北大、清华和国际名校。如果你不是刻意去追求分数，怎么会有这样的升学佳绩？你的学生们是不是个个都是"考试机器"啊？

我说过，我是高中班主任，不可能不在乎高考成绩，但我没有把教育教学目标局限在高考上。我担任这个班的班主任之后，就确定了学生的培养目标："科学家的思维，哲学家的明智，军事家的胆识，外交家的智慧"。基于这个目标，才有"犯其至难，图其至远"的班训。

我的这些做法都是公开的，于是就有人说我"太狂"。而我的学生们现在大都成为各行各业的骨干，有些学生甚至成为行业的领军人物，他们用行动和事实证明，他们是有梦想有使命感，并为之奋斗不息的人。

我的学生侯晓迪就是其中一个。

中学时代，侯晓迪就是一个目标明确而性格顽强的学生。说起他的学习成绩，在我们（03）12班不算特别优秀。不过他爱好并擅长软件设计，喜欢参加电脑科技活动。

那年高考前夕，侯晓迪考虑到自己有软件设计特长，英语也很好，就有了争取奖学金、出国读书的念头。他找到我说：王老师，能不能让我回家一个月，主攻英语？

按照学校要求，在高考的紧要关头，这种冒险的事是绝对不鼓励的。我考虑了一下，先联系到他父母，想听听他们的意见。结果他父母来到学校，希望我批准孩子的请求。我没有请示校领导，就批准了他的请假。

侯晓迪的英语托福成绩考了650分（美国名校录取托福分数在600分以上）的好成绩，他开始准备办理留学手续。但他连续申请多所名校，却因为种种原因没能获得奖学金，也就失去了出国留学的机会。

没有办法，侯晓迪只好回校复习，和大多数同学一样参加高考。高考那天，妈妈要陪他去考场，侯晓迪说：有那个必要吗？我觉得高考与平时考试没什么区别。说罢，一个人骑自行车去了高考考场。

侯晓迪的高考分数，没有达到清华、北大的录取分数线，而是被上海交大录取。我跟他说，你这样国外国内高校来回折腾，没能在高考中发挥应有的水平，想不想复读一年去冲清华？侯晓迪说不，他说上海交通大学电子信息工程专业，正是自己非常喜欢的专业。

侯晓迪在上海交大大三阶段，就开始为智能机器人设计视觉系统，后来考入美国麻省理工学院，攻读博士学位。毕业后，2015年9月，侯晓迪以CTO的身份，与人大附中校友陈默等人，联合创办图森未来科技有限公司，研发自动驾驶技术，并开展商业化试运营。6年后，2021年4月，图森未来正式在纳斯达克挂牌上市，股票代码"TSP"，成为全球"自动驾驶第一股",市值最高时超120亿美元,侯晓迪也一度登上中国富豪榜。

当然,就同那些传奇的高科技公司一样,这是一个历经各种曲折复杂的创业故事,风风雨雨,几度起伏。目前,侯晓迪正带领他的团队,奋斗在无人驾驶技术领域。

侯晓迪是个有使命感的学生。那么,怎样鼓励孩子拥有使命感,或者说路径是什么?在我看来,简单地说,就是要努力发现和培养孩子的天赋优势,帮助他们走上未来的专业和职业之路,去成就和完成一生的事业和使命。

比尔·盖茨的愿景是让每个人桌前有一台电脑;史蒂夫·乔布斯的愿景是让每个人手上有一部智能手机。我们不能人人都做比尔·盖茨或史蒂夫·乔布斯,也不能人人都做马云、莫言或什么上市公司老总,但我们可以在自己的行业里,在普通岗位上做得更优秀,做到一流。

普通人把普通的事情做得不普通,就是英才,就是有使命感的人。

说起来,我的许多学生考进了北大,所以,这里我还是说一个北大人的故事。

"北大才子陆步轩长安卖肉"这个消息广为人知,而他后续的创业故事知道的人就不那么多了。根据采访报道,这个出身普通人家的男生,从北大毕业后,先被分配到西安一家柴油机厂做普通工人。他不甘心,后来两次创业,均告失败,负债累累,最困窘潦倒时,兜里甚至连100块钱都没有。

为了谋生,他放下内心的骄傲,开始在父亲的猪肉铺里帮忙,而后自己开了一间肉铺卖猪肉。陆步轩卖猪肉卖得得心应手,他觉得自己毕竟是文化人,可以做得更好。他很有心,所选猪肉质量上乘且从不缺斤少两,口碑好起来,肉铺生意也就红火起来。

自助者人助。陆步轩的北大校友陈生也在卖猪肉。但陈生卖猪肉是作为连锁店来经营的,他在全国开了多家连锁店。陈生关注到并主动联系上陆步轩,两人在深入沟通后,陈生便邀请陆步轩作为联合创始人,开始共同打造"壹号土猪"的品牌。经过几年奋斗,"壹号土猪"的名号彻底打响,而陆步轩的身家已经过亿。

北大校长专门邀请陆步轩重返母校,讲述自己的创业史。望着台下的学弟学妹,回忆自己经历的风风雨雨,陆步轩潸然落泪,连说自己给北大"丢了脸"。而北大校长当场说了一句话,大意是:北大的学生,无论是做科学家、政治家,还是卖猪肉成功的,都是很有价值的。

这就是一个普通人把普通事做得不普通的故事,一个有使命感的故事。

最后,我想用我们教育集团下属的高中联盟校学生纪越(后考入清华大学)的一段话,作为本章也是本书的结尾:

我来自普通家庭,从小学到初中,也一直是个成绩普通的学生。进入高中以后,我在台下看到那些优秀生走上领奖台的时候,便在心中默默对自己说:我也要站在那个领奖台上,并且一直不懈努力,直到考入清华大学。

每一个人都有权利向往美好的东西,都有梦想,并为之奋斗。那么什么叫优秀?世上本没有那么多优秀的人,有的只是拥有不满足的心并且愿意为之付出的平凡人,或者说他们在平凡的外表下拥有一颗不平凡的心。

是的,什么叫英才,怎样才能成为英才?一个平凡的人拥有一颗不平凡的心,并把平凡的事做得不平凡,就是有使命感的人,就能够成为英才!

后记及鸣谢

有句民谚说：一个孩子的长大是一村人的心血。对于本书来说也是如此。

我首先要感谢我的学生们。如我在书中反复说的，孩子不是教育出来的，而是被激发出来的。当孩子被激发起来后，就能够看到他们发展的无限可能性，本书也是他们的成长史。我也要感谢学生的父母们，孩子是父母和学校共同教育的结果，他们提供的教子经验让本书多了一个重要维度。

我还要感谢那些与我共事的科任老师，学生们学有所成，也是各科老师辛勤教育的结果。

我还要感谢那些未具名而给本书提供各种帮助的人。

我更要感谢本书的策划方果麦文化和以周延为主的优秀编辑团队。

同时，这本书里还包含了我们宽高教育集团旗下的十多所联盟校中一些学生的成长经历。

这些联盟校包括：国科大（青岛）附属学校（高中、国际部、复读部），国科大青岛附属实验学校（小学、初中），寿光渤海新城实验学校（幼儿园、小学、初中），保定一中（高中），保定中学（高中），保定宽高复读学校，国科共青城实验学校（初中、高中、复读部），共青城宽高实验学校（小学、初中），内蒙古四子王旗宽高实验学校（初中、高中、复读部）等。

如果您的孩子有学业上的需求，可以联系我们。咨询电话17778041812、010-82503151。

怎样让普通孩子成为英才

作者 _ 王金战 隋永双

产品经理 _ 周延 冯晨   装帧设计 _ 杨慧   技术编辑 _ 丁占旭
执行印制 _ 刘世乐   出品人 _ 曹俊然

果麦
www.guomai.cn

以 微 小 的 力 量 推 动 文 明

图书在版编目（CIP）数据

怎样让普通孩子成为英才 / 王金战，隋永双著.
杭州：浙江文艺出版社，2024.12（2025.1重印）. -- ISBN 978-7-5339-7803-7

Ⅰ . G632.0

中国国家版本馆 CIP 数据核字第 2024S2L575 号

责任编辑：罗　艺
产品经理：周　延　冯　晨
装帧设计：杨　慧

怎样让普通孩子成为英才

王金战 隋永双 著

出版发行	浙江文艺出版社
地　　址	杭州市环城北路 177 号　邮编 310003
经　　销	浙江省新华书店集团有限公司
	果麦文化传媒股份有限公司
印　　刷	河北尚唐印刷包装有限公司
开　　本	710 毫米 ×1000 毫米　1/16
字　　数	244 千字
印　　张	20.5
印　　数	7,001—10,000
版　　次	2024 年 12 月第 1 版
印　　次	2025 年 1 月第 2 次印刷
书　　号	ISBN 978-7-5339-7803-7
定　　价	65.00 元

版权所有　侵权必究

如发现印装质量问题，影响阅读，请联系 021-64386496 调换。